JN437503

한국전통 민법총칙과 물권법

김재문 저

동국대학교출판부

한국전통 민법 총칙과 물권법

김재문 저

동국대학교출판부

머리말

민법이란 사람(백성)들의 일상생활에 관한 법이다. 사람은 매일 먹고 잠을 자야 살 수 있다. 또한 가족과 부대끼며 이웃이나 공동체 속에서 사회생활을 해야 한다. 이처럼 일상생활 그 자체가 민법적인 삶이다. 개인이 생활하려면 재산이 있어야 하고, 가족이나 사회 등 공동체도 있어야 하기 때문에 동서고금을 막론하고 민법은 재산법과 가족법으로 구성되어 있다.

살아가는 데 필수불가결한 물건을 이웃끼리 사고팔고 빌리고 빌려주고 잡히고 잡는 등의 약속을 맺는 인간관계는 민법적인 삶의 기본 요소이다. 그리고 다른 사람과 약속을 맺을 때에는 기간과 미래의 불확실성 등을 고려해야 한다. 삶이 유한하기 때문이다. 또한 약속을 할 때는 대부분 말로 하게 되는데 시간이 지나면 쉽게 잊기 때문에 시효 제도를 만들어놓기도 했다. 이런 것들이 모두 민법 총칙의 구성 요소이다.

동서고금 지구상의 모든 사회에서 사람들은 평범하고 자연스럽게 살고 있다. 서양에서는 일찍부터 이런 삶에 관한 법을 특별히 민법이라고 이름 붙였지만 이름만 없을 따름이지 어느 민족, 국가, 사회 할 것 없이 민법이 두루 아우르는 생활을 하고 있다.

그러나 정작 우리들은 고조선, 고구려, 신라, 백제, 고려시대는 그만두고라도, 우리 시대와 가장 가까운 조선시대에 우리 조상들이 어떻게 살았는지 잘 알지 못한다. 500여 년간 조상들 삶이 깊숙이 배어 있는 역사 자료가 풍부한데도 우리에게 실질적인 민법이 있었다고 자신 있게 말하는 사람도 드물다. 그런 사실은 물론 내용 또한 알려고도 하지 않았다.

그래서 필자가 만용을 부려 한국전통 민법을 연구해보기로 한 것인데 벌써 30여 년의 세월이 흘렀다. 이제 정년을 몇 년 앞두고 한국전통 민법에 관한 글들을 모아 세상에 내놓으려고 하니 착잡하기도 하고 부끄럽기도 하다.

마음 같아서는 위에서 언급한 부분을 좀 더 자세히 연구하여 완벽한 책을 만들고 싶었지만 필자에게는 연구할 시간도 많지 않고 인연도 주어지지 않을 것 같다. 필자가 메우지 못해 부족한 부분은 후학들에게 맡기려고 한다. 그리고 책이 왜 이리 엉성하냐고 질책하지 않았으면 좋겠다. 필자가 연구하는 분야에 우리 사회의 어느 누가 관심을 둔 적이 있느냐고 되묻고 싶기도 하고 한편 서운한 마음도 없지 않다. 이제 부족한 부분을 채우는 일은 필자가 떠난 뒤에 남아 있을 이 땅의 5천 만 국민과 후손들의 몫이다.

한 사회가 공동생활에 쓰려고 만든 문명의 이기(利器)가 바로 법이다. 그러나 유독 우리는 지나간 문명의 이기이자 조상들의 지혜의 보고인 한국전통 민법과 전통 법문화를 애써 외면하고 폄하하였다. 오히려 천 몇 백 년 전의 로마법을 비롯해 거의 대부분 남의 나라에서 들여온 법들만 금과옥조처럼 소중히 여기고 이를 연구하는 것을 격려하고 지원하며 자랑스러워했다. 이런 지식만 잘 알고 있으면 우리 전통 법문화에 까막눈이어도 개의치 않고 법에 관한 한 최고의 권위자이자 지식인으로 인정하는 우리들의 못난 자화상을 보는 것은 서글프고 안타까운 일이다.

이제 『한국전통 민법 총칙, 물권법』, 『한국전통 담보 제도』, 『한국전통 채권법 · 가족법 · 소송법』 3권을 엮어서 내놓는 필자는 다시는 이처럼 어리석게 한쪽에 치우쳐 있는 시험 법학, 돈이나 권력을 좇는 그릇된 법학, 전통의 뿌리가 없는 법학이 한국에서 없어지기를 간절히 바란다.

민법에 관한 이 3권의 책을 출판하는 것을 계기로 하여, 전통 민법과 전통 법문화를 연구하는 자랑스러운 한국의 법조인과 법학자, 그리고 이 나라의 주인들이 많이 배출되기를 바란다. 그래야만 국제 경쟁력을 갖춘 강한 한국, 자랑스러운 한국인들이 된다고 믿기 때문이다.

책을 펴내면서 평생 잊을 수 없는 학은을 베풀어주신 스승 세 분을 떠올린다. 민법의 대석학이자 은사님이신 의당 장경학(張庚鶴) 선생님. 학부는 물론 석 · 박사과정 내내 강의실과 연구실에서 가르쳐주시고, 대학 교수가 된 뒤에도 격려해주셨을 뿐만 아니라 당신의 업적을 폄하하면서까지 필자의 한국전통 법문화의 글들을 높이 평가해주시고 외길이지만 30여 년간 연구비도 받지 않고 집요하게 연구할 수 있도록 자부심을 불어넣어주신 분이다.

한국법제사의 최고 권위자인 박병호(朴秉濠) 선생님은 필자의 박사학위 논문을 심사해주셨다. 동은 김기선(金基善) 선생님은 1960년대 후반 동숭동에서 필동에 있는 동국대학교 법과 강의실에 달려오셔서 민법, 채권법을 몇 년 동안 가르쳐주셨고 한국재산법학회에서 오랫동안 격려해주셨다. 또한 무초(無超)라는 호를 지어주시고 손수 풀이해주셨으며 용기를 주셨다.

특히, 의당 선생님이 계셨던 모교 동국대학교 출판부에서 책을 내게 된 것을 기쁘게 생각한다. 스승의 은혜를 잊지 않게 해주시고, 동국대학교의 학풍을 다시금 일깨워주신 학교 관계자 여러분들의 노고에 감사를 드린다.

그리고 필자가 쉽게 공부를 할 수 있었던 것은 오래전부터 고법전을 국역한 법제처의 노고 덕분이다. 또한 『조선왕조실록』을 CD로 만든 서울시스템과 이를 인터넷에서 자유롭게 검색할 수 있도록 해주신 동국대학교 도서관 그리고 규장각, 국사편찬위원회, 민족문화추진위원회 등의 노고에도 감사를 드린다.

끝으로 조상들의 전통 법문화에 미쳐서 30여 년간 가정도 뒷전이고 자신을 힘들게 만든 못난 남편인데도, 필자 대신 고생을 감내하며 외동딸을 잘 가르치기 위해 누구도 흉내 내기 힘들 만큼 애쓰며 30여 년을 꿋꿋하게 살아온 아내에게 이 보잘것없는 책을 위로의 뜻으로 바친다.

2007. 10.

김 재 문

차 례

한국 법제사 연표 및 조선왕조의 법전 명칭

Ⅰ. 서설 _ 15

Ⅱ. 고조선, 삼국시대의 법제 연표 _ 17

1. 고조선의 8조 법금 _ 17
2. 위만조선, 한사군 _ 18
3. 부족 국가의 고유법(부여, 동예, 고구려, 신라, 백제) _ 19
4. 삼국시대의 법제 연표 _ 22

Ⅲ. 고려 법제와 법제사 연표 _ 29

1. 고려시대 상황의 요약 _ 29
2. 고려 형벌의 종류(『고려사』 참조) _ 32
3. 고려 법제사 연대표 _ 43

Ⅳ. 조선왕조의 법전의 종류(명칭) _ 59

1. 법전 편찬 명칭과 연대의 요약 _ 59
2. 법전의 내용상 분류 _ 61
3. 조선왕조의 법전 편찬 초록 _ 63

Ⅴ. 결어 _ 77

민법과 『경국대전』

제1편 『경국대전』 _ 84
Ⅰ. 『경국대전』의 의의 _ 84
Ⅱ. 현행 수입법 체계로 분류한 『경국대전』 _ 86
Ⅲ. 『경국대전』의 내용별 분류 _ 89

제2편 『경국대전』의 분야별 내용 _ 101
Ⅰ. 민법(민사법)과 『경국대전』 _ 101
Ⅱ.『경국대전』의 민법과 민사특별법 규정 _ 104

조선왕조의 노비에 관한 법제와 사상의 변천 고찰

제1장 노비의 신분상 지위에 관한 법제와 사상 _ 133
제1절 서 _ 133
제2절 권리의 객체로서의 지위 _ 143
제3절 권리의 주체적 지위 _ 165
제4절 의무의 주체로서의 법적 지위 _ 177

제2장 노비 신분의 세습에 관한 법제와 사상 _ 183
제1절 노비 신분 세전법 _ 183

제3장 노비 신분의 자각과 저항에 대한 규제와 사상 _ 196
제1절 소극적 저항 _ 197
제2절 적극적 저항 _ 202

제4장 노비 신분의 해방에 관한 법제와 사상 _ 221
제1절 부분적 해방 _ 222
제2절 완전 해방 _ 225

제5장 결론 _ 252

조선왕조의 수목 및 동산 거래 계약서고

제1장 서 _ 257

제2장 수목의 매매 _ 259
1. 집단적 매매 _ 259
2. 개별적 수목의 매매 _ 261

제3장 동산의 매매 _ 266
1. '가사(家舍)+동산', '동산'의 매매 _ 266

제4장 수목 및 동산의 담보 _ 267
1. '수목 및 동산'의 환퇴 _ 267
2. 수목 및 동산의 전당 _ 271

제5장 교환 _ 273

제6장 결어 _ 273

조선왕조의 환퇴(매도담보) 계약서에 관한 연구

Ⅰ. 서 _ 279

Ⅱ. 환퇴 _ 282
1. 법규정 _ 282

2. 입법 취지 _ 284
3. 입법 과정 _ 285

Ⅲ. 환퇴 명문(매매+재매매 예약 계약서) _ 288

1. 계약서 형식 _ 288
2. 환퇴 사유 _ 292
3. 환퇴 매매의 주체 _ 297
4. 환퇴 매매 계약서의 객체 _ 301
5. 환퇴 기한 _ 307
6. 환퇴 금액 _ 314
7. 퇴급 명문(재매매 계약서) _ 319
8. 점유 이전물 _ 324

Ⅳ. 결어 _ 327

참고 문헌 _ 333
찾아보기 _ 335

한국 **법제사 연표** 및 조선왕조의 **법전** 명칭

Ⅰ. 서설

필자는 한국전통 법문화를 집중적으로 연구하기로 작정하고 나서 하루라도 빨리 전통 법문화의 체계를 세워 사람들에게 바르게 알리고 싶었다. 조선시대에 펴낸 법전이 거의 대부분 남아 있고 『조선왕조실록』도 한글로 번역되어 있으며 고서와 고문서를 포함해 사료들과 자료들이 다양하고 풍부했기 때문이다. 그러나 고려시대에는 『고려사』를 포함해 『고려사절요』, 『여사제강』 등의 사료와 더불어 문집만 몇 종류 남아 있을 뿐 고문서와 고서는 거의 찾을 수 없다. 이런 상황에서 전통 법문화를 연구한다는 것은 참으로 난감한 일이다. 고조선은 중국 측 사료에서 발췌해야 하고, 삼국시대는 현존하는 대표적인 사료인 『삼국사기』, 『삼국유사』에 전적으로 기대야 한다. 이런 연유로 조선왕조에 관한 글만 30년 가까이 130편 정도 발표했다.

한편 필자는 20여 년간 한국 법제사나 한국법 문화사 강좌를 개설하여 강의를 했다. 그러나 고조선과 삼국시대를 사료가 빈약하고 연구할 여지가 많다고 하면서 강의를 하지 않을 수 없었다. 그래서 필자가 수집한 중국 측 사료와 조선시대에 편찬된 각종 필사본 등과 함께 여러 시대 속의 연대표도 참고하여 수박 겉핥기식 지식이 될지라도 간략히 정리해주기도 했다.

여기에서는 무엇보다 참고 문헌이 부족하고 빈약하기 때문에 필자가 자신 있게 주장하기보다는 기존 사료들을 인용하고 정리하는 정도로 간략히 소개하기로 한다.

그리고 법제사를 중심으로 한 연표에는 필자가 해당 연대의 기사와 관련 법령을 괄호 안에 기입해 참고하도록 했다. 필자가 요약한 법령의 명칭이 특히 민법이나 민사특별법에 관한 자료를 발췌하거나 연구하는 데 1차적인 도움이 될 것으로 생각해 민법 총칙 편에 넣어 소개하기로 한다.

연대의 부정확성 등은 사계의 권위자들과 연구자들의 업적을 참조하여 좀 더 확실하게 재확인하지 않는 한 필자의 입장에서는 너무나 조심스럽고 확신이 서지 않는 부분이다. 다만 기존의 연구 업적이나 자료를 종합해서 법령과 관계가 있는 내용을 대충 소개한 것이므로 이를 염두에 두고 자료를 활용해야 할 것이다. 추후에 여러 학자들이 정확하게 연구하여 연대표를 재작성해야 할 것임을 밝혀 둔다. 이를 재인용할 때는 반드시 확인을 거쳐야 하고, 특히 연대는 정확한 고증이 필요하다는 것을 다시 한 번 강조한다.

Ⅱ. 고조선, 삼국시대의 법제 연표

1. 고조선의 8조 법금

기원전 2333년 : 고조선 건국. 단군 왕검이 국호를 조선이라 하고 아사달(개성 동쪽)에 수도를 세움. 환인(제석)의 서자 환웅이 인간 세상을 간절히 구하고자 하므로 아버지가 아들의 뜻을 알고 삼고산 가운데 하나인 태백산을 내려다보니 크게 인간에게 유익되게 할 것이기에 천부인 세 개를 주었다.[1]

기원전 1122년 : 기자 8조 법금 제정.(입법)『위서』「동이전」과『후한서』「동이전」에는 기자가 조선에 와서 교법을 만들어 만민을 교화했다는 기록이 있으나 『한서지리지』에는 8조 가운데 3개조만 기록되어 있다.[2]

『삼국사기』 권22 고구려본기에는 현도, 낙랑 본조선의 땅에서 기자가 백성들에게 예의와 농사와 양잠과 직조를 가르치고 8조의 금법을 두었다고 기록하고 있다.[3]

(1) 사람을 죽인 자는 사형에 처한다.[4]

(2) 남에게 상해를 입힌 자는 곡물로써 배상한다.[5] 『한서지리

---

1) "魏書云…檀君王儉 立都阿斯達 開國號朝鮮與高 同時古記云 昔有桓國" 『제왕운기』, 『세종실록지리지』.
"庶子桓雄 數意 天下 貪求人世 父知子意 下視三危大伯 可以弘益人間 乃授天符印 三個 遣往理之", 『삼국사기』 권1 기이 고조선.

2) "箕子去之朝鮮 教其民呂禮義 田蠶織作 樂浪朝鮮民犯禁八條"

3) "玄菟樂浪 本朝鮮之地 箕子教其民以禮義田蠶織作 設禁八條"

4) "相殺者 當時償殺" 『한서지리지』 제8, 『후한서』 권 85 「동이열전」.

지』 편찬자의 서술에 의하면, 토착민인 조선 사람들은 밤에 문을 닫지 않고 생활하는데 한나라의 관리, 상인 등이 낙랑에 들어와 도둑질을 시작하여 풍속이 점차 나빠져서 편찬자가 살던 시대에는 금지 조문이 60여 개로 증가했다고 한다.

(3) 남의 물건을 훔친 자는 데려와 노비로 삼으며, 속죄하고자 하는 자는 1인당 50만 전(錢)을 내야 한다.[6]

*앞의 두 조문에 비해 너무 구체적인 화폐 단위가 나온다. 한나라의 사형수에 대한 속전법과 동일하기 때문에 한인들의 재산 보호를 위한 목적에서 규정했다는 견해도 있다.

그 사람들은 결코 서로 남의 재물을 훔치지 않아 대문을 잠그는 일이 없고, 부인 등은 정숙하고 믿음성이 있었다.[7]

*생명, 신체, 재산, 정조에 관한 금법은 고조선, 동이족 사회뿐 아니라 전 인류의 공통된 기본법 내지는 만민법에 해당함. 간음 금지(禁姦)에 관한 엄한 규정이 있었기 때문에 음란하지 않았을 것임.

기원전 500년 : 공자가 조선(東夷)에 가서 살기를 원함.

2. 위만조선, 한사군

법이 8조에서 60여 조로 증가되었다. 『사기』, 『한서』의 「조선전」에 기록되어 있음.

중국 문화가 수입되어 중앙이나 지방 장관을 상(相)이라고 했

---

5) "相傷者 穀償"
6) "相盜者男沒入爲其家奴 女子爲婢 欲自贖者 人五十萬"
7) "其人終勿相盜 無門戶之閉 婦人貞信"

고, 기원전 108년에 한이 왕검성을 함락하고 낙랑, 진번, 임둔을 설치하고, 그 이듬해인 기원전 109년에는 현도의 한사군을 설치함.

기시(棄市, 시장이나 길거리에서 공개적인 사형 집행), 속위서인(贖爲庶人, 사형을 면제하는 대가로 속전을 받고 서민의 신분으로 만듦)

3. 부족 국가의 고유법(부여, 동예, 고구려, 신라, 백제)

가) 부여(夫餘)

인구가 8만 호 정도에 달할 만큼 큰 부족 연맹 국가인데, 엄격한 부족법으로 다스렸으며 『삼국지』「동이전」과 『후한서』「부여전」에 기록되어 있음.

가(加)는 장관 명칭이며, 궁실, 창고, 뇌옥(牢獄, 감옥)이 있었으며(『삼국지』「위서」 부여전), 풍속은 엄하고 신속한 형벌을 사용했으며, 살해를 하면 그 집안사람들을 전부 노비로 만든다.[8]

절도자는 12배를 물어주고, 남녀가 음행(간통)을 하면 그들을 모두 죽인다.[9] 더욱이 악독한 질투를 한 여자를 다스리기 위해 죽인 뒤에 산(남산) 위에 시체를 버려둔다. 시체가 부패해 여자 집에서 우마를 갖고 오면 이를 내어준다.

형이 죽으면 형수를 아내로 삼고, 죽으면 관의 뚜껑이 없으며, 많으면 수백 명씩 순장이라 하여 사람을 죽인다.[10]

---

8) "(其俗用刑嚴急)被誅者皆沒其家人爲奴婢"

9) "(盜一責十二)男女淫皆殺之""莫治惡妒婦 旣殺 復尸於山上", 『후한서』「동이열전」 부여국. "至腐爛 女家欲得 輸牛馬 乃與之", 『삼국지』「위서」 부여전.

10) "兄死妻嫂 死則有槨無棺殺人殉葬 多者呂百數", 『후한서』 권 85 「동이열전」 부

살인자는 사형을 시키고 그 집에 몰입시키며, 절도자는 12배를 물리게 하고, 남녀가 음탕하거나 부인이 질투를 하면 모두 죽인다.11)

나) 동옥저(東沃沮)

5천호 정도의 작은 나라로서 군왕은 없으나 마을마다 장수(長帥)가 있다.

혼인법은 민며느리제도〔豫婦制〕로서 여자 나이 10세면 혼인을 허가한다. 사위집에서 신부를 맞이하여, 장성하도록 기르고 성인이 되면 다시 여자집으로 돌려보낸다. 사위집에서 여자집에 책전(위자료)을 완불하면 다시 사위집으로 돌아간다.12)

다) 읍루

읍루에는 고유법과 풍속은 존재하지 않아서 기강이 제일 없는 것으로 보인다.13)

라) 동예

지금의 강원도에 해당하며, 약 2만 정도의 부족 인구를 가지며, 왕은 없었으나 제후, 읍군, 삼로 등의 관직이 있어 하층민을 통치하였다. 각 부락은 상호 침범할 수 없는 관습법이 있고 이를 어기

여국.

11) "其法 殺人者死沒入其家 盜者一責十二 男女淫 婦人妬皆殺之", 『진서』 권96 「열전」 부여국.

12) "戶五千 無大君王 世世邑落 各有長帥" "魏書云 其嫁娶之法 女年十歲 已相設許 壻家 迎之 長養以爲婦 至成人 更還女家 女家責錢 錢畢 乃復還壻", 『삼국지』 권30 「위서」 동이전 동옥저.

13) "唯挹婁不法俗 最無綱紀也"

면 소나 말을 벌금으로 징수하였다. 법률이 엄하여 살인자는 죽이는데 절도자는 드물었다.14)

옛날 기자가 조선에 8조의 법을 만들어 이를 가르쳤다. 대문을 잠그지 않으며 백성들은 물건을 훔치지 않았다. 언어, 법속 등이 고구려와 비슷했다.15)

마) 삼한

마한, 진한, 변한이 들어서고 마한에는 54개, 진한, 변한도 각 12개씩의 부족 국가가 있었다. 기원후 3세기경에 철기 문화와 농업 발달로 인해 한강 상류에는 백제국, 낙동강 유역에는 가야 연맹, 그 동쪽에는 사로 연맹이 성립하였다.

엄격한 법제도가 남북 부족 간에 공통적으로 존재하였다.

제사를 주재하는 천군이라는 사람을 나라와 읍에 각각 한 명씩 두고, 각 별읍에 소도(蘇塗)가 있는데 큰 나무를 세워서 방울과 북을 달고 귀신을 섬기며 여럿이 도망을 해서 그 가운데로 들어가면 잡아오지 못한다. 도적을 삼기를 좋아하므로 그 소도를 세운 뜻이다. 부도와 비슷하다. 선악의 행위가 다르므로 북방 가까운 여러 나라에는 예의와 풍속의 차이가 있다. 먼 곳은 죄수들과 노비들이 서로 모이는 곳이다.16)

---

14) "無大君長 自漢已來有官有候邑君三老 統主下戶", "言語法俗 大抵與句麗同…其邑落相侵犯 輒相罰責生口牛馬 名之爲責禍 殺人者償死 少寇盜", 『삼국지』「위서」 동이전 예.

15) "戶二萬 昔 箕子旣適朝鮮 作八條之敎以敎之 無門戶之閉 而民不爲盜…言語法俗大抵如句麗同", 『삼국지』 권30 『위서』「동이전」 예.

16) "神 國邑各立一人 主祭天神 名之天君 又諸國 各有別邑 名之爲蘇塗 立大木 懸鈴鼓 事鬼神 諸亡盜至其中 皆不還之 互作賊 其立蘇塗之意 類似浮塗 而所行善 惡有異 其北方近郡諸國 差曉禮俗 其遠處直如囚徒奴婢相聚", 『삼국지』 위

4. 삼국시대의 법제 연표

개괄적으로 삼국인 신라, 고구려, 백제의 제도 문물이 대동소이하므로 간략한 형벌과 죄의 종류 및 혼인 등의 풍속만 간단히 소개하기로 한다.

가) 신라

『북사』「열전」 신라조에는 신라의 풍속과 형정과 의복이 고구려, 백제와 대략 같다고 한다.[17]

(1) 관직은 17등급으로 이벌간이며 높기는 중국의 상국과 같다……지방에는 군과 현이 있다.[18]

(2) 형벌은 족형(族刑, 구족에 대한 연좌 사형), 거열(車裂, 일명 轘刑이라고도 하며, 진나라 상앙이 창안하였으나 법규정화되지 않았고 극히 드물게 사용됐다. 마차에 의한 신체 분리 형벌), 사지해(四肢解, 신체를 4등분하여 분해하여 죽임), 기시(棄市, 죄인의 목을 베어 죽이고 그 시체를 길거리에 내버림), 자진(自盡, 자살), 육시(戮屍, 죽은 시체에 참형을 함), 도변(徒邊, 국경 지방에 1~3년간의 징역), 장형(杖刑) 등이 『삼국사기』에 기록되어 있다.

(3) 범죄에는 모반(謀叛, 내란죄), 모대역(謀大役, 왕실이나 왕릉에 대한 죄), 요언혹중(妖言惑衆, 당률의 적도율에 해당. 유언비어 공포죄), 사병이직(詐病離職, 병을 사칭하고 직무를 이탈함. 당률의 직제율에 해당), 배공영사(背公營私, 공무원의 뇌물죄 및 공무원 범죄. 당률의 기고율에 해당), 지역사불고언(知逆事不告言,

---

서 한전.

17) "風俗刑政衣服略與高麗百濟同"

18) "其官有十七等 一曰伊罰干 貴如相國…外有郡縣", 『북사』「열전」 신라.

모반 사실 불고지죄. 당률의 밀고 모반 대역조에 해당), 기방시정 구사방어조로(欺謗時政構辭榜於朝路, 국정을 모함하는 비방문을 조정이나 길에 붙이는 죄. 당률의 적도율 조요서요언죄에 해당), 적전부진(敵前不進, 전시에 적을 보고 후퇴, 도망하는 죄. 당률의 포망률 중 정진인도망죄에 해당함)이 있다.

나라에 김, 박 두 성씨가 많으며 다른 성씨와는 혼인하지 않는다.[19]

나) 고구려

(1) 감옥이 없고 죄를 지은 자는 제가(諸加)들이 모여서 평의(評議)하여 중한 죄를 범한 자는 사형에 처하고 그의 처자는 몰수한다.[20]

관직은 대대로, 태대형, 대형, 소형 등 12등급이고 내외의 업무를 분리하여 관할한다. 인두세는 포 5필, 곡 5석을 바친다. 유인은 3년 만에 한 번 세를 바치되 10인이 공동으로 세포 1필을 바친다. 조세는 상호는 1섬, 그 다음은 7말 5말씩이다.

(2) 형법은 반역 및 모역자는 기둥에 묶어 불로 지진 다음에 목을 베고, 그 집은 전부 몰수한다. 절도의 경우는 장물의 10배를 배상해야 하고, 만약 가난하여 배상할 수 없는 자나 공사 간에 빚을 진 자에게는 모두 그의 아들이나 딸을 노비로 주어 보상할 수 있다. 형벌이 엄하여 법을 위반하는 자가 드물었다.[21]

---

19) "國人多金 朴兩姓 二姓不爲婚", 『구당서』 「동이열전」 신라.

20) "其國無牢獄 有罪者則會諸加評議 重者便殺之 沒入其妻子", 『남사』 「동이열전」.

21) "其刑法 叛及謀逆者 縛之柱 爇而斬之 籍沒其家 盜則償十倍 若貧不能償者樂及公私債負 皆聽評其子女爲奴婢以償之 用刑皆峻 罕有犯者", 『북사』 「열전」 제82 고구려.

물건을 훔친 자는 그 물건의 12배를 배상하고 우마를 죽인 자는 노비로 삼는다. 대체로 법을 엄격하게 적용하므로 위법하는 자가 적으며, 심지어는 길가에 떨어진 물건도 줍지 않는다.[22)]

(3) 혼인을 하는 풍속으로 언어(구두 계약)로 미리 정하면 여자집의 큰 집 뒤에 서옥이라는 작은 집을 짓는다.[23)]

혼인 예법은 간략하여 재물과 폐물이 없고 만약 재산을 받으면 소위 여자종으로 팔았다고 한다.[24)]

『수서』에 의하면, 혼인을 할 때 남녀가 서로 좋아하는 사람을 취하면 혼인이 되고 남자집에서 돼지와 술을 보내는 것으로 하고, 재산을 예물로 주지 않는다. 만약 재물을 받으면 사람들이 모두 이를 수치스럽게 여겼다.[25)]

다) 백제

(1) 관직은 16품계가 있다. 제일 높은 것은 좌평이다[26)]

(2) 형벌은 반역자, 퇴각한 군인 및 사람을 살해한 자는 목을 베었다. 절도자는 귀양과 함께 장물의 2배를 징수하였다. 부인이 간통죄를 범하면 남의 집 여자종이 되었다.[27)] 살인한 자는 노비 세 명으로 속죄를 한다. 공무원으로 뇌물을 받거나 도둑질을 한

---

22) "盜物者 十二倍酬贓 殺牛馬者沒身爲奴婢 大體用法嚴峻", 『구당서』「동이열전」 고구려.

23) "其俗作婚姻 言語已定 女家作小屋於大屋後 名婿屋", 『삼국지』 권30 『위서』「오환서비동이열전」 고구려.

24) "婚娶之禮 畧無財幣 若受財者 爲之賣婢", 『주서』 권49 「열전」 고려.

25) "有婚嫁者 取男女相悅 然卽爲之 男家送猪酒而已 無財聘之禮 或有受財者 人共耻之", 『수서』 권81 「열전」 고구려.

26) "官有十六品 長曰左平", 『수서』「동이열전」 백제.

27) "其刑罰 反叛 退軍及殺人者 斬 盜者 流 其贓兩培徵之 婦犯姦沒入夫家爲婢 婚娶之禮 略同華俗", 『북사』「열전」 제82 백제.

자는 장물의 3배를 추징하고 종신금고형에 처한다.[28]

(3) 혼인 예법은 대략 중국의 풍속과 같다. 부모나 남편이 죽으면 삼년상을 지낸다.[29]

기원전 57년 : 신라 혁거세 거서간 즉위. 왕호를 거서간, 국호를 서라벌이라 함.(헌법)

기원후 8년 : 신라왕의 장녀와 석탈해가 결혼을 한다.(혼인법)

65년 : 신라의 국호를 계림으로 고침.(헌법)

108년 여름 : 고구려에서는 백성들이 굶주려 진휼을 함.(사회보장법)

144년 2월 : 신라에서는 권농령을 내려서 지방의 제방을 보수하고, 농토 개간을 명하며, 백성들의 금은, 주옥의 사용을 금함.(농지법, 사치 금지법)

156년 : 신라왕이 시조묘에 제사를 지냄.(행정법)

173년 5월 : 왜의 사신이 와서 신라와 외교 관계를 맺음.(국제법)

187년 3월 : 신라는 주군에 명령을 내려서 토목 공사를 하되 농사철에 방해가 되지 않도록 함.(농업 장려법)

194년 7월 : 고구려에서는 서리가 내리고 흉년이 들어 곡식을 주어서 진휼함.(사회보장법)

10월 : 을파소가 진대법을 실시함.(물가 조절법 및 사회보장법)

222년 3월 : 백제에서는 농사를 권장하는 권농령을 발표함.(농업법)

228년 2월 : 고구려에서는 졸본으로 가서 시조묘에 제사를 하고, 죄수들에게 크게 사면령을 내림.(사면법)

260년 1월 : 백제에서는 6좌평과 16품의 관직을 정함.(행정법)

262년 1월 : 백제에서는 법령을 공포하여, 공무원으로서 뇌물을 받은

---

28) "其用法…殺人者 以奴婢三贖罪 官人受財及盜者 三倍追贓 仍終身禁錮", 『구당서』「열전」149 상 동이 백제.

29) "婚娶之禮 畧同華俗 父母及夫死者 三年治(居)服", 『주서』 권49「열전」 백제, 『북사』 권 94「열전」 백제.

자와 절도죄를 범한 자는 장물의 3배를 배상하고, 종신금고형에 처함.(형법 : 공무원 범죄, 절도죄)

272년 2월 : 신라에서는 농사에 지장을 주는 행위를 제거하는 법령을 공포함.(농업 장려법)

372년 6월 : 고구려에 전진의 왕 부견이 사신과 승려 순도를 보내면서 불상과 불경을 전해줌.(종교법 : 불교 관계법)

전진에 사신을 보냄.(국제법)

고구려에서는 태학을 세워서 자제를 교육함.(학교법, 교육법)

373년 : 고구려에서는 율령을 반포함.[30](입법)

384년 7월 : 백제에서는 동진에 사신을 보냄.(국제법)

9월 : 백제에 마라난타가 불교를 전함.(종교법 : 불교 관계법)

420년 7월 : 신라에서는 흉년, 가뭄으로 인하여 자손을 매매하는 자가 발생함(형법 : 인신매매금지법)

438년 3월 : 신라에서는 국민들에게 우차법(牛車法)을 교육함.

490년(소지왕 12년) : 개경에 시전[市肆, 상점]을 열고 사방의 물건을 거래하였다.(『삼국사기』 권3 「신라본기」 3)

497년 7월 : 신라에서 공무원들에게 공무원 추천권을 줌.(공무원법)

502년 3월 : 신라에서 처음으로 소로 농사를 짓는 우경법을 사용함.(농업법)

504년 4월 : 신라에서 장례식에 입는 상복에 관한 법을 제정함.(가정의례법)

505년(지증왕 5년) : 율령(律令)을 제정하고 죄를 감경하는 논의를 하는 명령을 내림.(『증보문헌비고』 「형고」 7 상헌)

509년(지증왕 10년) : 동시(東市, 동쪽의 시장)를 개설함(『삼국사기』 권3 「신라본기」 3)

520년(법흥왕 7년) 춘정월 : 율령을 공포하고 최초로 백관의 공식 복장의 색깔을 주색(朱色)과 자색(紫色)으로 정하여 품계의 질서

---

30) "三年始頒律令", 『삼국사기』 권18 「고구려본기」 6 소수림왕.

를 세움.[31]

523년 5월 : 백제의 성왕이 즉위하여 무령왕에게 시호를 주기 위해 시호법을 제정함.(명예 수여에 관한 법)

529년 : 신라에서 불교의 율법에 따라서 살생을 금하는 명령을 공포함(형법)

544년 3월 : 신라에서 출가하여 승려가 되는 것을 허가함.(종교법:불교법)

583년 2월 : 고구려에서 백성들에게 농업과 양잠업을 장려함.(농업법, 양잠법)

652년(진덕왕 6년) 춘정월 : 파진랑 천효를 좌리방부령으로 삼다.[32]

653년(진덕왕 7년) 처음으로 좌리방부(左理方府)를 두고 형율을 관장하며 뒷날 의방부로 고침[33]

654년 5월 : 신라에서 이방부령 양수 등으로 하여금 이방부격(理方府格)인 행정 조직의 시행 세칙 60여 조문을 개정하도록 명함.[34] (입법 : 행정조직법)

667년 : 신라에서 우이방부를 설치함.(행정조직법)[35]

680년 : 백제 사람 흑치상지를 당나라의 하원군경약대사로 임명함.(국제법)

681년(문무왕 21년) : 율령격식 중에 불편한 것은 편리하도록 즉시 다시 고치고 원근에 공포하여 이 뜻을 알도록 명령하여 시행함.[36]

682년 : 신문왕 2년에 국학을 예부에 속하게 하고, 대학감으로 명칭을 고쳤다.(『삼국사기』 권38 직관상)

---

31) "頒示律令始制百官公服朱紫之秩", 『삼국사기』 권4 「신라본기」 4 법흥왕 7년.
32) "以波珍浪天曉爲左理方府令", 『삼국사기』 권5 「신라본기」 진덕왕.
33) "始置左理方府 掌刑律 後改議方府", 『증보문헌비고』 「형고」 1 형제.
34) "命理方府令良首等詳酌律令 修定理方府格六十餘條", 『삼국사기』 권5 「신라본기」 태종무열왕 원년 5월.
35) "始置右理方府 掌刑律", 『증보문헌비고』 「형고」 1 형제.
36) "律令格式有不便者 卽便改張 布告遠近 令知此意 主者施行", 『삼국사기』 권 7 「신라본기」 문무왕 하.

695년(효소왕 4년) : 서시전(西市典), 남시전(南市典)인 시장을 개설함.

712년 8월 : 신라의 김유신의 아내를 부인(夫人)의 관직을 수여함.(공무원법.)

758년 2월 : 신라에서 휴가일이 만 60일을 넘는 공무원은 직위를 해제시킴.(공무원법)

4월 : 율령박사 2명을 채용함.(공무원법)

756년 6월 : 신라의 혜공왕이 죄인을 크게 사면함.(사면에 관한 법)

758년 4월(경덕왕 17년) : 율령박사 2명을 두다.[37]

789년 9월 : 신라에서 문적 출신이 아니라도 당나라에서 학사가 된 사람은 공무원으로 채용하기로 함.(공무원법)

805년 8월(애장왕 6년) : 신라의 공식(公式)령 20여 조문을 공포함.[38] (입법)

817년 10월 : 신라에서 흉년으로 굶어 죽는 사람이 많으므로, 지방주군의 창고에 있는 정부미등의 곡식으로 구제함.(사회보장법)

886년 6월 : 신라에서 사면령을 공포함.(사면에 관한 법령)

---

37) "置律令博士二員", 『삼국사기』 권9 「신라본기」 경덕왕.

38) "頒示公式二十餘條", 『삼국사기』 권10 「신라본기」 애장왕.

Ⅲ. 고려 법제와 법제사 연표

고려의 개괄적인 설명은 송두용의 『한국법제사고』(한국정신문화연구원), 『한국학 기초자료 선집』(중세편) 속의 민현구 교수의 정치 편, 김의규 교수의 신분 편, 강진철 교수의 경제 편, 허흥식 교수의 과거 편, 정순목 교수의 교육 편, 김선풍 교수의 풍속 편 등을 주로 참조하고, 나머지 부분은 기존 학자 분들의 연구 업적을 참고하여 간략히 소개하기로 한다.

1. 고려시대 상황의 요약

태조 왕건이 후삼국을 통일하고 고려를 건국한 초기에는 신라와 당나라의 제도를 모방하였으나[39] 후삼국을 병합한 후인 호족 연합 정권 단계에서는 신라 제도를 채용하였다. 광종대에 개혁을 통하여 국가 체제가 완비되고, 경종대에 전시과를 처음으로 제정한 뒤에 성종대에 이르러서야 비로소 유교적 정치 이념에 입각한 국가 체제가 완비된 셈이다. 삼국통일 후 근 5, 60년이 지난 뒤(정도전, 『삼봉집』의 소재동기)의 일이다.

성종 초에서 예종 말기에 이르는 140년간은 고유한 관습과 법제에 당나라의 행정 조직, 부병제, 율령 제도, 학교, 과거, 화폐, 토지 제도, 의례, 성씨 제도 등을 수입, 모방한 면이 많고, 송나라 문물의 영향도 받게 된다.

---

39) "今悉從新羅之制", 『고려사』 권1 「태조세가」 1, 원년 하6월 "立三省 六尙書 九寺 六衛 略倣唐制", 권76 「백관지」 1, 서, 태조 2년.

3기의 의종에서 원종 중기에 이르는 혼란기 100년간은 유교 정치와 무신(군인)의 천시(무과 폐지) 등으로 군인들의 분노를 사서 군사 쿠데타(정중부의 난)가 일어난다. 그러나 다시 정중부는 경대승에 의해 살해되고, 경대승이 병사한 뒤에 이의문이 전제 정치를 하다가 최충헌에게 살해된 후 최씨 일가가 권력을 장악한다. 최씨 일가가 4대간 세습하면서 장기 군인 독재 정치를 이어가는 동안 하극상의 풍조가 일어나고 반대당을 암살하는 잔혹한 형벌이 자행되어 민족 문화가 뒷걸음질치고, 혼란과 암흑의 일세가 된다. 이 기간 동안 국법 질서가 문란해진다. 이때 노비들의 반란도 일어난다.

제4기는 원종 말기에서 공양왕 퇴위까지 약 12년간인데 국력의 쇠퇴기이다. 고려왕은 세자로 있는 동안 원나라에 인질로 가 있었으며 원나라는 양 왕실 간의 혈연관계를 통해 고려를 지배했으므로 고려는 원나라의 사위 나라가 된다. 고려는 1세기 동안 관제 및 칭호, 법제와 풍속이 바뀌고, 경제적인 착취, 처녀와 환관의 요구, 관리의 주재, 내정의 감시, 전횡 등 변태적 지배로 인해 국법 질서가 혼잡해져 결국 붕괴되고 조선왕조가 들어서게 된다.

고려는 34왕 475년간 존속한다. 초기의 법제는 신라 이후의 민족 고유법과 관습법, 판례, 조리 등을 사용하였으나, 성종 이후에는 재판이 증대되고 사회 질서가 안정되어 당률 502개조 중의 71개조(옥관령 2개조 포함)를 참작하여 고려 형법을 만든다. 이후 법에 없는 사건은 왕명으로 공포하고 송나라의 형법과 원나라의 법령을 일부 참작하여 고려의 형법을 갖추었다고 볼 수 있다. 말기에는 원나라의 『의형이람』(議刑易覽)과 명나라의 『대명률』(大明律)을 참조하려고 하였으며, 공민왕 4년(1355)에는 『대명률』과 원나라의 지정조격(至正條格)을 참조하여 신정률(新定律)을 만들었는데, 이는 당률을 그대로 수입한 것이 아니고 신라 이래의 고유한 관습법에 고려의 형법을 보태서 만든 국법이다. 당률과 고려의 고유법을 결합해 조문을 만든 것이다. 또한 당률 2개 조문 이상을 고려율 1개 조문으로 만들고, 당률의 보호법익과 형벌과의 구체적인 숫자 등을 개정한다. 순서를 바꾸어 조문을 만들기도 하고 당률 조문 1개를 여러 개의 조문으로 나누기도 했다. 그러므로 고려율은 당률을 모법으로 해서 그 당시의 실정에 맞춰 취사선택하는 한편 송률도 도입하고 전래의 고유법도 참작하여 만든 것이다.

구체적으로 신라 이전의 형법에서 영향을 받은 경우로는 기시, 지해, 환형, 시형, 족형, 도변형, 장형, 참형, 자진, 연좌 등인데 고려 말까지 지속되기도 하고 당률 수입으로 인해흡수, 통합되기도 했다.

고려 형법은 당률과 비슷한데, 당률을 고려보다 20년 정도 앞서서 모법으로 만든 것이 바로 송률이다. 그러므로 『송형통』(宋刑統)과 고려 형법도 비슷한 점이 많다. 약 30년간 원나라가 대소(大小) 침략을 하고 그에 맞서 항쟁한 뒤에 고려는 굴욕적인 강화를 맺었다. 그후 약 90년 동안 원의 속국으로 매여 있는 동안 고려법은 고유의 특색이 사라지고 원의 법제가 혼재하였다. 원의 지정조격이나 『의형이람』 등을 참작하여 고려율을 개정하려고 하였으나, 결국 고려율(고려 형법)이 주가 되어 시행되었다.

2. 고려 형벌의 종류(『고려사』 참조)

가) 형벌의 종류

(1) 생명형

ㄱ) 참(斬) : 신체와 목을 분리시킴.

ㄴ) 교〔絞刑〕 : 목 졸라 죽임.

ㄷ) 효수(梟首) : 참수한 후에 죄인의 목을 나무에 걸어 여러 사람들에게 보여 범죄를 방지하려는 목적의 형벌.

ㄹ) 기시(棄市) : 시장이나 길거리에 사람들이 보는 데서 처벌하는 공개 처형.

ㅁ) 요참(腰斬) : 허리를 잘라 죽이므로 효수보다 중한 형벌.

ㅂ) 지해(支解) : 범인을 사형에 처한 후에 다시 그 시체에 육시형을 가해서 그 잔해를 각지로 분산하여 효시함.

ㅅ) 환형(轘刑) : 일명 거형(車刑)이라고도 하며, 차(車, 수레)에 목이나 사지를 걸어서 신체를 찢는 형벌로 공개 집행을 하는데 중죄에 사용됨.

ㅇ) 시형(屍刑) : 육시(戮屍), 편시(鞭屍)라고도 하며, 중죄인이 형벌을 집행하기 전에 사망하면 그 사체를 찢는 형벌.

ㅈ) 장살(杖殺) : 정살(梃殺) 또는 추살(捶殺)이라 하고, 막대기〔杖〕로 때려죽임.

ㅊ) 자진(自盡) : 일정한 공무원에게 시행하는 사형의 일종.

ㅋ) 투수형(投水刑) : 새끼로 감아 물에 던지거나, 이에 돌을 달아 물에 가라앉혀 죽임(무인 정권 시대에 무수히 시행됨).

ㅌ) 석압사(石壓死) : 돌로 목을 눌러 죽이는 방법(주로 간음범에게 시행함).

ㅍ) 박살(撲殺) : 때려죽임.

(2) 신체형

ㄱ) 장(杖) : 등, 넓적다리, 볼기로 나누어 때림.40)

ㄴ) 장척(杖脊) : 허리를 때림.41)

ㄷ) 태(笞) : 고려 때에 시행했다고 하나 사례는 많지 않다.42)

ㄹ) 경형(黥刑)43) : 흑형(黑刑)이라고도 하며, 얼굴에 먹을 새겨 넣는 형.

ㅁ) 곤형(髡刑) : 남녀를 불문하고 머리카락을 깎아서 일반인과 다르게 표시하는 형.44)

ㅂ) 월형(刖刑), 단비형(斷臂刑) : 사형 다음으로 중한 형벌로서 다리나 팔을 자르는 형벌.45)

(3) 자유형

ㄱ) 유(流) : 수형자의 거주지를 먼 곳으로 옮기는 것으로, 배(配), 적(謫), 방(放), 천(遷), 도(徒), 서(竄) 등으로 표현하기도 함.46)

ㄴ) 배(配) : 육지도 있고 섬도 있으나 정해진 장소는 없다.

ㄷ) 적(謫) : 『고려사』 권121. 열전 정신우녀.

ㄹ) 방(放) : 왕족을 비롯한 고귀한 자를 유배할 경우에 사용한 용어.

ㅁ) 천(遷) : 왕족이나 고위 공직자를 유배하는 경우에 쓰임.

---

40) 『고려사』 권31. 충렬왕 세가 4. 26년 5월.
41) 『고려사』 권 형법지 2. 금령.
42) 『고려사절요』 권14. 신종 7년 12월.
43) 『고려사절요』 권20. 인종 2년, 13년 춘정월, 14년 2월.
44) 『고려사절요』 권24. 충숙왕 3년 5월, 『고려사』 권132. 열전 신돈.
45) 『고려사절요』 권14. 희종 3년 5월.
46) 『고려사』 권26 원종세가 2. 6년 동10월.

ㅂ) 도(徒) : 장형이 병과되는 경우도 있다.[47]

ㅅ) 서(竄) : 변방에 주로 유배하여 졸병으로 삼은 경우도 있음.[48]

ㅈ) 장류(杖流) : 반드시 장(杖)이 병과되었음.

ㅊ) 충군(充軍) : 변방에 유배하여 둔술(屯戌)에 근무케 함.

ㅋ) 봉수(烽燧) : 국경 변방의 요새나 주, 군, 현의 경계 지역에 배치하여 봉화 불 담당 업무에 종사하게 함.

ㅌ) 수군(水軍) : 동남해안의 요진으로 배류하여 수군에 충당하는 경우도 있음.[49]

ㅍ) 이향(移鄕) : 사람을 죽이고 사죄를 면제된 자에게 과하는 형벌이다.

ㅎ) 방축전리, 방귀전리(放歸田里), 도변(徒邊, 국경 지방에 강제 이송하는 형벌), 안치(安置, 유배소에서 다시 장소를 지정하여 금고형에 처함. 도형(徒刑, 징역형이나 노비로 만들어 사역시킴).

(4) 재산형

ㄱ) 몰관(沒官, 몰수, 몰적)

ㄴ) 속형(贖刑, 독립한 재산형으로 실형 대신에 동전, 기와, 은으로 대신 환산하여 납부함)

ㄷ) 벌금(罰金) : 재산형

(5) 명예형

ㄱ) 제명(除名) : 일체 공무원으로서의 직위와 신분을 박탈하여 서민으로 만들고 특권도 박탈시킴.

---

47) 『고려사』 권118. 열전 조준.

48) 『고려사절요』 권1. 태조 14년 3월.

49) 『고려사』 권46. 공양왕 세가 2. 4년 3월.

ㄴ) 면관(免官) : 3년이 지나면 2등을 낮추어 재임명된다.

ㄷ) 금고(禁錮) : 종신이나 자손 3대까지 공무원의 자격을 박탈시킴.

ㄹ) 출(黜) : 파면(쫓아냄)[50]

ㅁ) 폄(貶) : 강등

ㅂ) 좌천(左遷) : 직위가 강등되고 멀리 쫓겨감.[51]

ㅅ) 삭직(削職) : 범죄를 저지른 공무원의 직위나 직급을 박탈함.[52]

ㅇ) 불서용(不敍用) : 공무원으로 영구히 채용하지 않음.

ㅈ) 위서인(爲庶人) : 공직자나 양반을 서인의 신분으로 낮춤.[53]

ㅊ) 배역호(配驛戶) : 역호에 배치하여 노비에 가까운 서인으로 만듦.

ㅋ) 배역리(配驛吏) : 역리에 배치하여 서인 계급으로 낮춤.

ㅌ) 장수(杖手) : 서인 계급인 태장형을 집행하는 계급

ㅍ) 몰관(沒官) : 범죄자의 신체를 몰수하여 공노비로 만듦.[54]

(6) 잡형(雜刑)

ㄱ) 수직전(收職田) : 공무원의 직전을 몰수함.

ㄴ) 강주위군(降州爲郡) : 주, 군, 현의 주민 1인의 범죄로 그 단체를 통틀어 현이나 부곡으로 강등하는 제도.

ㄷ) 저택(瀦澤) : 범인의 집을 부수고 땅을 파서 그 집터를 물웅덩이로 만듦.[55]

---

50) 『고려사』 권5. 충렬왕 세가 3. 1년 6월.
51) 『고려사절요』 권10. 인종 2. 11년 6월.
52) 『고려사절요』 권21. 충렬왕 3. 13년 6월.
53) 『고려사절요』 권23. 공민왕 4. 11월.
54) 『고려사절요』 권28. 공민왕 3. 16년 동10월.
55) 『고려사』 권40. 공민왕 세가 3. 12년 윤3월.

ㄹ) 훼가(毁家) : 집을 파괴해버림.(『고려사절요』 권11. 의종 24년 9월)

나) 고려율의 내용

(1) 명례율(名例律) : 15종

ㄱ) 형명(刑名) : 태, 장, 도, 유, 사형, 형벌을 중국 『송형통』의 규정보다 가볍게 하는 동시에 면하거나 벌금형으로 대신하는 절장법(折杖法) : 『고려사』 권84 형법지 1. 명례.

ㄴ) 십악(十惡) : 북제율의 중죄 10조로서 반역, 대역, 반(叛), 항(복), 악역(惡逆), 부도(덕), 불(공)경, 불효, 불의(不義), 내란으로 사회의 최악(最惡)으로 감형과 사면도 없으며 당률 10악이 『송형통』, 『대명률』에 이어짐.

ㄷ) 팔의자(八議者, 왕의 8가지 친족으로 감형이 됨.)

ㄹ) 십악반역연좌(十惡反逆連坐, 십악, 살인, 반역 등의 범죄는 일정한 범위의 친족에게 연좌형을 가함.)

ㅁ) 이관당도부진(以官當徒不盡, 형벌의 벌금 대납과 면제 및 경합)

ㅂ) 제명비도삼년(除名比徒三年, 공무원에 대해 제명 처분이나 면직 처분)

ㅅ) 범사죄비십악(犯死罪非十惡, 조부모, 부모 등이 사망하면 십악을 범하지 않은 사형수 및 유형(유배형)자에게 7일간의 휴가를 주고, 유배형을 받은 자는 70세 이상의 존속에게 보호자가 없으면 집에 돌아가 부양을 하게 한 후, 존속이 사망하면 1년(당률) 뒤에 돌아와 복역을 함.)

ㅇ) 노소폐질(老少廢疾, 나이가 80 이상 10세 이하의 늙거나 어린 사람에게 질병에 걸린 경우는 사형을 면하여 섬에 유배를 보냄)

ㅈ) 피차구죄지장(彼此俱罪之贓, 탐관오리의 부정한 재물 축재를 몰수하고 파면시킴.)

ㅊ) 평장자(平贓者, 타인의 도망한 노비를 숨겨서 일을 시켜먹은 것이 발견되면 한 명이면 하루에 비단 3척의 배상을 하게 함)

ㅋ) 범죄미발자수(犯罪未發自首, 자수를 하면 면죄함.)[56]

ㅌ) 공범죄조의위수[共犯罪造意爲首, 공범의 경우 주범(조의)과 종범(일등을 감함 : 당률)을 구별하여 형벌의 경중을 달리함.]

ㅍ) 이죄종중(二罪從重, 두 가지 범죄 이상의 경우, 즉 경합범의 경우 무거운 죄만 적용하는 흡수주의를 택함.)

ㅎ) 화외인상범(化外人相犯, 귀화인이라도 살해자와 피살자가 여진인이면 여진법을 적용하는 속인주의(본국법주의)를 채택함)[57]

㉠ 칭가자취중의(稱加者就重, 형벌을 감면하는 규정. 참형은 척장 50, 교형은 척장 40의 형에 처함)[58]

(2) 위금률(衛禁律, 궁성 및 국경이나 요새의 경비에 관한 규정)

ㄱ) 난입궁문(亂入宮門, 이유 없이 왕의 처소에 침입함.)

ㄴ) 월주진술등성담〔越州鎭戍等城垣, 현의 성벽을 넘으면 장 90, 주나 진의 성을 넘은 기수자에게는 도형(징역) 1년, 미수자는 1등을 감함.〕

(3) 직제율 : 공무원의 직무상 책임과 범죄 규정

ㄱ) 공거비기인(공무원 추천 부정), 관인무고불상(공무원 휴가), 관인종가계위, 대사불예신기, 익부모부상〔부모나 남편의 상을 알고

---

56) 『고려사』 권 85. 형법지 2. 노비.
57) 『고려사』 권 84. 형법지 1.살상.
58) 『고려사』 형법지. 직제.

도 슬픔을 잊고 즐기거나 잡된 놀이를 하는 자는 도형 1년 및 소리 내어 우는(哭泣)의 예를 하지 않으면 유 3천 리에 처함], 감주수재왕법(뇌물을 받고 국법을 어기는 공무원 범죄 및 재산죄, 부정 축재 행위), 소수감임재물(공무원의 국공유 재산 횡령죄 등은 파면시키고 재산을 환수하는 것이 기본 원칙이다), 협세걸색(공직을 이용하여 위협하여 뇌물을 강요하거나 취득한 죄로 그 장물은 피해자에게 돌려준다 :『고려사』 형법지 1. 직제)

(4) 호혼율(戶婚律, 호적과 혼인에 관한 법)

탈호, 이정불각탈루, 사입도, 자손부득별적, 양자사거, 입적위법, 방부곡위량, 비유사력용재, 도경종공사전, 망인도매공사전, 재관침탈사전, 도경인묘전, 차과부역위법, 부모수금가취, 동성위혼위조면처가취, 처무칠거, 의절이지, 노취양인위처, 잡호부득취양인

(5) 구고율(廐庫律, 우마의 징발과 단속에 관한 규정)

고살관사마우, 관사축손식물

(6) 단흥률(擅興律, 자의로 군사와 공공사업을 움직이는 죄)

단발병, 교열위기, 주장수성, 주장임진선퇴, 진술유범, 정부잡장계류

(7) 적도율(賊盜律, 국헌 문란과 살상 및 절도)

모반대역, 모반, 모살기친존장, 이물치인이비, 조축충독, 증오조염매, 살인이향, 조요서요언, 도원능내초목, 강도, 절도, 감임주수자도, 공갈취인재물, 도시마소공재물, 비유장인도기가재, 사재노비무역관물, 약인약매인, 약매기친비유, 지약화유화동상매, 지약화

유강절도

(8) 투송률(鬪訟律, 싸움, 구타 및 고소와 무고)

투구절취훼이비, 투고살용병인, 보고, 구상처첩, 구시마형제, 구형자제매, 마언조부모부모, 처첩구마부부모, 구형처부제매, 조부모위인구격, 고기친존장, 고시마비유, 투익명서고인죄, 월소, 감임지범법

(9) 사위율(詐僞律, 공문서, 관청의 인장 등의 위조 변조 도용 사기, 관명 사칭 등)

사기관사취물, 사위관문서증감, 망인양인위노비, 사질병자유소피, 의위방사요병, 부모사언여상

(10) 잡률(雜律, 법령 위반, 사적 강제집행, 도박, 간음, 물가규정 위반, 도량형 규격 위반, 실화로 인한 연소죄, 방화, 공문서 훼손 등 가벼운 범죄)

좌장치죄, 부채강경제축산, 이양인위노비질채, 박희도재물, 사택차복기물, 침항가천백, 간도일년반, 간부조첩, 노간양인, 감주어감수내간, 기용견포행람, 시사상물가, 사작해두평도, 비시소전야, 소관부사가택사, 기훼제서관문서, 식관사전원과과, 위령

(11) 포망률(捕亡律, 도주자 체포)

피구격간도포법, 인리피강도, 방인향방, 유도수역한내망, 관호노비망, 재관무고망

(12) 단옥률(斷獄律, 재판과 형사피고인의 구금, 형의 집행에

관한 규정)

단옥절차, 행형, 상피

다) 사면(赦免)

고구려 유리왕이 태자를 임명할 때 국내에 사면을 했고, 신라의 유리왕 2년에 시조의 묘에 참배 시에 대사면을 한 적이 있다.

고려 때에는 사면을 너무 자주 했는데, 심한 경우에는 죄수를 모두 사면하여 옥이 텅 비어서 성세(盛世)의 상징이라고 했으나, 오히려 죄인은 더 많이 증가하였다.

라) 사회 신분

사회 신분은 신라의 골품제나 조선의 양반 사회처럼 엄격하게 구분되어 있다. 상류층인 귀족(5품 이상을 3대를 거듭하는 경우), 문무 양반과 중류층인 향리〔향리의 우두머리는 호장(戶長)이라고도 불리며, 문학에 능하고 실무에 밝아 조세와 노동력의 징발, 소송 처리 등의 업무도 담당하였고, 후기에는 과거에 합격하거나 관계에 진출하여 조선왕조 개국의 주역인 사대부 계층이 되기도 하였다. 이들을 통제하고 회유하기 위한 사심관 제도, 즉 기인 제도가 생기기도 했다.(18세기 말, 이진흥이 지은 『연조구감』 참조)〕, 서리, 남반, 하급 장교 등과 양인층인 백정, 농민, 수공업자, 상인이 있다. 서긍의 『고려도경』에 일반 서민들에 대한 기록이 있다. 유생을 귀하게 여기고 공장이 농민보다 나았으며, 혼인은 쉽게 만나 쉽게 헤어져 전례(典禮)를 따르지 않았다.

천민층에는 노예가 있는데, 광종 때에 숫자를 줄여서 호족 세력을 억압하고 왕권을 강화하기 위하여 안검법을 단행하였다. 최승로의 상소문에 안검의 폐해를 기술하고 있다. 성종 5년(986년) 오아의 교서에 의하면, 사노비는 매매 가격이 15세 이상 60세 이하의 남자는 포 100필, 15세 이하 60세 이상의 어린이나 늙은이는 포 50필, 여자종인 비는 15세 이상 50세 이하는 포 120필, 15세 이하 50세 이상은 포 60필에 해당하였다. 그러나 노비 신분으로 정계에 진출한 사람은 무인 정권 시대에는 김의문, 김준, 김윤충(밀직부사), 강윤소(밀직부사, 찬성사, 판삼사사), 전영포(대호군, 찬성사, 삼사사)가 있고, 여말에는 신돈 등이 있다. 그 외에 천민 집단의 행정 조직으로는 향, 소, 부곡, 처, 장민 등이 있다(『신증동국여지승람』). 그러나 정도전이 거처하였던 거평 부곡에도 양인이 거주하였다는 주장도 있다. 상·중류층이 지배 계층이라면, 양인·천민층은 피지배 계층이라 볼 수 있다.

특히, 귀족 계층은 신분과 관직, 토지를 세습하였다. 대체적으로 경원 이씨와 해주 최씨가 최대의 문벌로 왕실이나 유력 가문과 혼인 관계를 맺어 지위를 유지, 확립하였다. 문벌과 함께 학벌도 중시하는 경향이 있었는데, 특히 고시관과 과거 합격자와는 일생을 두고 예를 지키며 운명을 같이하였다. 그러므로 문벌 귀족은 음서나 과거에 합격하여 관직에 진출하는 것을 명예롭게 생각하였다.

바) 혼인

혼인은 근친혼 내지 동성혼의 풍속이 널리 행해졌다. 고려 귀족들은 왕실과 통혼했는데 이씨 일족은 딸들이 7명이나 왕비가 되는 등 외척이 되자 정권을 장악하여 호화 사치가 극을 다하고 권세와 위복을 누리는 소위 해동 갑족이라는 명문세족이 되었다. 그러나 후일에는 부정이 심하고 변란에 실패하여 멸족이 되다시피 하여 몰락하였다.

무인 정권 시대에 이규보 등 죽림칠현을 포함한 문인 귀족들이 나와 음주와 부시로 은일한 문사들과 교유하였다. 이자현은 타락하고 부패한 귀족층을 개혁하지는 않고 뜬구름과 같은 자기 위안의 거(처)사적 사상으로 불교에 심취하고 은둔 생활에 만족하였다.

사) 토지와 노비의 상속

토지와 노비의 상속은 균분 상속이었으나 예외적인 경우도 있다. 토지는 공전(公田)인 자영 소농민의 민전(民田)과, 전주와 전호 간의 소작제 경영이 성립되어 임차료를 징수하는 사전(私田)이 있다. 사전의 경우는 오래 묵거나 새로 경작한 농지를 불문하고 농지 소유자의 소유권을 인정하였다. 때문에 불법적인 농지 탈취에는 공문서인 농지 대장〔田案〕, 문계(文契), 문권(文券, 계약서) 등으로 소유권을 증명하였다.[59] 사유 토지의 매매,[60] 상속,[61] 소송[62]이 이루어졌다. 공전은 1과(科), 2과, 3과로 구분되고, 사전은 궁전, 사원전, 양반전, 군인전, 기인호전 등으로 구분되었다. 예를 들면 강감찬이 개령현에 있는 자기 소유의 토지 12결을 군호에게 준 사실[63] 등이나 동안거사 이승휴가 외갓집에서 물려받은 2경(頃)의 토지로 생계를 이룬 경우[64] 통주부사 김용경과 배주부사 박전이 미륵 보살에 대한 보(寶)로서 각각 토지를 기증한 사실[65] 등은 처분의 자유가 인정된 사유 토지임을 알 수 있다.

59) 『고려사』 권100. 경대승전. 『고려사』 권84 형법지 1. 직제. 충렬왕 34년. 충선왕복위하교. 『고려사절요』 권32. 우왕 11년 11월.
60) 『고려사』 권81. 병전 1. 병제.
61) 『고려사』 권85. 형법지 2.
62) 『고려사』 권95 이지씨전.
63) 『고려사』 권94 강감찬전.
64) 『동안거사집』 잡저 보광정기.
65) 황수영 편, 『속금석문』 삼일포매향비.

3. 고려 법제사 연대표

918년 2월 : 왕건이 고려를 세우고 신라와 태봉의 제도를 참고하여 쓰고 관제와 직책을 나누었다.[66)]

: 태조 왕건이 후삼국을 통일하고 고려를 건국하여 신라와 당나라의 제도를 모방함.[67)]

: 의형대를 설치한 후에 형관으로 고침.[68)]

7월 : 조세정부법(租稅征賦法)을 정함.(입법)

919년 1월 : 고려의 삼성 등의 관제를 정함.(행정법)

: 상설 점포를 설치함.(상법 : 경제법)[69)]

922년 : 태조 5년에 관아를 설치한다. 아(衙)는 관청의 명칭이며 방언으로는 호막(豪幕)이라 함.[70)](행정법)

930년(태조 13년) : 서경에 학교를 창설하여 서학박사를 두고 따로 학원을 설치하여 6부의 생도와 교수를 모으다.[71)](교육법)

935년 11월 : 신라 경순왕이 고려에 투항함.(신라국의 소멸)

936년 9월 : 고려 태조가 『정계』(政戒) 1권, 『계백요서』(戒百僚書) 8권을 만들어 반포함.(불교법)

946년 6월 : 정종이 큰 사찰에 곡식 7만 석을 주고 불명경보(佛名經寶), 광학보(廣學寶)를 설치함.

947년 : 역분전제(役分田制)를 정함.(토지법, 공무원법)

956년 8월 : 대목황후가 노비안검법의 실시를 반대함.(노비법)

---

66) "高麗太祖開國之初 參用新羅 泰封之制 設官分職", 『고려사』 권76. 백관지 1. 의서.

67) "今悉從新 羅之制", 『고려사』 권1. 태조 세가1. 원년 하6월. "立三省 六尙書 九寺 六衛 略 倣唐制", 권76. 백관지1. 서. 태조 2년.

68) "置義刑臺 後改刑官", 『고려사』. 백관지 1. 서. 형조.

69) 『고려사』 권1. 태조 세가.

70) "太祖五年 置官 衙 衙亦官名 方言豪幕", 『고려사』 권77. 백관지 2. 외직.

71) "幸西京 創置學校 兼置醫卜二科"(교육법), 『고려사』 권74. 선거 2.

공무원의 관복을 정함(공무원법)

문무백관의 의관은 중국의 제도를 따름.(공무원법, 중국법 수입)

956년 : 유교의 교육 제도가 국가의 정책으로 확립됨.(교육법)

958년 5월 : 광종 9년, 후주인 쌍기의 건의로 처음으로 과거 설치를 건의하였다.[72]

960년 11월 : 모든 공무원의 제복을 정함.(공무원법)

963년 7월 : 제위보(濟危寶)를 둠.(빈민 구제 기금, 재단 설치 : 사회보장법)

968년 : 가축 도살 금지법

973년 12월 : 공사의 묵은 농지의 개간과 경작에 관한 수조법을 정함.(농지세법)

976년 2월 : 문무 양반의 묘지에 관한 제도를 정함.(묘지법)

11월 : 직산관의 각 품계에 다른 전시과를 제정함.(공무원법, 토지법)

977년 3월 : 개국공신과 향의귀순성주 등에게 훈전을 줌(공음전시과를 정함).(공훈법, 토지법)

진사의 시험에 국왕이 직접 관여함.(공무원시험법).

980년 4월 : 쌀 1말에 이자가 5말, 옷감 15자에 이자가 5자로 쌀과 천에 대한 이자를 정함.(이자법, 이자제한법)

982년 4월 : 10세 이상의 남자에게 모자를 쓰게 함.

10월 : 자모정식법 제정(이자법)

: 주, 군, 현의 자제를 뽑아서 개경에서 공부를 시킴.(교육법)

983년 10월 : 주점을 설치함.(상법)

984년 : 군인의 복제를 정함.(군인법)

985년 10월 : 개인 주택을 사찰에 증여하여 가람을 만드는 것을 금지함.(불교법, 민법)

986년 3월 : 소(召)를 교(教)로 고침.(입법)

: 목(牧)에 권농의 령(令)을 내림.(농업장려법)

---

72) "双冀獻議 始建議設科"(공무원법), 『고려사』 권73. 선거지 1. 과목 1.

: 흑창을 의창으로 고침.(사회보장법)

7월 : 중앙과 지방에 쌀 1만 섬으로 의창을 설치함.(빈민구제제도, 사회보장법)

노비의 가격을 정함.(노비매매법).

8월 12일 : 목의 공무원이 가족을 데리고 부임하는 것을 허락함.(공무원복무법)

987년 7월 : 노비환천법을 제정함.(노비법)

노비방량법을 제정함.(노비 신분 해방법 : 헌법 : 인권법)

8월 : 성종 6년 8월 왕명으로 명경 1인, 복업 1인, 의업 1인, 명법업 2인이 급제하다.[73](행정법, 공무원법)

명법업의 선발 시행 세칙은 첫날에 법률 10조, 이튿날은 명령 10조를 첨부하여 이틀 동안에 전부를 통(이해)하면 제3일 이후는 율(형법)을 읽고 조문을 독파하여 뜻과 이치를 통하는 6궤, 뜻을 묻는 문제 6개, 법조문을 이해하는 4궤, 행정 법령을 읽고 조문과 그 뜻과 이치를 이해하는 6궤, 조문을 독파하는 4궤, 그리고 율업감 시험은 백정률 2궤, 행정법령 3궤, 주정률 3궤, 행정 법령 3궤의 시험과목으로 한다.[74](공무원 선발 시험법)

988년 11월 : 면제법을 제정함.(재난구호법)

: 1, 5, 9월에는 도살을 금지함.(도축법, 불교법)

989년 2월 : 내외문무관 5품, 무관 4품 이상의 환자에게 약을 줌.(공무원복지법, 약사법).

990년 9월 : 효자, 절부 남녀 7명을 선발하여 정려문을 세우고, 요역

---

73) "…八月下教…明經一人 卜業一人 醫業二人 明法業二人及第", 『고려사』 권73. 선거지 1. 과목 . 성종 6년 3월.

74) "凡明法業式 貼經二 日 內初日貼律十條 翌日貼令十條 兩日並全通 第三日以後 讀律破 文兼義理通六机 每義六問 破文通四机 讀令破文兼義理通六机 每義 六問 破文通四机 凡律業監試 白丁律二机 令三机 庄丁律三机", 『고려사』 권73. 선거지 1. 과목 1.

을 면제함.(상훈법)

992년 11월 : 선박의 운송가액을 정함.(선박운수법)

공전(국 · 공유지)의 수조를 정함.(조세법, 농지세법)

993년 2월 : 개경, 서경 및 12목에 상평창을 설치함.(경제법)

10월 : 방량노비를 환천함.(노비법, 헌법 : 인권)

995년 5월 : 관제를 다시 정함.[75](행정법 : 공무원법)

형관을 상서형부로 고침.[76](행정법)

공무원의 품계와 칭호를 고침.(공무원법)

996년 4월 : 건원중보를 제조함.(화폐법)

7월 : 조관의 조상 급하식을 정함.(중앙 공무원의 휴가 규칙)

997년 8월 3일 : 의부(義夫), 절부(節婦), 효자를 표창함.(상훈법)

998년 12월 : 공무원(문무 양반, 군인)의 급료 지급을 위한 토지법을 개정함.(전시과 개정 : 공무원법)

1004년 7월 : 과거법을 개정함.(공무원 임용 법령 개정)

1006년 2월 : 백성들에게 진급함.(구호법, 생활보호법).

7월 : 신라의 경주에 사는 양반 융대가 500여 명의 양인을 노비로 만들어 첩과 공무원들에게 뇌물을 바치다.(인권 : 노비법, 형법 : 뇌물죄, 증뢰죄)

1010년 8월 : 승려가 술을 빚어 담그는 것을 금지함.(양주제조금지법 : 불교법)

1011년 9월 : 탐라도를 주군으로 인정하는 증명서를 줌.(행정조직법).

1012년 5월 : 흉년으로 곡식 가격이 폭등함.(경제법 : 물가법)

1013년 10월 : 문무 양반과 여러 궁궐에서 소유하는 30결 이상의 토지에 대한 세액을 결정함(토지세법 : 공무원법)

11월 : 문무 양반과 궁궐 등의 조세를 정함.(조세법)

1014년 4월 : 조세를 반액으로 감함.(조세경감법).

---

75) "五月下教 改定官制", 『고려사절요』 성종 14년 5월.

76) "改尙書刑部", 『고려사』 권76. 백관지. 형조.

1016년 12월 : 강감찬이 자기 소유의 토지 12결을 군사용으로 쓰도록 국가에 기증함.(민법 : 증여)

1017년 1월 : 주택을 사찰로 개조하는 경우와 여자가 승려가 되는 것을 금지함.(주택법, 불교법)

1018년 2월 : 안무사를 폐지하고 4도호부 8목, 56주지군사, 28진장, 20현령을 설치함.(행정조직법), 제주부원(지방 관청)의 봉행 6조를 제정.(지방공무원법)

1021년 2월 29일 : 개경에서 90세 이상의 남녀에게 주식, 채, 약, 포백 등을 차등을 두어 분배함.(생활보호법)

7월 : 사찰에서 술 만드는 것을 금지함.(주조금지법, 불교법)

10월 : 직계 아들이 죄를 지은 경우에 공신전은 그 자손에게 넘겨준다.(공훈법, 토지상속법)

1023년 12월 : 사헌대를 어사대로 고침.(행정조직법)

1024년 12월 : 자식이 없이 사망한 군인의 아내에게 구분전을 나누어 줌.(공훈법)

1025년 : 옥감양마법(옥사, 감사의 말 양육에 관한 법)을 제정.(마사육법)

1028년 1월 : 전국 여러 지방에서 심고 번식시키는 뽕나무의 숫자를 정함.(산림법)

2월 : 승려의 역마 단속을 금지함.(불교법, 교통법)

1029년 윤2월 : 군역의 기피를 단속함.(군사법)

1031년 5월 : 화곡자에게 원금만 받게 함.(이자법)

1034년 4월 : 양반과 군인, 한인 등에 대한 전시과를 개정함.(공무원법, 토지법)

1036년 : 백관에게 녹패(공무원 봉급 수령증)를 발급함.(공무원법)

1039년 : 천자수모법을 제정함.(헌법 : 인권, 민법 : 가족법)

1041년 4월 : 북방 경계의 영주 등 33개 주와 동쪽 국경의 고주, 화상 등지의 세금을 면제함.(조세법)

7월 : 7급 이상의 공무원의 아들을 군인으로 모집하는 것을 폐

지함.(헌법 : 병역 의무, 군인사법, 병역법)

1044년 12월 : 공사의 곡식 대차의 상환은 사망한 후에는 채권 행사 를 인정하지 않음.(정부미양곡관리법, 민법 : 소비대차)

1046년 2월 : 국민의 입사법(양자법)을 제정함.(민법 : 양자법)

9월 : 나이 80 이상의 공무원 및 일반 국민들과 효자, 효손, 모범적인 부녀, 환과고독, 폐질자를 정원에 모아서 위안 잔치를 베풂.(생활보호법)

1047년 2월 : 구분전을 제정함.(공무원법, 토지법)

1048년 1월 : 죄를 짓고 유배형을 받은 자로서 늙은 부모가 있으면, 우선 보양하도록 하고, 부모가 사망한 뒤에는 유배를 시킴.(행형법)

12월 : 각 도의 여관이나 역에 소속된 전지(田地)의 세액을 정함.(조세법)

1049년 5월 : 양반의 공음전시법을 제정함.(공무원법, 토지법)

: 공사(公私)의 노비로서 세 번 이상 도망한 자는 체포하여 급면하고 주인에게 돌려준다.(노비법)

1050년 4월 : 아들이 3명 있으면, 1명에 한하여 승려가 되는 것을 허가한다.(불교법)

11월 : 재해로 인해 손해를 입은 경우, 국가에서 공의무인 역을 면제하는 손재면역법과 실제의 농지를 조사하여 그 손해를 확인하는 답험손실법을 제정함.(재해보상법)

1051년 12월 : 향직의 전형과 임명을 정함.(공무원법 : 지방공무원법)

1053년 6월 : 삼사에서 경창수미보결용으로 세미 1섬에 대한 모미 1되를 더 받기로 함.(세법)

: 전국의 도량형을 정함.(도량형법)

10월 : 악공의 아들과 형제가 3명이 있으면, 그중 한 아들이 가업을 잇도록 함.(헌법 : 직업 선택, 예술인법).

1055년 3월 : 농지의 품급을 상중하 3등급으로 나눔.(농지법)

1058년 : 15세 이상 60세 이하의 건강한 자를 선발하여 사면기광군을 설치함.(군사법)

1059년 8월 : 아들이 3명 이상이면 1명은 승려가 되는 것을 허락함.(직업 선택, 불교법)

1061년 2월 : 형정을 잘 처리함.(형법)

6월 : 내사령을 중서령으로 고침.(행정조직법)

1062년 2월 : 죄인의 형벌을 법관 3명이 참석한 경우에만 판결할 수 있음.(법원조직법, 소송법)

3월 : 공시봉미법을 처음으로 시행함.(공무원시험법)

1064년 1월 : 노비 문서를 보관하는 도관과 외국 상인들의 숙소인 청화관이 소실됨.(노비법)

3월 : 빈민에게 진급을 함.(빈민구호법 : 생활보호법)

윤5월 : 군반 씨족(군인, 양반의 호적대장)의 장적을 개정함.(호적법, 군사법)

1066년 1월 : 앞으로 3년간 도축을 금함.(도축법)

1068년 1월 : 양자계호법을 제정함.(민법 : 양자법, 호적법)

10월 : 가모의 상복식을 정함.(민법 : 제사법)

1069년 3월 : 향리에 대한 무산 관계 규정을 제정함.(지방공무원법)

7월 : 양전보수법을 제정함.(농지법 : 농지측량법)

10월 : 군인전시과의 제정과 후손이 없이 나이 많은 사람의 구분전을 제정함.(군인법, 생활보호법, 토지법).

: 농지의 세액을 정함.(농지세법)

1072년 7월 : 교위 거신이 반역죄를 지어서 처형됨.(형법 : 반역죄)

1073년 4월 : 가뭄과 전염병으로 많은 사람이 죽음. 평두량도감 설치.(공적부조법, 행정법)

1074년 1월 : 자식이 없는 사람이 공을 세워서 얻은 생활용의 농지를 사위, 조카, 양아들 등에 전해줌.(민법 : 상속법, 농지법)

1076년 12월 : 과거 합격자에게 농지 급여 제도를 정함.(공무원법)

양반의 전시과를 개정하고 관제 개정 후 급여에 관한 규정을 개정함.(농지법 : 공무원법).

1123~1146년 : 인종조에 율학박사가 율령을 관할하고 가르친다.[77](행정법 : 학교법), 또한 종8품의 율학박사 1명을 별도로 둔다.[78](법학교육법)

1140년 6월 : 인종 18년 윤6월, 중서문하에서 임금에게 보고하기를 명법업은 다만 율령을 읽어서 과거에 쉽게 합격하므로 이외에 반드시 6경을 두기로 건의한다.[79](공무원선발고시법)

1178년 1월 : 찰방사를 제도(諸道)에 파견.(행정법)

4월 : 서경의 관제를 다시 고침.(행정법조직)

1181년 7월 : 서울에 있는 경시(京市)에서 쌀 상인들이 모래와 겨를 섞어서 부정하게 쌀을 팜.(형법, 상법, 경제법)

1184년 1월 : 문무관의 봉급은 감액함.(공무원법)

1188년 2월 : 악공이 타사(他肆)에 도망가서 사는 자를 본래의 직업에 돌아가게 함.(예술인법, 직업안정법)

3월 5일: 5도의 안찰사가 이치(吏治)를 순찰함.(행정법)

3월 : 세공, 외공헌의 제도를 폐지함.(보세법, 행정법)

1192년 5월 : 공사의 잔치를 베풀 때 유밀과의 사용을 금함.(사치금지법)

9월 : 서경 지방에 양전(토지 조사)을 실시함.(토지법, 지적법)

1195년 9월 : 공사(公私)의 오래된 채무를 면제함.(민법, 채무면제법)

1196년 4월 : 최충헌이 이의문을 죽이고 그의 삼족을 멸하고 신하들을 많이 죽임.(최씨 정권 성립)(형법)

5월 : 최충헌이 봉사 10조를 올림.(소원에 관한 법)

1198년 5월 : 서경에서 만적 등이 노비 폭동을 계획하다가 발각되어 처형됨.(노비법, 형법)

---

77) "律學博士掌敎律令", 『고려사』 권 74 .선거지 2. 학교.

78) "又置律學博士一人從八品", 『고려사』 권76. 백관지 1. 형조.

79) 『고려사』 권73. 선거지 1. 과목 1.

1199년 6월 : 최충헌이 문무의 공무원 임명권을 총괄 지배함.(행정법)

1207년 2월 : 각 도의 유배형을 받은 300여 명을 석방함.(행형법, 형법)

1208년 10월 : 진휼도감을 다시 설치함.(공적부조법, 행정법)

1219년 10월 : 최충헌이 죽고 그 아들 최우가 집권함.

12월 : 경주를 동경유수로 고침.(행정조직법)

1224년 10월 : 국가의 원로, 서민 노인, 효자, 절부 등을 모아 잔치를 베풂.(포상법, 경로법)

1225년 10월 : 지고(地庫)를 대창에 설치하고 흙벽으로 창고의 화재를 방지함.(건축법, 소방법)

1227년 5월 : 일본이 국서를 보내 변방의 침략을 사죄하고 수호 통상을 청함.(외교법, 국제법)

1228년 6월 27일 : 장성서의 죄수 중 얼굴이 예쁜 여자가 공무원의 간통을 거절하다가 돼지우리에 넣어져 뜯겨 죽음.(형법)

1230년 1월 : 많은 사람들이 굶어 죽음.

1232년 1월 : 충주에서 노예들의 반란이 일어남.(노비법, 형법)

1244년 6월 : 국학을 보수하고 쌀 300곡(斛)을 양현고에 둠.(문교행 정법)

1248년 3월 : 북계의 여러 성의 민호를 옮겨 해도에 입보(入保)시킴.(호적법, 군사법)

1256년 3월 : 주현의 한지를 경작시키고 강화도에 좌우 둔전을 만듦. (토지법)

12월 : 유민들에게 전토를 나누어줌. 기근과 전염병으로 많은 사람들이 죽음. 곡물 값이 인상되어 쌀 2곡이 은 1근에 해당함. (생활보호법, 전염병방지법, 경제법)

1257년 6월 : 급전도감을 설치. 공무원들에게 봉급으로 토지를 지급함.(행정법 : 공무원법)

1258년 4월 : 구급도감에서 최의의 재산을 공무원들과 양반들에게 나누어줌.(공무원법, 부정축재처리법)

1260년 2월 : 관민으로 하여금 옛 서울(舊京)에 집은 짓게 함.(건축법)

3월 : 출배도감에서 왕실 귀족과 관리들에게 가옥 건축비로

6,420곡의 쌀을 나누어 줌.(건축법, 행정법)

1261년 5월 : 시장의 물가를 정함.(경제법)

1269년 2월 : 전민변정도감을 설치함.(인구조사관리법)

1271년 2월 : 대부의 섬사람들이 반란을 일으킴. 경기도의 8개 현에 녹과전을 지급함.(공무원법, 토지법, 형법)

9(?)월 : 몽고의 처녀 요구로 조혼의 풍습이 생김.(외교법, 혼인법: 민법)

1275년 2월 : 박시유가 관리의 품급에 따라 차별을 두어 첩을 두는 것을 허락하는 상소를 올리자 부녀자들이 원망을 함.(혼인법 : 민법, 공무원법)

6월 28일 : 공주의 생일에 죄수들을 석방함.(사면법, 혼인법)

6월 : 흰색의 의복을 금하고 청색복을 입게 함.(사치 및 풍속법)

10월 15일 : 원나라에 처녀를 보내기 위하여 나라의 결혼을 금지함.(외교법, 혼인법)

1278년 2월 : 원나라의 의관을 착용하고 머리를 깎게 함.(풍속법)

12월 : 녹과전을 고쳐서 줌.(공무원법, 노비법 : 헌법)

이 해에 공사의 노비 해방을 금지함.(헌법 : 노비법)

1279년 2월 : 사패전을 녹과전에 충당하지 못하게 함.(공훈법, 토지법)

3월 : 각 도의 조세 납부 정형과 호구의 증감을 조사함.(조세법, 주민등록법)

11월 : 공무원들에게 주었던 노비를 돌려받아 도관(都官)에 소속시킴.(노비법, 공무원법)

1280년 3월 : 충렬왕이 지공(紙貢)을 없앰. 각 도의 안찰사 별감 등이 공물을 구실로 모시, 가죽, 종이, 과실을 수탈함.(조세법, 형법)

1282년 6월 : 은병과 쌀값을 정하되 은병 1개와 쌀의 교환 비율을 개경에서는 15,6섬, 지방에선 17,8섬으로 함.(경제법, 물가통제법)

7월 3일 : 응방에서 소 잡는 것을 금지함.(가축도축업법)

9월 : 귀족들이 농장을 설치하고 유리하는 농민들을 예속시키는 현상이 늘어남. 권문세족들이 많은 수조지를 겸병하

고 조세를 차지함.(세법)

1283년 4월 : 주군현의 사심관을 폐지함.(행정법)

9월 : 공무원을 개원로에 파견하여 유이민을 데려오게 하고, 천자수모령을 공포함.(공무원법. 노비법)

1285년 3월 : 사패전으로 본주가 있는 토지를 돌려줌.(공훈법, 토지법)

1288년 3월 : 경상도에서 권농사가 가는 베를 바치는 제도를 폐지함.(조세법)

소금의 전매제도를 실시함.(소금전매법)

8월 : 전민변정도감을 설치함.(행정법)

1295년 4월 : 왕자의 혼인 비용으로 배금과 베를 강제로 거두어들임. (세법)

7월 : 염세별감을 경상·전라도에 보내어 소금세를 거두고, 권문세가들이 남중국 지방의 무역을 위해 인삼과 잣을 강제 징수함.(조세법)

11월 : 권문세가들이 노비를 강탈함.(노비법, 형법)

1298년 5월 1일 : 공주가 조비를 질투하여 원나라에 무고함.(외교법, 형법)

5월 19일 : 조인규와 조비 등을 옥에 가둠.(행형법, 형법)

1299년 6월 : 흰 대모자와 흰옷을 금함.

1300년 7월 : 원나라 성조로부터 충렬왕이 요청한 풍속 제반의 모든 것을 옛날과 같이 할 수 있게 허락을 받음.(국제법, 외교법)

10월 : 원나라의 활리길사가 고려의 노비법을 개혁하려 했으나 충렬왕이 이를 막음.(국제법, 외교법, 노비법)

1301년 5월 : 관청의 명칭이 원나라와 같은 것은 모두 고침. 탐라총관부의 폐지를 요청.(행정법)

6월 : 전민변정사를 둠.(행정법)

1302년 1월 : 전민변정도감에서 양인이 된 노비를 다시 상전에게 돌려줌(노비법)

1307년 7월 : 전리(典理), 군부(軍簿), 선법(選法)을 개정함.(입법)

9월 24일 : 13세 이상 16세 이하의 여자의 결혼을 제한함.(혼

인법)

1308년 10월 : 수도의 호구 조사를 함.(주민등록법, 인구조사법)

11월 : 효자, 순손, 절부, 열녀에 정표함.(포상법)

윤11월 : 외종형제의 통혼을 금지함.(민법, 혼인법)

1309년 2월 : 국가가 소금전매권을 장악함(각염법을 제정함).(염업전 매법)

1310년 11월 : 사섬시의 은 100근을 사찰에 분배하고(불교법), 각 도에 채방사를 파견하여 세법을 고치려고 하였으나 대토지 소유자들의 반대로 중지함.(세법)

1311년 7월 : 한원이 은화를 만들어 처벌됨.(화폐법, 형법)

1312년 6월 : 자모법(이자법)을 쓰지 않고 사채자에게 추징을 금함.(이자제한법)

8월 : 쇄권별감을 각 도에 다시 보내어 지방 공무원들이 축낸 관청 재물을 변상시킴.(공무원법, 국고금 결시 변손상처리법)

11월 : 향리의 자제들이 하급 장교에 승진하는 것을 금함.(군인사법)

1314년 2월 : 5도에 순방계정사를 보내어 지조를 정함.(조세법)

1315년 1월 : 조칙을 내려 신분에 따라 복색을 다르게 정함.

1316년 3월 : 공무원과 승려들이 상업을 하는 것을 금함.(상법, 공무원법, 불교법)

4월 : 국가의 재정이 부족하여 공무원들로부터 모시를 징수함.(재정법, 공무원법, 조세법)

1318년 6월 : 제폐사목소를 설치함.(행정조직법)

1320년 : 화자집거전민추고도감을 두어 환관들이 강탈한 토지와 전민을 밝힘.(공무원법, 토지법, 형법)

1322년 3월 : 충숙왕이 원나라에 있던 심왕의 참소로 국왕의 직인을 빼앗김.(외교법, 국제법)

1324년 10월 : 토지 및 신분 제도를 정비하도록 지시함.(토지법, 헌법)이 해 향리들이 공무원으로 진출하는 것을 제한함.(공무원법)

1328년 12월 : 은병 한 개 값을 공물로 징수한 종포 10필로 정함.(경제법)

1331년 4월 : 기존 은병의 사용을 금하고 오승초 15필의 값을 소은병으로 새로 만들어 유통시킴.(경제법, 물가통제법)

8월 : 경기 지역의 사급전을 없애고 녹과전에 충당함.(공무원법, 농지법)

1332년 4월 : 행저의 용도가 부족하여 백관과 부자들에게 부과 징수함.(공무원법, 조세법)

1333년 윤3월 : 연회에서 유밀과 다식의 사용을 일시 금지시킴.(풍속법)

1336년 3월 : 충숙왕, 충선왕 때 지급한 공신전을 거두어 소유자에게 돌려 줌.(농지법, 민법, 소유권)

전대의 왕인 충혜왕에게 재물을 바치고 양인이 되었던 사람을 다시 천인으로 만듦.(헌법, 인권)

1338년 6월 : 금주령을 내림.(주류법, 금주법)

1342년 2월 : 충혜왕, 의성고, 덕천고, 보흥고에 있는 포 4만 8천 필을 내놓고 시장을 엶.(경제법)

1343년 3월 : 직업세, 선박세를 징수함.(세법)

6월 : 기인제도를 다시 실시함.(공무원법)

7월 : 폐교한 5교 양종의 사원 토지와 전대의 공신들의 토지 를 몰수하여 궁중의 재정 기관인 내고에 소속시킴.(재정법, 불교법)

10월 : 공무원들에게 준 경기도의 토지를 몰수하여 유비창에 소속시킴.(공무원법, 토지법)

11월 : 전민추쇄도감을 두고 토지와 백성에 대한 통제를 강화함.(토지법, 호구법)

1344년 12월 : 권세가들이 차지한 경기도 지역의 녹과전을 원래의 소유자에게 돌려줄 것을 결정함.(공무원법, 물권법)

1345년 8월 : 경기 토전의 경리를 고쳐 직전을 골고루 나누어줌.(공무원법, 농지법)

1347년 2월 : 정치도감을 두어 각 도의 양전 사업을 시작함.(농지법)

10월 : 해아도감(어린이도감)을 둠.

1347년 2월 : 신후의 어머니가 타인의 노비를 빼앗고 그 반환을 청구하는 노비의 소유자를 구타함.(형법, 노비법, 물권법)

: 진제도감을 두어 굶주린 사람에게 죽을 나누어줌.(생활보호법)

4월 : 전라도의 쌀을 배로 운반하여 경기, 충청, 서해도의 굶주린 사람을 진휼함.(생활보호법)

1348년 1월 : 고신과 간통한 익흥군거의 아내 박 씨를 신창관의 자녀(恣女)로 만듦.(형법 : 간통죄)

1352년 1월 : 변발을 금지함.(형법) 의례추정도감을 둠.(행정법) 국가의 재정 부족을 메우기 위해 돈을 받고 승진을 시키는 현상이 나타남.(재정법, 공무원법)

9월 18일 : 족질과 간통한 김보문의 아내 송 씨에게 곤장 87대를 가함.(근친상간 : 형법)

이 해 이색의 건의로 향교나 12도생이 일단 성균관에 들어와 국학생이 되지 않으면 과거 응시를 못하게 함.(공채법)

1353년 11월 : 전민별감을 양광, 전라, 경상도에 파견함.(지방행정법)

1356년 6월 : 폐지한 사원의 토지에 대한 조세를 방호군의 군량에 충당함. 향리, 역리, 노비들이 부역을 피하여 종이 되는 것을 단속함.(불교법, 조세법, 군량미법, 노비금지법)

1359년 4월 : 금주령을 내림.(형법, 금주법)

1361년 6월 : 백의, 백립의 착용을 금함.(사치 및 풍속법)

1362년 : 금살도감(禁殺都監) 설치.(행정법)

1367년 : 호복제를 폐지함.(공무원법)

1377년 : 우왕 3년, 중외로 하여금 결옥은 일체 지정조격(至正條格)에 따르게 함.[80](입법)

1378년 5월 : 개경에 쌀값이 폭등하여 베 한 필에 쌀 3, 4되밖에 안

80) "令中外 決獄一遵至正條格", 『고려사』 권84. 형법지1. 직제. 신우 3년 2월; 『증보문헌비고』 제35권. 형고 9. 형서.

됨.(경제법)

1380년 6월 : 개경의 쌀값이 폭등하여 베 1필에 쌀 5되가 됨.(경제법)

1381년 8월 : 경성의 물가가 등가하여 경시서에서 물가를 정함.(경제법, 물가단속법)

1382년 6월 : 협주의 사노가 난을 일으킨 후 체포, 사형됨.(형법 : 반란죄)

1383년 6월 : 화척, 재인들이 평창, 영주, 순흥 등지에서 반란을 일으킴.(형법)

1386년 8월 : 승려의 승마를 금함.(불교법)

1387년 1월 : 전 공무원(백관)의 봉급을 감액함.(공무원법)

3월 : 전 공무원의 관복을 명나라의 제도에 따름.(공무원법)

11월 : 사전에서 반조(세금의 반액)를 거두어 군량에 충당함.(조세법, 군사법)

1388년 1월 : 전민변정도감에서 임벽미, 염흥방 등이 탈취한 토지와 노비를 본 소유자에게 돌려줌.(민법, 소유권 : 노비법)

3월 : 다시 호복(胡服)을 입게 함.(사치 및 풍속법)

6월 : 이성계가 명나라의 의관을 따르게 하고 호복을 금지함.(사치 및 풍속법)

8월 : 지금의 『대명률』과 『의형이람』을 보고 고금을 참작한다.[81](입법)

10월 : 급전도감(給田都監)을 설치함(토지관리법, 공무원법)

12월 : 전법판서(典法判書) 조인옥이 사찰의 토지를 몰수하고 불교를 제한할 것을 주장함.(입법, 행정법)

1389년 12월 : 다비(화장법)를 금지함.(불교법, 가정의례법)

1390년 2월 : 대간면계법(臺諫面啓法)을 폐지함.(행정법, 입법)

9월 : 사전(私田) 정리를 위해 낡은 공사 전적(公私田籍)을 불태움.(농지개혁법).

1391년 1월 : 각 도의 목부에 유학교수관을 둠.(교육법)

---

81) "今大明律考之議刑易覽 甚酌古今", 『고려사』 권84. 형법지 1. 직제. 신우 14년 9월.

5월 : 복제를 다시 고쳐 정하고 과전법을 시행함.(공무원법)
명나라와 금, 은, 소, 말의 밀무역을 금지함.(밀수방지법)

7월 : 도평의사사에서 철전과 저화의 사용을 제의함.(화폐법)

1392년 : 시중 정몽주가 대명률과 지정조격을 채택하여 본조의 법을 삼고 신율(新律)을 참작해서 올리다.[82](입법)

2월 : 지진사 이첨으로 하여금 6일간 강의를 하게 한 후 공양왕이 듣고 그 아름다움을 감탄함. 법률은 한번 정하면 변경할 수 없다고 하며, 마땅히 익숙하게 연구하고 산정한 후에 시행할 것을 명함.[83](입법)

9월 : 공신도감에서 공신들에게 토지와 노비를 포상하는 규정을 정함.(국가유공자포상법)
정남(丁男)이 10인 이상 있는 호를 대호(大戶), 5인 이상인 호를 중호(中戶), 4인 이하인 호를 소호(小戶)로 규정함.(호적법)

10월 : 공부상정도감에서 새로운 공물법을 제정함.(행정법, 입법)

11월 : 노비결송법을 제정함.(노비법, 입법)

12월 : 노비 소송 판결법을 정하여 부당하게 노비가 된 자를 양인으로 환원시킴(노비법, 입법)

---

82) "夢周 取大明律 至正條格 本朝法令 參酌刪定 撰新律以進", 『고려사』 권17. 열전 정몽주. 공양왕 4년.

83) "守侍中鄭夢周 進所撰新定律 王命知申事李詹 進講凡六日 屢嘆其美 謂侍臣曰 此律須要熟究刪定 然後可行於世也 苟不熟審 一切判付 恐有可刪之條也 法律一定不變", 『고려사』 권46. 공양왕 세가 2. 4년 2월. 갑인.

Ⅳ. 조선왕조의 법전의 종류(명칭)

1. 법전 명칭과 연대의 요약

아래의 법전 편찬 연대는 『실록』의 기록과 해당 법전 속의 간행일 등을 참조하여 작성한 것이다. 일치되지 않을 경우 임의로 선택한 것이므로 재조사하여 확정시켜야 될 것이나 편의상 대강의 연월일을 정한 것임을 밝힌다. 차후에 연대를 확정할 수 있는 연구가 뒷받침되어야 할 것이다.

1394년 : 『조선경국전』(朝鮮經國典), 『경국육전』(經國六典), 『경국원전』(經國元典), 『속전』(續典)

1395년 : 『대명률직해』 편찬.

1397년 : 『대명률』(大明律)

1397년 12월 26일 : 『경제육전』(經濟六典) 공포, 시행.

1413년 : 『하윤육전』, 『경제육전』

1429년 : 『이직육전』(『속육전』+『등록』 1권) 1433년 : 『황희육전』(『신속육전』+『등록육전』)

1438년 : 『신주무원록』

1460년 7월 : 『경국대전』「호전」 편찬.

1461년 7월 : 『경국대전』「형전」 편찬, 공포, 시행함. 김국광이 책임 편찬을 함.

1470년 : 『기축(경국)대전』

1471년 1월 1일 : 『신묘(경국)대전』의 공포, 시행.

1474년 2월 1일 : 『갑오대전』(갑오년에 시행하는 『경국대전』)

1474년 : 『국조오례의』

1485년 1월 1일 : 『을사(경국)대전』 완성. 공포, 시행.

1492년 : 『대전속록』

1519년 : 『경민편』

1539년 : 『당음비사』, 『절옥체요』

1543년 : 『대전후속록』 편찬.

1555년 : 『경국대전주해』

1576년 : 『각사수교』

1585년 : 『사송유취』

1656년 : 『경민편언해』

1698년 : 『수교집록』

1706년 : 『전록통고』

1740년 : 『신보수교집록』

1744년 : 『춘관지』 편찬.

: 『삼전유초』(『대명률+『경국대전+『속대전)

1746년 : 『속대전』

1748년 : 『증수무원록』 반포.

1778년 : 『어정흠휼전칙』

1780년 : 『예식통고』

1785년 : 『대전통편』

1785년경 : 『백헌총요』

1786년 : 『전율통보』

1788년 : 『탁지지』

1790년 : 『증수무원록언해』

1791년 : 『추관지』 편찬.

1792년 : 『증수무원록대전』

1799~1800년 : 『심리록』

1822년 : 『흠흠신서』(신중 관용, 형사재판-평)

1837년대 : 『수교정례』

1837년대 : 『율례요람』

1837~1843년 : 『은대편교』

1865년 : 『대전회통』(원, 속, 증, 보)

1866년 : 『육전조례』

1870년 : 『양전편교』

1894년 : 갑오개혁.

1894년 : 홍범 14조 발표.

1896년 : 『법규유편』

1891~96년 : 『법률』

1895년 : 『공법회통』

1899년 8월 : 대한제국 국제 선포, 『법규유편』

1905년 5월 29일 : 『형법대전』(680개 조문) 공포.

1907년 : 『현행대한 법규유찬』

1908년 : 『법규유편』

1909년 : 『법규속편』

1910년 : 『현행한국법전』

1912년 : 조선민사령, 조선형사령 제정.

근대 이후 서구의 대륙법 체계가 강제 수입, 시행됨.

2. 법전의 내용상 분류

1. 기본 법전

『경국대전』, 『속대전』, 『대전통편』, 『대전회통』

2. 종합 부속 법령집

『대전속록』, 『대전후속록』, 『수교집록』, 『신보수교집록』, 『각사수교』, 『전록통고』, 『전율통보』, 『백헌총요』

3. 특별 기본 법전

예전 : 『홍무예제』, 『국조오례의』

형전 : 『대명률』

4. 사찬 법령집

『사송유취』, 『결송유취(보』), 『경민편(언해)』

5. 특별 법령집

- 행정법 : 『육전조례』, 『은대조례』, 『양전편교』, 『춘관지』, 『추관지』, 『탁지지』, 『통문관지』, 『교린지』
- 민사소송법 : 『사송유취』(『청송지남』)
- 형법 : 『삼전유초』, 『형전사목』, 『수교정례』, 『추관지』
- 형사소송법 : 『결송유취보』, 『은대편교』, 『율례요람』
- 법의학 : 『신주무원록, 『증수무원록』
- 형사법, 행형법 : 『어정흠휼전칙』, 『절옥체요』
- 외교법 : 『통문관지』, 『교린지』
- 재정법 : 『춘관지』

6. 법률 용어 해석 자료집

『대명률직해』

『강해』, 『부례』, 『율학해이』, 『율학변이』

『경국대전주해』

『경민편언해』

『증수무원록언해』

『흠흠신서』

『현행형법대전』

7. 판례 및 비평서

『심리록』

『흠흠신서』

『수교정례』

『율례요람』

8. 사법행정법서

『경세유표』

『목민심서』

3. 조선왕조의 법전 편찬 초록

자세한 기록은 방대하여 그 내용을 축약하여 간단히 소개한다.

1394년, 『조선경국전』(朝鮮經國典)

1394년, 조선왕조 개국 초에 삼판사사 정도전(鄭道傳, ?~1398)이 왕에게 바친 사찬 법전으로, 조선왕조 건국의 이상과 통치의 방법 등이 담겨 있으며, 후일 『경제육전』, 『육전등록』, 『경국대전』 등의 편찬의 모체가 되었으며, 『삼봉집』이라는 정도전의 문집 속에 수록되어 있다. 주례와 당나라와 명나라의 『대명률』을 참작하고 당시 현실에 맞게 개정한 것이다

*『대명률』(大明律) : 주원장이 오왕으로 있을 때에 좌승상 이선장이

총재관이 되어 당률을 기본으로 하여 『율령직해』라는 명칭으로 주례에 따라 6분주의를 채택하여 1367년에 285개 항목으로 공포한 후, 1373년에 603조 30권으로 완성되고, 1389년에는 458개 조문 30권으로 개정된 후에도 73개 항목이 개정되고, 1397년에는 460개 항목에 30권으로 최종 편찬된 명나라의 형법전으로 조선왕조의 일반 형법전이 되었음.

1394년, 『경국육전』(經國六典)

정도전의 『조선경국전』 중에 총론(서문)인 정보위, 국호, 안국본, 세계, 교서의 5항목을 제외한 부분만 필사되어 규장각에 1부가 있다.

1394년, 『경국원전』(經國元典), 『속전』(續典)

『증보문헌비고』에 의하면 『예문고』에 기록되어 있으며, 조선왕조의 태조 갑술년(태조 3년, 1394년)에 만들어졌다고 한다.

1395년, 『대명률직해』 편찬

1389년에 공포된 명나라의 458개 항목의 형법인 『대명률』을 1395년에 고사경, 김지 등이 한문과 이두로 직해하고, 정도전, 당성 등이 윤색하여 서적원에서 간행한 후에 100여 본을 간행하고, 1446년에도 평양감영에서 두 번째로 간행하였다.

1397년 12월 26일, 『경제육전』(經濟六典) 공포, 시행

『경국대전』이 편찬되기 전에 있었던 법전으로 경국대전의 모체가 되었고, 조선왕조 최초의 통일 법전이다.

『조준육전』(『이두육전』, 『원육전』)을 위시하여 하윤의 『한문육

전』, 『이직육전』, 『황희육전』 등이 있으나, 오늘날에는 전하지 않음. 다만 실록 기사를 분류하면 대강의 조문은 찾을 수가 있음.

1413년, 『하윤육전』, 『경제육전』(『한문육전』, 『상정원육전+『속육전』) 공포

1429년, 『이직육전』(『속육전』+『등록』 1권) 1433년 : 『황희육전』(『신속육전』+『등록육전』)

1438년, 『신주무원록』

1308년, 원나라의 왕여가 송대의 『세원록』, 『평원록』과 『결안정식』을 가감하여 만든 법의학에 관한 법전이자 법의학서가 『무원록』이다. 최치운, 이세형, 변효문, 김황 등이 『무원록』에 주석을 가하여 만들었다. 1430년부터 과거의 시험 과목이 되기도 하였다.

1460년 7월, 『경국대전』「호전」 편찬

세조 즉위년, 양성지의 건의에 의해 육전상정소라는 법전 편찬 기관을 만들고, 최항이 상정관의 총 책임자, 한계희가 책임자가 되어 편찬한 것인데 재정, 경제의 기본이 되고 개인의 재산 거래 관계가 들어 있는 「호전」과 「호전등록」을 합하여 『경국대전』「호전」이라고 불렀다.

1461년 7월, 『경국대전』「형전」 편찬, 공포, 시행

김국광이 책임자가 되어 편찬하였다.

1470년, 『기축(경국)대전』

1464년에 영응대군 등에게 『육전』 초안을 전부 다시 편찬케 하고, 1467년에는 신숙주·한명회 등이 『신제육전』을 감수하다가 세조의 사망으로 마무리를 못 지었다. 그 후 한명회 등의 노력으로 개정, 심의를 거쳐서 최항, 김구, 고강 등이 완성한 것이다.

1471년 1월 1일, 『신묘(경국)대전』의 공포 시행

성종의 즉위 관계로 권력의 변동이 있자 정창손, 이극돈 등의 교정을 거쳐서 공포한 것이다.

1474년 2월 1일, 『갑오대전』(갑오년에 시행하는 『경국대전』)

『신묘대전』 이후의 임금의 명령과 각종 법령 중에서 중요한 것들을 보충하여 만들었다.

1474년, 『국조오례의』

『경국대전』 「예전」 의주(국가에서 주관하는 의식 절차의 해설) 항목에서는 "모든 의전 절차는 『오례의』를 준용한다"고 하므로, 『오례의』는 『경국대전』의 부속 법령이라는 것을 알 수 있다.

1485년 1월 1일, 『을사(경국)대전』 완성, 공포 시행

1481년부터 재검토를 하여, 감교청을 설치하고 『대전』과 『속록』을 개정, 보완하였다. 『경제육전』 이후로 88년, 『경국대전』 초안 작성 이후로 약 50년만에 갈고 다듬어서 만든 기본법이다. 짧게는 50년, 길게는 거의 1세기 가까운 법령의 취사, 선택, 수정, 보완 작업을 한 법전이다. 이로써 『경국대전』이 최종적으로 확정되었으며, 이후로는 개정을 하지 않고 조선왕조 500여 년간 기본 헌법이 되었다.

1492년, 『대전속록』

영의정 윤은보, 이극증 등이 『경국대전』 이후에 52년간 공포된 법령 중에서 영구히 시행할 만한 법령을 육전으로 나누어 1책으로 편찬한 법전이다.

1519년, 『경민편』

도지사 신분의 공무원인 김정국은 국민들이 한자로 된 어려운 법조문을 알지 못하여 큰 형벌을 받는 것을 안타깝게 생각했다. 일상생활에 지켜야 할 가장 중요한 법 13가지를 요점만 소개하되, 각 범법 행위를 방지하기 위한 도덕심을 갖추어야 한다며, 13종의 범죄 행위마다 법의 정신 및 도덕률에 대한 설명을 덧붙이고 있다. 부모, 부부, 형제와 자매, 친족, 종과 주인, 이웃, 폭행, 근로, 절약, 사기, 강간 및 간음, 절강도, 살인 등의 13종류를 풀이하고 있다.

1543년, 『대전후속록』 편찬

영의정 윤은보, 좌의정 홍언필, 우의정 윤인경, 좌찬성 유관, 공조판서 유인숙, 그리고 성세창 등이 편찬한 『대전속록』 이후의 법령을 뽑아 모아 만든 법전. 「이전」 6개항, 「호전」 3개항, 「예전」 7개항, 「병전」 25개항, 「형전」 8개항, 「공전」 8개항, 도합 57개 항목의 단행 법전이다.

1555년, 『경국대전주해』

「경국대전」 조문 중에 의미가 모호한 조문이나 어려운 법률 용어를 입법 해석한 법전. 1550년에 안위와 민전을 주해관으로 임명해 해석한 후 판서 정사룡과 참판 심통원이 검토하여 초고를 만들었다. 이것을 다시 영의정 심연원, 좌의정 상진, 우의정 윤개가 검토하여 1554년에 완성하고, 이듬해부터 시행하였다.

1576년, 『각사수교』

각 해당 관청에서 그동안 공포 하달된 임금의 법령을 분류하여 모아 놓은 법전.

1585년, 『사송유취』

조선왕조의 민사소송 법전. 김백간이 『대명률』, 『경국대전』, 『대전속록』, 『대전후속록』, 『경국대전주해』, 『각년수교』 중에서 발췌하고, 심희안이 교정한 것을 김백간의 아들 김태정이 전라도감사로 재직 시에 전주에서 출판함.

1656년, 『경민편언해』

김정국이 지은 『경민편』을 원산부원군 이후원이 왕명에 의해 한글로 풀이하고, 정철의 「훈민가」 16수 외에 여러 가지 교훈적인 글을 첨가하여 간행함.

1698년, 『수교집록』

이익, 윤지완, 조사석, 서문중, 최석정 등이 왕명을 받아 『대전속록』이 나온 이후 전국에 공포한 각종 법령을 모아서 만든 법전. 승지 서문중의 주장으로 1682년 11월부터 김수항, 김수홍, 남구만 등이 영의정으로 재임할 때까지 16년간에 걸쳐서 만든 법령집이다.

1706년, 『전록통고』

『경국대전』과 그 뒤에 나온 『대전속록』, 『대전후속록』, 『수교집록』의 조문을 분류, 통합한 법전. 앞서 편찬된 네 종류의 법전을 현행법에 적용할 때 혼란했기 때문에 하나로 만들었다. 1701년 영의정 '최석정, 좌의정 최세백, 우의정 신완이 의논하고, 비국낭청 이언경이 편집에 참여하였다.

1740년, 『신보수교집록』

『수교집록』 이후에 공포된 각종 법령을 조현명이 주관하여 편찬한 법전이다. 대략 1694년부터 1737년까지의 각종 법령을 분류하여 편찬하였으며, 그 이전의 것도 빠진 것은 보충하였다.

1744년, 『춘관지』 편찬

예조 정랑 이맹휴가 임금의 명에 의하여 예조(총무부, 교육·문화부)에 관한 사례를 수집, 편찬한 책으로, 약 30여 종류의 책을 인용하여 만들었다. 후일 이맹휴의 조카 이가환이 이조 정랑일 때 완성하였다.

174?년, 『삼전유초』(『대명률』+『경국대전』+『속대전』)

1746년, 『속대전』

1740년, 영조 16년부터 편찬에 착수하여 1744년에 찬집청이 설치되었다. 형조판서 서종옥, 호조판서 김약로, 예조판서 이종성, 부사직 이일제, 김상성, 구택규 등 6명이 책임자가 되고, 부호군 신사관, 부교리 서지수, 부사과 김상복, 이규채, 윤광찬, 남태기, 이게, 정하언 등이 실무 담당자가 되어 모든 법령을 수집, 분류, 검토하였다. 감수는 영의정 김재로, 좌의정 송인명, 우의정 조현명이 하였다. 영조 임금도 직접 관여하였다. 11월 하순에 완성한 뒤에 다시 구택규와 정하언으로 하여금 교정하게 하고, 다시 삼사에서 검토한 뒤에 인쇄를 완료하였다.

1748년, 『증수무원록』 반포

구택규의 명에 의하여 『신주무원록』을 대폭 개수하여 상·하 두 권으로 만들었다.

1778년, 『어정흠휼전칙』

형벌 도구의 규격 및 품제를 정한 법서. 정조의 명에 의하여 홍국영 등이 『대명률, 『경국대전, 『속대전』을 참고하여 만들었다.

1780년, 『예식통고』

왕실 중심의 각사 지공의 규모, 내용.

1785년, 『대전통편』

『경국대전』과 『속대전』, 『국조오례의』 등 여러 곳에 법조문이 나누어져 있어 불편하였다. 그래서 1781년 2월에 찬집청을 설치하고 김노진, 엄수, 정창순을 편집 책임자, 이가환을 편집낭청으로 삼고 『속대전』을 편찬한 김재로의 아들 김치인이 총 책임자가 되어 축조, 교정하였다. 이가환, 신대계를 교정 실무자로 하여 이복원이 서문을 쓰고, 김치인이 축하의 글을 붙여, 1786년 9월 6일에 220부를 인쇄하였다. 1786년 1월 1일부터 시행되었다.

1785년경, 『백헌총요』

구택규가 『대전통편』을 편찬하는 과정에서 만든 법령집이라고도

한다. 특징은 그 당시에 시행하던 필요한 조문만을 발췌한 것이고, 『국조오례의』, 『속오례의』, 『직해대명률』, 『수교』 등에서 필요한 부분을 뽑아 공무에 가장 편리하도록 편찬되어 있다.

1786년, 『전율통보』

구윤명이 『경국대전』과 『속대전』, 『대전통편』, 그리고 『대명률』을 중심으로 하고, 그 외 여러 종류의 법령을 참고하여 만든 종합 법전이다. 위의 네 종류의 법전을 펴 놓고 법률을 적용하는 것이 법을 해석, 적용하는 공무원들에게 불편했다. 또한 법의 혼란을 이용하여 공무원들이 부정을 저지르고, 국민들도 법을 몰라 죄를 지었으므로, 이를 방지하기 위해 편찬하게 된 것이다.

1788년, 『탁지지』

탁지랑 박일원이 정조의 명에 의하여 편찬한 것으로 호조의 사례와 연혁을 편집한 내·외편으로 되어 있다.

1790년, 『증수무원록언해』

서유린이 『증수무원록』을 한글로 번역한 언해본이다.

1791년, 『추관지』 편찬

1781년에 형조판서 김 노진이 형조(법무부)의 관장 사무와 판결 및 형법 집행에 관한 절차와 관리를 통일적으로 체계화시키기 위하여, 낭관 박일원을 편집 실무 책임자로 임명하여 연혁과 소송 절차와 판례를 정리, 편찬하도록 하였다. 여러 차례 수정, 보완을 한 후에 완성하였다.

1792년, 『증수무원록대전』

구택규의 아들 구윤명이 증보, 수정하여 『무원록』 1권과 『언해』 2권을 만들었다.

1799~1800년, 『심리록』

1776~1800년의 재판 사건을 다룬 형사 판례 1100개를 분류, 정리하여 사건 처리에 참고가 되도록 한 형사 판례집. 1801년 홍인호, 홍의호 형제가 편찬하였다.

1822년, 『흠흠신서』(신중 관용, 형사재판-평)

정약용이 당시의 살인 사건의 조사, 심리, 그리고 법규정의 해석과 적용이 형식적이고 부정확하여, 인명을 경시하는 경향이 있을까 두려워하여 펴낸 책이다. 『경국대전』과 『대명률』 규정의 지도이념인 유교 경전을 논술하고, 중국과 조선왕조의 형사 판례를 각각 79건, 36건 도합 115건을 분류, 소개하며, 해설과 비평을 하고 있다. 법의학, 법해석학 등을 포함하고 있을 만큼 재판을 종합적으로 다룬 책이다. 한국 법제상 최초의 법률 연구서이며, 살인사건 심리 시에 참고하는 실무 지침서이다.

1832년, 『교린지』(交隣志)

세종 25년(1443년)에서 정조 20년(1796년)까지 약 350년간 있었던 일본과의 외교에 관한 법령, 사례 등을 수록한 책으로, 순조 32년(1832년)에 이종모(李宗模)에 의해 간행되었다. 일본 외교 사절의 입국 절차와 의전 절차 및 예물과 서신의 교환, 대마도주나 일본 관백의 사자(使者)의 입국, 무역선과 무역 물품의 제한, 동래의 왜관에 주재하는 왜인에 대한 통제 및 각종 시행 사례 등이 기재되어 있다.

1837년대, 『수교정례』

형사처벌은 죄형법정주의를 채택하고 있었으므로, 해당 법조문이 없으면 자유재량을 인정하지 않았다. 달리 준용할 법조문을 건의하면, 사리를 명백히 따져서 중신들과 대신들의 의결을 거친 뒤에 왕의 허락을 받아서 법례를 제정했는데, 이를 모아 편찬한 사례집이다.

1837년대, 『율례요람』

1837년까지의 기록이 들어 있는 형사 판례집이다. 자료의 기록자는 김재선 같지만 인적 사항은 확실하지 않다. 228개의 형집행의 예가 있다.

1837~1843년, 『은대편교』

임금 비서실인 승정원이 맡은 사무 처리에 관한 전례와 사무 규칙을 업무에 편리하게 참고하기 위하여 편찬했다.

1865년, 『대전회통』(원 · 속 · 증 · 보)

『대전통편』이 나온 뒤 80년 동안 공포된 각종 법령을 총 정리한 조선왕조 최후의 기본법전이다. 1865년 왕명에 의해 영의정 조두순, 좌의정 김병학 등이 『대전통편』 조문 아래에 추가로 편집한 조문은 보(補)자를 붙여 표시를 하였다. 『대전회통』 속에는 『경국대전』, 『속대전』, 『대전통편』에 있는 조문이 그대로 다 들어 있으므로, 조선왕조의 기본법이 집대성되어 있는 것이다. 그러므로 『대전회통』을 보면, 기본법으로서 조문 하나하나가 어떻게 변하여 왔는지 알 수 있다.

1866년, 『육전조례』

『대전회통』이 간행된 후에, 그 당시의 각 관청에서 시행하던 모든 법령과, 『대전회통』에서 빠진 법령, 시행 세칙 등을 총 망라하여 육전 체제로 만든 행정 법령집이다.

1870년, 『양전편고』

1865년, 『대전회통』을 편찬한 후에 남병길 등이 왕명에 의하여 이조, 병조의 전고를 모아서 편찬했는데 1870년에 이를 다시 보충하여 만들었다. 인사의 직능을 담당하는 이조와 병조의 규정과 사례를 편리하게 참고할 수 있도록 만든 책이다.

1894년, 갑오개혁

1894년, 홍범 14조 발표

1896년, 『법규유편』

내각기록국에서 각 관청과 관리들이 참고하기 위하여 2책으로 간행하였다.

1891~96년, 『법률』

1895년, 『공법회통』

미국인 윌리엄 알렉산더 파슨 마틴(1827~1916)이 뉴욕 대학에 다니다가 22세에 중국에 선교사로 갔다. 67년간 중국에 있으면서 동서 문화 교류에 많은 영향을 주었다. 『만국공법』도 번역하여 동양 각국에 영향을 주었다. 『공법회통』은 스위스의 법학자며 사학자인 블룬츠리의 『현대 국제법』 10권을 번역한 것이다. 우리나라에서는 1895년 학부 편집국에서 간행하였다. 천지인 3장으로 되어 있으며, 21개의 조항이 있다.

1899년 8월, 대한제국국제 선포.
대한제국의 전제 군주적 헌법.

1905년 5월 29일, 『형법대전』(680개 조문) 공포
1901년 5월 법부대신 유기환의 명령으로 형법 교정관들이 편찬한 것으로, 1900년에 내한한 프랑스 법학자이자 법부고문이던 크레마지도 참여하였으나, 그의 안은 크게 반영되지는 못하였다. 『대명률』과 『대전회통』, 『신반율』을 참고로 하여 편찬하였으며, 민법, 민사소송법 조문이 적지 않게 들어 있다. 체재는 총칙, 각칙, 부칙 등의 서구법 체계를 가지고 있고, 『형법대전』 이전의 형법은 폐지한다는 부칙이 있다.

1907년, 『현행대한법규유찬』

1908년, 『법규유편』
1908년 5월 말 현재의 현행 법령을 수록한 법전으로서, 내각기록과에서 동년 5월에 편집, 발행했다. 총 11문으로 되어 있다. 갑오개혁 이후의 법령이 들어 있다.

1909년, 『법규속편』.
대한제국 말의 법령집으로서, 1908년 하반기부터 1909년 상반

기까지의 새로운 법령과 개정된 법령을 싣고 있다. 상·하권으로 총 639쪽이다. 『법규유편』의 속편이다.

1910년, 『현행한국법전』, 일제의 불법 강점.

1912년, 조선민사령, 조선형사령 제정.
서구의 대륙법 체계가 강제 수입. 시행됨.

Ⅴ. 결어

이상으로 고조선부터 조선왕조까지 법전 편찬과 관련된 기록들인 연대표를 중심으로 어떤 내용의 법령 등이 법문화 기사에 실려 있는지 간단하게 살펴보았다. 특히, 민법을 연구하는 입장에서 고조선 때부터 민사법 문화가 존재했다는 가정 하에 기록들을 살펴 보았다.

앞으로 우리 전통법문화의 체계를 세우고 더 정확하게 연구하기 위한 첫걸음으로 부정확할지 모르고 확인되지 않는 자료들을 필자 임의대로 나열해보았다. 특히, 연대표의 연월일은 법제사적으로 일반 통사를 연구한 분들의 자료를 주로 활용해서 개괄적인 내용을 소개한 것이므로 이 점 독자 분들이 양해해주시기를 바란다.

앞으로 한국법문화사의 연대표는 사료를 정확하게 확인하고 근거를 밝혀서 만들어야 할 것이다. 그러나 필자의 이 연대표는 부정확하다. 사료를 모두 다 확인하려면 너무나 많은 시간이 소요되고 일실된 자료로 인하여 완벽한 한국법문화사(법제사) 연대표를 만들 수 없었다. 재인용 시에는 인용하는 분이 스스로 자료의 근거를 다시금 확인하여 인용해주실 것을 당부 드린다. 필자도 앞으로 시간이 허락하고 환경과 인연이 허락한다면 근거를 정확히 밝혀서 다시 만들 기회가 있기를 기대한다. 불완전하나마 연구를 위한 1차 기초 자료를 이런 문제를 환기하기 위해서라도 책에 싣게 된 것이므로 양해 바란다.

민법과 『경국대전』

필자는 10여 년 동안 대학원(석·박사과정)에서 동양 법제사 강좌와 학부에서 한국 법제사 강좌를 담당하면서 가르치는 것이 배우는 것이라는 자세로 공부를 해왔다.

그리고 우리 조상들은 가장 기본이 되는 소위 헌법을 위시해서 각종 법률 등을 수록한 『경국대전』 및 여러 종류의 법전을 편찬하여 500여 년간 민족의 문화생활을 지탱해왔다. 그중에서 특히 『경국대전』이 우리 전통 문화를 이해하는 기본 법전이라는 것을 알게 되었다.

그러나 정작 『경국대전』은 어려운 용어는 물론 현재와 다른 제도로 인하여 오늘의 시각에서는 이해하기가 상당히 힘이 들고 지루하다. 법규범과 어떤 관계가 있는지 쉽게 감이 잡히지 않아 필자 자신도 온전히 한 번 정독하지 못하고 힘들어 읽다가 덮어버리곤 했음을 시인하지 않을 수 없다.

우리 법을 연구하는 학자들도 『경국대전』을 한 번 정확히 다 읽기가 힘들고 지루하고 따분한데, 하물며 전통 법문화와 담을 쌓고 수입 법문화를 공부하는 데 매진하는 학생들이 『경국대전』을 공부한다는 것은 그들에게 헛된 시간 낭비만 초래한다는 생각을 더하게 해 더더욱 전통법, 우리 법과 멀어지게 할 뿐이었다. 이는 대학에 있는 사람으로서 느끼는 현실이며, 또 한편으로는 안타까운 일임을 시인하지 않을 수 없다.

그러므로 『경국대전』이 법전임에도 불구하고 법과대학 교수, 법학 연구자, 법조인, 학생, 국민들이 읽기가 곤란하고 가까이하기 힘든 것이라면, 『경국대전』에 담겨 있는 법의 정신과 법문화는 앞으로도 더더욱 이해할 사람이 없을 것이다. 소위 돈 안 되는 학문으로 기피하는 한국학을 연구하는 극소수만 가까이하는 제도사 연구의 한 참고 자료만으로 전락할 것 같은 우려가 든다고 말하는 것이 심한 표현이라고 할는지……?

더군다나 우리 법문화를 연구한 지 겨우 십 수 년 정도밖에 안 되었지만 그래도 필자 같은 사람도 감히 전부를 잘 모르는데, 부동산을 싸게 사서 수십 내지 수백 배의 돈을 버는 방법이 적힌 것도 아니고, 상품을 생산해서 돈을 버는 기술이 적힌 것도 아니고, 처세를 잘 해서 권력과 명예와 돈을 쉽게 거머쥐는 내용이 적힌 것도 아니고 호랑이 담배 먹던 시절에 양반 상놈이니 당파 싸움이니 하고 있으니 민주주의와 전혀 관계없고, 오늘의 우리 사회와는 전혀 무관한 오직 과거만을 이야기한 법전이라고 하여 평생 한 번도 읽을 필요가 없는 책으로 결론을 내리고 있는 사람들이 이 대한민국 국민들 중에 거의 다라고 추정한다면 필자의 주관적이고 일방적인 편견일는지……?

그렇기에 필자는 만용을 부려서 최소한 법을 가까이하는 사람들만이라도 『경국대전』에 관한 기존의 잘못된 인식을 바로잡는 데 조금이라도 도움이 되고, 더 나아가서는 우리 문화를 소중히 아끼는 사람들에게 조금이라도 도움이 될 것이라는 가정 하에, 그 내용의 대강이나마 알도록 하기 위하여, 기존의 법제처에서 번역(1962)한 『경국대전』(상, 하)과 1985년 정신문화연구원에서 번역하고 주석한 『역주 경국대전』, 북한에서 1986년 간행한 『경국대전 연구』를 참고로 하여, 법학자의 입장에서 본 『경국대전』을 국어사전 없이도 읽을 수 있고, 현재의 우리 사회의 법체계와 비교하여 이해하기 쉽도록 시도를 해 보았다.

그러나 법은 시대 사회의 변천에 따라서 만들어지고 고쳐진다. 법은 인간의 그 당시의 생활을 위하여 만들어지는 것이기에 수백 년 전의 상황이 오늘날의 국제 경쟁 시대와 비슷한 면도 있으나 다른 점도 많다. 오늘날의 법률 용어로 표현할 때 부정확하고 부적절한 점들이 있는데 위와 같은 의도에서 번역을 해본 것이므로 양해를 하며 읽어주기를 바란다.

제1편 『경국대전』

Ⅰ. 『경국대전』의 의의

1. 편찬과 특징

『경국대전』은 1398년(태조 7년) 『경제육전』(經濟六典) 등을 편찬한 때로부터 최종적으로 수정, 보완하여 확정 공포된 1485년의 『을사대전』(乙巳大典, 을사년 1월 1일 공포한 『경국대전』)까지 약 87년(약 90년) 가까이 갈고 다듬은, 조선왕조 최초로 우리 민족 문화를 법전으로 집대성한 통일 법전이다. 이후 사회는 물론 가치관도 변하고 가치관이 변하고 민족의 삶이 변하여 『속대전』, 『대전통편』, 『대전회통』 등의 기본 법전이 만들어져도, 『경국대전』의 조문은 그대로 두고 추가로 법조문을 첨부 기재했다.

그리고 1894년 갑오개혁으로 인해 『경국대전』의 법조문은 효력을 상실했기 때문에 『경국대전』이 조선왕조 500여 년간의 법을 다 모아놓았다고 할 수 없다. 그러나 지금으로부터 약 510년 전인 1485년경의 생활 규범을 모아놓은 법 규정집으로서 그 후 약 500년 가까이 우리 민족의 정신적, 물질적 생활을 통일시킨 기본 법전이기 때문에 일제시대 이전의 우리 민족의 공통된 생활과 전통적, 독창적 문화를 알기 위해서는 반드시 한 번은 읽어야 하고 그 내용의 대강적인 특징은 알고 있어야 한다고 생각한다.

2. 현존 판본

현재 전해지고 있는 『경국대전』은 1485년 『을사대전』이 대부분이다. 그러나 그 이전의 『경국대전』은 1460년의 호전(戶典), 1461년의 병전(兵典), 1466년의 이·예·병·공전(吏禮兵工典)인 소위 『병술대전』(병술년에 편찬, 시행된 『경국대전』), 1469년(己丑年)에 편찬하여 시행을 못 본 『기축대전』, 1471년(辛卯年)에 반포한 『신묘대전』, 1474년(甲午年)에 반포한 『갑오대전』 등은 전해지지 않고 있다. 다만 을해자 초간본을 우리나라의 고서 수집·소장가가 1책 가진 걸로 알려져 있고, 몇 해 전에 『갑오대전』이라는 『경국대전』이 소장가의 손에 있다는 신문 기사는 보았으나 필자는 아직 접해보지 못했다.

판본을 대략 6종으로 보는 견해를 따르면, 『을사본』(현재 전해져 오는 것), 『만력본』(萬曆本, 만력 31년에 간행, 4책), 『사고본』(史庫本, 규장각 소장, 만력 41년 간행, 『전후속록』 합본 5책, 『대구본』(『전후속록』 합본 5책), 『예각본』(藝閣本, 『전후속록』 합본 6책, 규장각 소장), 『평양본』(1668년에 평양에서 간행)으로 보고 있다.

앞으로 이에 대한 연구는 숙제로 미루어두고 현존하는 판본을 소장처 중심으로 살펴보자. 1603년에 간행한 6권 4책을 고창의 개인이 소장하고 있고, 1613년의 훈련도감자본(6권 4책)을 규장각, 장서각과 일본인이 소장하고 있고, 1661년의 예각 주자본(6권 4책)을 규장각, 대판시립도서관, 국립중앙도서관과 일본인 등이 소장하고 있다. 그리고 6권 4책의 활자본을 일본인들이 5책 소장하고 있고, 1668년(무신년)의 판은 평양본이라 하여 6권 3책으로 되어 있는데 규장각에 복각본이 있고 일본인이 소장하고 있다. 그리고 『경국대전』 및 『대전속록』을 합하여 6권 6책으로 된 것은 국립중앙도서관, 국립박물관, 일본내각문고, 일본인, 동래군청이 소장하고 있고, 이외에 동국대학교 중앙도서관에 6권 4책 중에 3책이 소장되어 있고, 장서각에 4책, 규장각에 이본이 다수 있고, 고려대학교에 1책, 간송문고에 6권 3책, 연세대학교에 2책, 이병도 선생이 2책, 김약필이 1책, 일본인이 6권 4책 등을 소장하고 있고, 그 외에 지방 등에 적어도 5,6질을 더 소장하고 있을 것으로 본다. 이들의 종합적인 연구도 과제로 남겨두기로 한다.

그리고 조선총독부에서 일본인들이 납활자로 우리 판본과 비교하여 인쇄한 양장본의 『경국대전』을 참고로 함은 무방하나, 일본인들이 『경국대전』을 만든 것이 아니므로 조선총독부에서 『경국대전』을 만든 것으로 오해하지 않도록 인용에 조심해야 할 것이다.

Ⅱ. 현행 수입법 체계로 분류한 『경국대전』[1)]

이것은 『경국대전』에 있는 법 내용이 과연 현재 우리가 외국에서 수입해서 쓰고 있는 외국법 체계와 어떻게 다르며 유사한 법은 어떤 분야가 들어 있는가를 간단하게 설명하기 위해서 법률 분류 차례를 기본법 명칭 중심으로 나누어본 것이다.

헌법

- 통치조직과 작용법 : 대통령관계법, 외교법, 의전법, 입법·재정·사법(재판관계법), 지방자치단체법, 기타
- 인권에 관한 법(국민의 권리와 의무) : 공노비법, 노비법, 공의무, 세법, 군사법(병역의무 등)

1) 졸고, 「조선왕조의 법전 편찬고 1」, 『김갑주 교수 화갑 기념 논문집』 V(1994. 11) 참조.

1. 민법(18개 법)

1) 민사법 : 5개 법

2) 부동산관계법 : 4개 법

2. 민사소송법 : 5개 법

3. 상법 : 1개 법

4. 형법 : 49개 법

5. 형사소송법 : 9개 법

6. 행정법

1) 공무원관계법 : 77개 법

(1) 조직법

(ㄱ) 중앙행정법 : 감사원법, 문교법, 대통령에관한법, 입법

(ㄴ) 지방행정법

(2) 작용법 : 교량법, 국유재산관리법, 국토이용관리법, 도로교통법, 목마관리법, 문서(사무)관리법, 물품관리법, 상훈법, 세법, 소방법, 식품관리법, 의전법, 의료법, 재정법, 조달청법(물품 관리), 포상법, 학교법, 행형법, 회계법

2) 군사법 : 43개 법

7. 사회법

가정의례법, 공적부조법(사회보장법), 사치금지법, 의료법

8. 노동법 : 「공전」의 규정

9. 문화관계법 : 문화예술진흥법

10. 산업법

건설・건축법, 제법, 공산품품질관리법, 기능인장려법, 기술사법, 농업관계법, 도량형법, 산림법, 산업표준화법, 어업법, 에너지이용관리법, 염전법, 직업안정법, 축산법

11. 종교법(불교 관계법 : 22개)

사찰부당징세처벌법, 승려자격증발급법, 사찰건축규제법, 공노비의 승려자격제한법, 선비와 부녀의 산사출입금지법, 노상불공금지법, 서울시내 승려승마금지법, 서울시내 승려민박금지법, 사찰의 노비증여금지법 등

이상 살펴본 바에 의하면, 『경국대전』에는 국가의 통치 조직과 작용에 관한 법과 인권 및 국민의 공 권리, 공의무에 관한 법, 그리고 공무원의 조직과 작용, 민·형사 실체법과 절차법, 그리고 국가 사회의 사회, 문화, 종교, 산업, 근로에 관한 법이 들어 있으므로, 현행 헌법의 규정과도 크게 다르지는 않다. 그렇기에 필자는 『경국대전』은 조선왕조의 헌법이라고 말할 수 있다. 그러나 현행 헌법보다 더 구체적인 규정이 들어 있어서 각종의 기본 단행 법률도 함께 담고 있는 종합 대법전이라고 할 수도 있다.

효력을 보면 『경국대전』에 어긋나는 이후의 법령은 원칙적으로 무효가 되고 『속대전』이 나온 이후에는 서로 대립되는 법규정에 한해 후법이 우선 되나, 『경국대전』의 조문은 법전에 그대로 실어두고 그 입법 정신은 어느 정도 존중되었다고 볼 수 있다. 따라서 우리가 『경국대전』을 조선 왕조의 헌법전이자 중요 기본 법률집이라고 표현해도 크게 틀리지는 않는다.

다만 서구 등에서 수입한 법체계에 의하면, 헌법이 추상적이고 선언적인 의미를 담고 있는 데 비해 우리 조상들의 기본법인 『경국대전』의 내용은 단행 법률과 같이 구체적인 점이 상이하다고 할 수 있다.

법은 사회의 거울이므로 어느 것이 더 우수하다고 말할 수는 없다. 사회가 다르기 때문에 법이 다를 뿐이지 세밀하게 많이 정해

져 있다고 해서 반드시 그 사회가 이상적이고 편리하고 잘 사는 복지 사회를 가졌다고 볼 수 없는 것이다. 독창적이고 이질적인 문화의 차이로 이해하는 선에서 멈추고 상세한 이론은 다음으로 미룬다.

Ⅲ. 『경국대전』의 내용별 분류2)

1) 법규정 분류

다음은 『경국대전』의 전 내용을 읽고 내용 한 줄 한 줄 다른 법규정들을 오늘의 우리 법령 명칭과 유사한 제목을 붙여서 분류해 본 것이다. 읽으면서 주의할 점을 몇 자 적어 본다.

가) 『경국대전』을 100% 전부 다 분류한 것은 아니고 대략 90% 이상 분류한 것이기 때문에 앞으로 더 상세히 분류하기로 한다.

나) 현재 사용하는 법령과 법률 용어로 대치하였기에 정확하지 않다는 것은 앞에서 밝혔다, 특히 관직은 [임금=대통령] 식으로 바꾸어보았다. 그렇기 때문에 부정확한 것이 있다는 것을 양해해 주기 바란다. 추후에 보완하기로 한다. 다만 이렇게 함으로써 전통 법문화를 지금의 눈으로 쉽게 대비해서 이해하기 위한 의도임을

---

2) 졸고, 『경국대전』 강좌 : 『경국대전』 차례의 현행법적인 분류, 해설(1), 『사법행정』 Ⅳ(1993. 11), 한자로 된 『경국대전』의 항목은 한글로 표현하였으며, 육전의 명칭은 이·호·예·병·형·공전을 이, 호, 예, 병, 형, 공으로 표시하였다. 예를 들어 예17-1 혼가(친족법 : 혼인 연령)의 숫자는 예전 17번째인 혼가(婚嫁) 항목을 뜻한다. 여러 법령의 조문이 있어서 그 첫 번째 조문(법령)이기에 17-1로 표시하였다. 그리고 17-2는 예전 17번째의 항목 속의 두 번째 법조문(법령)을 의미한다. 한 항목 속에 여러 법령(조문)이 있으면 숫자(일련 번호)를 붙여 조문이나 법령이 다른 것을 표시한 것임.

이해해주기 바란다.

다) 극히 적은 경우이지만 분류에 있어서 중복 인용되는 점이 있다는 것을 밝힌다.

라) 법규에 이, 호, 예, 병, 형, 공자가 붙은 것은 『경국대전』의 이전, 호전, 예전, 병전, 형전, 공전의 약자이며, 숫자는 『경국대전』 각각의 편전에 기재되어 있는 제목의 순서이고, -1, -2 등은 해당 법규 제목의 내용을 분석하여 붙여준 법규의 번호이다. 예를 들어 "형17-29 금제"라면, 이것은 『경국대전』 형전의 17번째에 해당하는 법의 분류 제목이 금제이며, 금제법 속의 내용을 분석한 법규를 의미한다,

2) 법규 분류 내용

굳이 아래와 같이 분류를 했기에 살펴보면, 대략 80종류 정도의 분야로 법을 나눌 수가 있었다. 그리고 제일 많은 법이 77개의 공무원에 관한 법이고, 형법(49개), 군사관계법(43개), 문서관리법(32개), 민법(23개), 민사법(5개), 부동산관계법(4개), 도합 27개의 민사 관계법이 있고, 형사소송법(15개), 기본권과 공의무 등에 관한 법(14개), 대통령(임금)에 관한 법(14개), 불교관계법(12개), 세법(10개), 노비법(10개), 외교법(8개), 의전법(7개), 교통관계법(7개), 민사소송법(6개), 농업법(5개), 물품관리법(5개), 사치법(4개), 상훈법(3개), 경제법(3개), 건설・건축법(3개), 기술사법(3개), 산림법(3개), 감사원법(2개), 광업법(2개), 기능인장려법(2개), 택지소유상한법(2개), 포상법(2개), 문화예술진흥법(2개), 사회법(사회보장법, 2개), 산업표준화법(2개), 선박법(2개), 예산회계법(2개), 그 외에 1개의 법규가 있는 경우는 가정의례법, 공산물품질관리법,

교량법, 도량형법, 도로법, 상법(매매 금지), 소방법, 수산업법, 식품관리법, 어업법, 에너지이용법, 염전법, 입법 관계법, 조달청법, 학교법, 행형법 등으로 대강 나누어볼 수 있다.

가정의례법 : 예18상장(초상과 장례 절차)

감사원법 : 예13진폐(지방 공무원의 부정 감사), 예34청대(사무 감사 절차)

건설·건축법 : 공2영선(궁궐 및 공공건물의 신·개축), 예29시사(사찰의 건축 규제), 공11-3잡령(주택 규모, 장식의 제한)

경제법 : 호12상평창(곡물 가격 안정), 호23국폐(화폐), 형17-18금제(연료 채취의 독점 금지)

공노비법 : 형22공노비(공노비 신분), 형22-1, 2공노비(공노비의 승려 자격 제한)(공노비의 장부 관리)

공무원법 : 이전, 예전의 대부분의 규정, 이3경관직(중앙공무원법), 공채 시험[예1제과,예41홍패(공채 합격증), 형17-5금제(공채 부정), 이12제과, 예19취재감사[이19-2고과, 예34청대, 예13진폐(지방 공무원 감사)], 병9역마(교통), 급료[병10초료, 이20녹패, 예44녹패], 복장[예2의장, (사치), 형17-14금제], 업무, 상벌[이18포폄, 예23-1장려, 예35잡령], 예30참알(부임 인사), 임명[이15고신, 예7-5조의, 예21의첩, 예37문무관4급이상고신식],이17해유(책임 해제), 이16정안(신원, 이력), 이19-1고과(근태 처벌), 인수 인계[호15해유, 예55해유(이관식), 호14지공], 공4원우(출장, 숙직), 예7조의(외교 사절에 예의), 형17-11금지(유흥), 형17-25금제, 사치[형17-16, 15금제], 이11천거(추천), 휴가[이26급가, 예15급가], 이전28상피(공정한 공무 집행), 예20용인(임시직 선임), 호13회계(관청 물품), 예54기복출의첩식(상례 중의 근무), 예7-3조의(아침 조회), 예51첩정식(보고서), 공무원 간의 예절[예32경외관상견, 예33경외관회좌, 예31경외관상송],

형31원악향리(부정 처벌), 궁중 근무[이1내명부(여자 공무원), 이5내시부(남자 공무원)], 노무직 하위 공무원[이29향리, 병50잡류], 공10경역리(서울 근무 아전), 처에게 공직 수여[예40, 3품이하 고신식, 이2외명부, 예39당상관처고신식], 사망[이24추증(칭호 수여), 이25증시(작명), 예45추증(공직 수여)], 예38, 5품이하 문무관고신식(5급 이하 임명장), 형17-28금제(시장, 군수 등의 관할, 근무지 이탈), 예7-4조의(임금에 대한 예절), 예7-7조의 지방 공무원의 예절), 예13진폐(지방 공무원의 부정 감사), 공14 외공장(지방 관청 근무 기능직), 형28외노비(지방 관청 소속 노비), 이7외관직(지방공무원법), 퇴직 처우[이22체아, 이4봉조하], 이8취재(하위직 특채 시험), 이8토관직(국경 부근 근무), 예59감합식(허위 공문서 방지), 예43잡과백패식(기능직 공무원의 공채 합격증), 형26근수(비서, 경호원의 배치), 이6잡직(기술직, 노무직 공무원), 이23노인직(노령자에게 관직 수여), 호8급조가지(공무원의 택지 소유 상한법), 형27제사차비노근수노정액(전국 관청에 소속된 음식 관리 및 남자종의 정원), 이14한품서용(첩자손 공 무원의 승진 제한),

공산품품질관리법 : 공 11-2잡령(은, 주석, 놋그릇),

공의무 : 호28진헌(중국 황제와 임금에게 물품 납부), 호29요부(지방 거주 노비의 의무 면제)

공적부조법=사회보장법

광업법 : 공7철장(제련소 관리), 공9보물(보물 산지)

교량법 : 공1교로(교량, 도로 관리)

교통법 : 병9역마(공무 수행 시 역마 이용), 병45호선(선박 통행), 공5주차(선박, 수송 차량 관리), 병43구목(목장의 우마 관리), 호30-7잡령(목장의 목마 수량 보고), 병10초료(공무 여행 시의 편의 제공), 병33성적(말 사육)

국유재산관리법 : 예11봉심(왕실, 능, 사고 관리)

군사법 : 호11군자창(군량미의 저장, 관리), 호16병선재량(군함의 군량미 비축), 병45호선(선박 통행, 해군법), 병31유방(군대 주둔), 병1군관직(군인사법), 병1용형(군형벌), 병26부신(군사 동원), 병40군기(군사 무기), 병27교열(군사 훈련, 사열), 병42봉수(군사 신호 횃불), 병29명부(군인 명부), 병34군사환속(군인 범죄), 병12번차도목(군인 복무), 병13군사급사(군인 복무), 선발 시험[병8군관, 병15무과, 병11시취), 병16고신(임명), 병37급가(휴가 근무), 병33성적(말 사육), 야간 근무[병19척간, 병20행순, 병21계성기, 병25첩종(종 관리)], 군함[호16병선재량, 병15제도병선], 병39성보(궁궐, 성, 방어벽), 병5경아전(서울 근무 하급 군인), 병25속위(잡된 노무직), 하급 군인[병2잡직, 병4토관직(변경 근무)], 병47노인(휴가증), 호18외관공급(지방 수비대 물품 지급), 병32급보(현역 군인 보조자), 병26반당(서울 파견 근무), 병6반당(호위병), 병15제도병선(해군), 병24첩고(큰 북 관리), 병7외아전(지방 관청 근무의 노무직), 병3외관직(지방 근무), 병17포폄(평가), 병38구휼(국경선에 복무하는 군인 관리), 병43구목(소, 말의 군수 물자 관리), 병36면역(병역 면제), 병23문개폐(서울의 성문 개폐)

국토이용관리법 : 공8시장(연료 채취장)

군수물자, 비축관리법 : 병43구목(목장의 우마 관리), 병44적추(말먹이 준비), 병전의 대부분 규정

기능인장려법 : 공12공장(기능인 관리), 공14외공장(지방 관청 근무 기능인), 이6잡직(기능직 공무원)

기본권=인권

기술사법 : 공12공장(기능인 관리), 공13경공장(서울 소재 관청의 기능인), 공14외공장(지방 관청 기능인)

노동법 : 공전의 대부분 규정(공장, 경공장, 외공장 등)

노비법 : 호29요부(지방 노비의 의무 면제), 예47노비토전사패식(노비

하사), 형20천첩(종의 신분 해방), 형22공천(국가, 공공단체의 노비), 형23사천(신분 해방, 혼인), 형24천취비산(노비 혼인, 신분, 노비 자녀의 소유권), 형부록(노비 신분, 소송), 호27전택(노비 소송)

농업관계법 : 호9무농(농업 장려), 호19수세(농지세), 호24장려(농축산업 장려), 이9무농(농업 장려), 호7전택(수리 시설)

도량형법 : 공3도량형(도량형에 관한 법)

도로교통법 : 공1교로(다리, 도로 관리)

목마관리법 : 호30-7잡령(목장의 목마 수량 보고)

문교법 : 예3생도(국립 대학 및 학교)=학교법,

문서관리법=사무관리법 : 예36용문자식(공문서 작성 형식), 예37문무관4품이상고신식(4급 이상의 공무원과 군인의 임명장 양식), 예38문무관5품이하고신식(5급 이하 공무원과 군인의 임명장양식), 예39당상관처고신식(3급 이상의 공무원의 처에게 주는 관직 임명장), 예40삼품이하처고신식(3급 이하 공무원의 처에게 주는 관직 임명장), 예41홍패식(공무원 공채 합격 시에 주는 붉은색 합격증), 예42백패식(생원, 진사 시험 합격증), 예43잡과백패식(기능직 공무원의 공채 합격증), 예44녹패식(봉급 지급 증명서), 예45추증식(사망 공무원의 가족에게 주는 공직 수여 양식), 예46향리면역사패식(국가유공 향리의 의무 면제증), 예49노비토전사패식(국가유공자에게 노비, 토지 포상 양식), 예48계본식(임금에게 올리는 공문서 양식), 예49계목식(임금에게 올리는 공문서 목록 양식), 예50평관식(동등한 관청 간에 주고받는 공문서 양식),예51첩정식(상급 관청에 보내는 공문서 양식), 예52첩식(7급 이하의 하급 관청에 보내는 공문서 양식), 예53입법출의첩식(법령의 제정, 개정 양식), 예54기복출의첩식(장례 중에 있는 공무원에 대한 근무 명령서 양식), 예55해유이관식(동급 관청 간의 인수, 인계 종료 보고서), 예56해유첩정식(공무 인수, 인계 보고서), 예57도

첩식(승려 자격증 발급 양식), 예58입안식(증명서 작성 양식), 예59감합식(허위 공문서 작성 방지법), 예60호구식(호적 대장 작성법), 예61준호구식(호적 등초본 작성법)

대통령(임금)에 관한 법 : 예7조의(대통령과 그 집안에 대한 예의), 이13제수(공무원 임명), 형17-15금제(대통령 집안의 사치 금지), 병23시위(대통령의 신변 보호), 형26근수(비서, 경호원 배치), 예7-4조의(대통령에 대한 의전 예의), 예7-2조의(대통령과 그 부인의 생일 축하), 예48계본식(공문서 양식), 예49계목식(공문서 양식), 예6연행(대통령 주재 만찬회), 호28진헌(대통령에 물품 납부), 이24추증(대통령 친척의 사망 시 칭호 수여), 이25증시(대통령의 친척 사망 시에 명예 수여, 작명), 이2외명부(대통령 친족에 공직 수여법)

문화예술진흥법 : 예26아속악(음악인 선발), 예27선상(기생, 가무극단원 선발)

물품관리법 : 공5주차(선박, 수송 차량), 호20조전(양곡 관리), 예24반빙(얼음 배급), 호30-4잡령(지방 특산물 관리), 병46영송(중국행 외교 사절의 물품 관리)

민법 : 호26매매한(채권 : 매매기한), 호27징채(채권 : 매매 증명, 허가제, 채권법 : 연대채무), 호30-2잡령, 예16입후(친족법 : 양자), 예17혼가(친족법 : 혼인법), 예17-2,혼가(친족법 : 재혼), 예17-1혼가(친족법 : 혼인 연령), 예17-3혼가(친족법 : 혼인 예복), 예17-25(친족법 : 폐백 예물 제한), 예 17-4(친족법 : 혼인날 횃불 사용), 형20천첩(친족법 : 혼인), 형17-8금제(친족법 : 궁녀 혼인 금지), 형27-29금제(친족법 : 이중혼), 형17-25금제(친족법 : 3중결혼), 형23사천(채권 : 매매, 상속법 : 상속), 호7전택(상속법 : 국가유공자의 토지 상속), 형24천취비산(물권 : 노비 소유권), 형 17-17금제(이자 제한법), 호6제전(재산 상속 : 농지 상속), 형17-24금제(증여 : 사찰에 노비 증여 금지)

민사특별법 : 호2호적(주민등록법), 예60호구식(호적법 : 호적 대장),

예61준호구식(호적법 : 호적 등초본), 형21천처첩자녀(출생 신고), 형17-17금제(이자제한법), 예58입안식(증명서 발급 양식)

민사소송법 : 호6제전(부동산 소송), 호27징채(사채권 행사를 위한 소송 제기), 호7전택(노비 주택 소송), 형2결옥일한(판결 기한 지연), 형19정송(재판 정지), 예58입안식(증명서 발급 양식)

부동산 관계법 : 호3양전(지적법), 호4적전(국왕의 농지 친경), 호26매매(집, 토지, 농지의 매매), 호7급조가지(대지 소유 상한법)

불교관계법 : 호30잡령(사찰에 부당 징세 처벌), 호36-6잡령(승려 자격 위반 시 처벌), 예28도승(승려 자격증 발급), 예29시사(사찰 건축 규제법), 예56도첩식(승려 자격증 양식), 형22-1공노비(공노비의 승려 자격 제한), 형17-7금제(선비와 부녀의 산사 출입 금지), 형17-20금제(노상 불공 금지), 형17-21금제(서울 시내 승려의 승마 금지), 형17-24금제(사찰에 노비 증여 금지), 형17-26금제(승려 도성 내 민박 금지), 예7도첩식(승려 자격증 발급)

사무관리법=문서관리법 : 예22장문서(문서 보관), 예28도승(승려 자격증), 형22-2공노비(공노비 장부의 관리), 예41홍패식(고급 공무원 공채 시의 합격증 양식), 예35잡령(공문서 관리), 예36용문자식, 예61준호구식, 병17고신(군인 임명장), 병47노인(휴가 군인의 여행 증명서 : 휴가증), 병26부신(군대 동원 증명서),

사치법 : 공11-3잡령(주택 규모와 장식 제한), 형17-14, 15, 16금제(공무원의 복장 및 사치물 사용자 처벌법-14), (대통령과 3급 이상 공무원 집의 부녀의 사치품 사용자 처벌-15), (3급이하 공무원의 집의 결혼식에 비단 담요 사용자의 처벌-16)

사회문화법 : 예4오복(상복 : 가정의례법), 예5의주(의식 절차)

사회법 : 사회 보장(공적 부조) : 호25비황(흉년 구제), 예25혜휼(노약자, 극빈자 보호 : 공적부조법)

산림법 : 공6재식(유용 수목 관리법), 공8시장(연료 채취 장소), 형17-18금제(연료 채취의 독점 금지)

산업법 : 공전의 대부분 규정

산업표준화법 : 공11-1, 2, 잡령(기와 품질-1), (은, 주석, 놋그릇의 규격 관리-2)

상법 : 호30잡령(부두 부근의 매매 행위 금지)

상훈법 : 예23장려(선행 국민 포상), 예46향리면역사패식(국가 유공의 하급 공무원에 대한 의무 면제), 예47노비토전사패식(국가 유공자에게 노비, 토지의 하사)

선박에 관한 법 : 병45호선(선박 통행), 공5주차(선박 관리)

세법 : 6제전(농지세법), 호19수세(농지세), 호20조전(양곡 관리), 호21세공(특산물 납세), 호22잡세(잡종 세금 징수, 영업세), 호27징채(국세 징수법), 호29요부(지방 거주 노비의 납세 면제), 호30잡령(국세 부정, 사찰에 토지세 부당 징수), 호30-1잡령(국세 징수 부정 처벌), 호30-4잡령(지방 특산물 관리)

소방법 : 병49금화(화재 방지)

소송법 : 이28상피(제척), 형2결옥일한(판결 기한 : 소송촉진법), 형3수금(구속, 수감), 형4추단(고문, 형벌 집행), 형5금형일(형벌 집행 금지일), 형부록(노비 소송)

소송법 : 형18소원(억울한 소송 사건), 형19정송(재판 정지)

수산업법 : 공6재식(유용 수목의 관리)

식품관리 : 형25궐내각차비(청와대의 음식 관리)

신분해방=노비법, 인권(기본권, 공의무)

어업법 : 호16어염(어로 장비)

에너지이용법 : 공8시장(연료 채취 장소의 관리)

염전법 : 호17어염(염전 관리)

외교법 : 예7-1조의(중국의 외교 사절에 대한 의전), 예8사대(중국에 대한 외교적 예우), 예9대사객(외교 사절에 대한 접대법), 예30참알(외교관 부임 시의 인사), 예33경외관회좌(외교 사절과 공무원 간 좌석 배치법), 호28진헌(중국 황제에게 물품 납부), 병46

영송(중국행 외교 사절의 물품 관리), 예9대사객(귀순자 처우)

의료법 : 예27선상(여자 의사 선발)

의전법 : 예10제례(국가의 제사 의식 진행 절차), 예32경외관상견(중앙과 지방 공무원 간의 면회 시의 예절), 병24시위(호위, 의전), 예7조의(현직 대통령과 그 가족에 대한 예우), 예26연향(대통령 주재 만찬), 예14봉사(제사), 예12치제(국고 보조)

인구조사법 : 호2호적(인구 통계 조사), 호30-5잡령(인구 조사)

인권(기본권, 공의무) : 호25비황(흉년 구제법), 호29요부(강제 노동 의무), 예9대사객(귀순자 처우), 예25혜휼(사회 보장), 병35복호(강제 노동의 면제), 병36면역(병역 의무), 형2결옥일한(판결 기한), 형4추단(고문, 형벌 집행), 형6남형(형벌 남용 공무원의 처벌), 형8구휼(교도소의 수감 죄수 보호법), 형18소원(억울한 소송 사건), 형20천첩(노예의 신분 해방), 형21천처첩자녀(노비, 첩 자녀의 신분 해방), 형22공노비(공노비의 신분), 형23사천(신분 해방)

입법 관계법 : 예53입법출의첩식(법령의 입법, 개정 양식)

제사의식에 관한 법 : 예5상복(상복에 관한 법)

재산상속법 : 호6제전(부동산의 상속)

재정법 : 호1경비(예산회계법)

조달청법 : 호13회계(관청의 물품 관리)

지방자치단체법 : 호2-2호적(이장, 권농관, 동장)

직업안정법 : 형10재백정단취(무직자, 광대, 가축 도살자의 관리)

청와대 관계법 : 형25궐내각차비(청와대 음식 담당 관리), 호10잠실(청와대 양잠 시범), 공2영선(청와대 건물 신개축), 이1내명부(청와대 근무 여자 공무원)

축산법 : 호24장려(축산업 장려)

택지소유상한법 : 호7급조가지(서울 시내의 대지 분배와 소유의 제한), 공11-3잡령(주택 규모의 제한)

포상법 : 형11포도(절·강도의 체포 시 포상), 예23-2장려(선행 국민 포상법)

학교법 : 예23장려(학생징벌)=문교법

해군법=군사법

행정법=공무원법

행형법 : 형8구휼(교도소의 수감죄수의 보호)

형법 : 호30잡령(각종의 금지 규정), 형전 금제조의 대부분 규정

형16고존장(가장 고발자 처벌), 형17-23금제(분묘 이중 매장죄), 형22-1(공노비의 승려 자격 제한), 형22공노비(노비의 체포, 고발), 형17-5금제(공채 시험 부정자 처벌), 형17-12금제(공채 관리 시 부정 처벌), 형17-14금제(공무원 사치죄), 형17-11금제(야외에서 유흥과 제사 거행 처벌), 형17-1금제(권세가 출입죄), 형17-3금제(금제품 매매죄), 형17-20금제(노상 불공, 제사 거행죄), 형15죄범준계(감봉을 태형으로 환산), 형14은전대용(은전을 화폐로 환산), 공1용률(법률 적용), 형17-24금제(사찰과 무당에게 무상증여죄), 형17-17금제(공무원 집의 사치스런 결혼 거행죄), 형17-10금제(서울 시내 야외 제사 거행죄), 형17-26 금제(무당, 승려 서울 도성 내 민박죄), 형17-7금제(선비, 부녀 산사 출입죄), 형17-28금제(공무원 관할 이탈죄), 형17-22(공무원에 대한 가해죄), 형13원악향리(악질 부정 공무원 범죄), 형17-4금제(역마 남승죄), 형17-18금제(연료 채취지 독점죄), 형17-2금제(외교 사절 휴대품 제한), 형17-19금제(유밀과 사용죄), 형17-21금제(시민, 승려 서울 도성 내 승마죄), 형17-6금제(관청 무단 출입죄), 형17-15금제(대통령과 3급 이상 공무원 집의 부녀 사치죄), 형16고존장(가장 고발죄), 형17-23(분묘 이중 매장죄), 형22-1공노비(승려 자격 위반죄), 형22-1공노비(노비의 체포와 고발), 형17-5금제(공채 부정 행위죄), 형17-12금제(공채 관리 부정죄), 형17-14금제(공무원

사치죄), 형17-11금제(공무원 야외 휴흥, 제사 거행죄), 형17-1금제(권세가 출입죄), 형17-3금제(금제품 매매죄), 형17-20금제(노상에서 불공, 제사 거행죄), 형16고존장(종, 머슴의 폭행, 모욕죄), 형17-9금제(문서 훼손죄), 형17-27금제(무증거 공무원 처벌 금지), 형29도망(지정 거주지 도망죄), 형17-8금제(궁녀와 혼인죄), 형17-13금제(공의무 대납죄), 형6남형(공무원의 형벌 집행 남용죄), 형17-29금제(혼서 예물 수령 후 파혼죄), 형2결옥일한(재판 기한자), 형12장도(장물죄, 강도죄, 문신형)

형사소송법 : 형4추단(고문 형벌 집행), 형부록(노비 소송), 형18소원(억울한 소송사건 처리법), 형2결옥일한(판결 기한), 형3수금(구속 수감), 형19정송(재판 정지), 형17-27금제(형무원에 대한 증거 없는 처벌 금지), 형12장도(절도당한 물품 신고법), 형11포도(절도범 체포, 강도범 신고), 형16고존장(종, 머슴이 옛 가장을 폭행, 모욕 시의 고발),

회계법 : 예12치제(제사 거행 시의 국고 보조),

제2편 『경국대전』의 분야별 내용

Ⅰ. 민법(민사법)과 『경국대전』

민법은 국민의 사생활에 관한 일반법이라고 정의하고 있는데, 형식적, 실질적 의미의 민법이 있다. 현행 민법은 일제시대를 통해서 일본이 수입한 독일, 프랑스의 민법을 중심으로 하고 일본의 관습법을 성문화한 일본 구민법을 해방 후에 거의 그대로 이어받은 것이다. 우리 민법은 해방 후에 개정된 독·불 민법을 기준으로 하고 우리 관습법을 일부 성문화한 일본 구민법과 거의 비슷한 서구 수입법이었다. 1960년 1월 1일부터 시행한 후 8번 가까이 고쳐서 사용하고 있는데 거의 대부분 서구 수입법을 그대로 번역, 복사, 모방하여 사용하고 있다.

민법은 특히 일상적인 개인들의 재산적, 가족적인 관계를 포함하고 있기 때문에, 모든 국가의 구성원들 개인 간에 일어나는 온갖 희로애락에 관련된 물질적, 인간적, 본능적인 삶이 포함되어 있다. 관혼상제 및 의식주의 일상생활 등 모든 계층과 모든 지역에 살고 있는 남녀노소의 삶의 질서를 공식적으로 정해놓은 생활의 기본 원칙으로서 국가가 개입하고 관여할 수 있는 부분을 민법이라고 말할 수 있다.

그러나 인간의 사생활을 모두 다 국가가 간섭하고, 또 국가의 힘으로 도와줄 수도 없고 도와야 할 성질이 아닌 부분도 많다. 기후와 자연 환경, 삶의 방식이 지역마다 다르고 시대에 따라 변하기 때문에, 모든 구성원들의 일상적인 생활을 다 성문화할 수도 없을 뿐더러 성문화되지 않은 분야는 관습법으로 존재한다. 이는 동서고금의 인간의 역사를 통해 아는 바인데 이는 인간의 자연스러운 삶의 방식이자 인간의 문화이기 때문이다.

특히 민법이라는 분야에는 관습법이 많이 존재한다. 독일, 프랑스 등에서 성문 민법전이 만들어질 때 그 민족의 누백 년의 고유한 관습법을 정리했는데 그들 민족의 공통적인 일상의 삶을 공식화한 것이다. 우리는 일제의 강압에 의하여 1912년 조선민사령을 받아들일 수밖에 없었는데 이민족의 특정의 한 공무원인 일개 조선 총독의 명령이었다. 우리와 기후, 풍토, 역사, 언어, 문자, 가치관, 종교와 삶의 방식이 완벽하게 다름에도 불구하고 이민족의 민법을 우리 민족의 개인 간의 일상적인 삶의 공식으로 만들었다. 민족 고유의 삶의 방식이 전근대적이라든가, 구식이라든가, 개화라든가, 식민지화라든가, 내선일체라든가 하여 침략 민족의 노예화, 민족 말살의 지배 야욕에 휘둘릴 수밖에 없었다. 우리의 고유한 민법과 관습법을 변화하는 시대에 맞춰 성문법으로 만들지도 못하고, 오늘날까지 약 80여 년간 이민족인 독불의 민법을 거의 대부분 사용해왔다. 이제 독일, 프랑스, 일본의 민법이 우리 민법과 다름없으므로 국제화되는 시대에 고유한 민족의 삶은 또 한 번 사라져야 할 상황이 되어야 하는지 모를 일이다.

그러나 수입한 것이 완전히 우리 것이 되었더라면, 1960년 이후 지금껏 개정하지 않아야 하는데 그동안 개정은 왜 8번이나 하였고 또 개정할 부분이 남아 있다고 하는 것일까? 덜 근대화되고 더 근대화시키는 것이 개정 이유라면, 8번이나 개정한 후의 조문 중 하나인 법정 상속 순위와 남녀평등의 상속이라는 21세기 지고의 인간의 이성이 만들어낸 법의 정신인 평등사상이 반영된 조문을 보자. 아들과 딸의 균등한 상속이라는 조문은 약 520여 년 전인 1473년의 『경국대전』「형전」의 상속 규정과 같다는 사실은 근대화를 위해서 선진국의 법문화를 80여 년이나 수입, 복사, 모방하여 살아온 우리들의 생각을 혼란스럽게 만들고 있다.

소위 가장 훌륭한 선진국의 법을 수입해서 사용한 지도 오래이고 선진 외국의 수입 문화를 거의 완벽하게 복사, 모방, 수입해 써온 지도 50여 년이 지난 우리들의 일상의 삶 속에서 『경국대전』 등의 고법전 속의 제도와 법률 용어를 사용하고 있는 것은 무슨 영문인가?

법을 외국에서 수입해서 쓴다고 하루아침에 그 법이 우리 것이 되어 우리를 편리하고 잘 살게 해줄 수만은 없다. 동시에 80여 년간 수입 외래법을 사용해왔으나 아직도 전통법의 정신과 의식과 제도와 용어를 우리가 느끼지도 못하면서 사용하고 있는 부분이 있다는 것을 생각하지 않을 수가 없다.

80여 년이나 수입 민법을 써오고 있으나 수입 민법을 잘 모르는 사람은 우리 국민의 대다수일 것이고 잘 아는 사람은 법조인과 법학자 및 법을 전공한 사람들을 포함해서 극소수일 것이리라. 다만 부동산에 관한 규정은 부동산 사기를 당하고 불로소득으로 재산 증식을 할 수 있었기에 열심히 공부를 해서 부동산 거래를 한 사람들은 거의 다 잘 알고 있을 것이다.

그러므로 필자는 전통법과 수입법을 비교하여 오늘과 내일의 삶에 지혜롭게 대처할 법의 정신이 법사상이 전통법 속에서 찾을 수 있다면, 그리고 전통법을 알고 수입법을 알아서 우리 삶의 자세를 조화롭고 이상적인 삶으로 바꿀 수 있는 지혜를 전통법을 통하여 얻을 수 있다면, 『경국대전』 속의 민법 규정들을 알아야 할 필요가 있다고 생각하면서 수입 민법이 대부분인 현행 민법과 관련이 있는 조문을 현행 민법 체계와 비교하여 소개하고, 중요하고 기본적인 부분만 원문을 소개하기로 한다.

덧붙이고 싶은 말은 『경국대전』의 성문화된 민법 규정이 간략하다고 해서 덜 근대화된 법이 아니라는 것이다. 법은 그 시대와 사회의 필요에 의하여 만들어지고 고치고 변천하고 시대와 사회와 환경과 가치관과 삶의 방식의 차이에서 나온 결과이므로 법규정의 차이는 문화가 상이한 결과일 뿐이라는 것이다. 근대화 여부와 선후진국의 여부와는 관계가 없다는 것으로 이해해야 한다. 우리 민족은 관습 민법 부분을 많이 사용해 왔음을 이해해주시길 바란다. 『경국대전』 이후 각종 법전을 통해서 민사 생활을 더욱 구체적으로 규율하고 있었으며, 많은 고문서를 통하여 민사 관습법이 존재했다는 것을 알 수 있는데 이는 다음으로 미룬다.

Ⅱ. 『경국대전』의 민법과 민사특별법 규정

1. 가나다 순의 목차

『경국대전』의 목차를 민법과 민사특별법에 관한 내용을 중심으로 쉽게 풀이해서 소개를 하면,

가) 민법

1) 개인 소유 노비에 관한 법(헌 : 신분 해방, 인권, 민사법 : 매매) 사천(경, 형23)[3)]

2) 결혼식 날 밤에 밝히는 횃불에 관한 규정(민법 : 혼인법) : 혼

---

3) "未分奴婢勿論子女存沒分給 身沒無子孫者, 不在此限 未滿分數者, 均給嫡子女, 若有餘數先 給承重子, 又有餘則以長幼次序給之, 嫡無子女則良妾子女, 無良妾子女則賤妾子女同 田地同

가(경, 예17-4)[4]

3) 결혼 연령과 신고 : 혼가(婚嫁 : 사송)[5]

4) 공·사노비 자녀의 신분 귀속에 관한 법(헌, 노비, 민사) : 천취비산(경, 형24)[6]

5) 공채무자 사망 시 처자 재산 법정 당연 연대 변제법 : 호27 징채[7]

6) 매매 기한에 관한 법(민법) : 호26매매한[8]

7) 매매의 관청 증명에 관한 법(민법) : 호26매매한[9]

8) 사채무불이행 시 관청 신고 후 재판청구법 : 호27징채[10]

9) 사채이자 제한 위법 처벌법(형 : 이자법위반죄, 민사법 : 이자제한법) : 금제(경, 형17-17)[11]

10) 신부가 시부모에게 인사드릴 때 드리는 예물 제한에 관한 규정(민법) : 혼가(경, 예17-5)[12]

11) 양자에 관한 법(민법 : 친족법) : 입후(경, 예16)[13]

---

4) "婚夕炬火, 二品以上十柄, 三品以下六柄, 從父職 女家同"

5) "男年十五, 女十四, 方許婚嫁 子女, 年滿十三歲許議婚 若兩家父母中一人有宿疾, 或年滿五 十而子·女年十二以上者, 告官婚嫁"

6) 취첩비산 "公私賤娶自己婢所生給己之官·主, 娶妻婢所生給妻之官·主, 若娶良妻, 而又娶其良妻之婢所生給己之官·主, 若其良妻有他夫幷産子女則給其子女"

7) "凡受稅·貢米·而不準納者, 受金銀器皿不納者, 故令敗船者, 負公·私宿債者, 雖身死有妻子財産者許徵"

8) 「호전」 매매한 "田地·家舍買賣限十五日勿改, 於百日內, 告官受立案 奴婢同 牛馬則 限五日勿改"

9) 「호전」 매매한 《原》"田地·家舍買賣…於百日內, 告官受立案 奴婢同"

10) "凡負私債, 有具證·筆文記者許徵, 過一年不告官者勿聽"

11) 「형전」 금제 "…濫收私債者 十分爲率, 每月取一分, 如十升取一升之類, 每年取五分, 如十升 取五升之類, 年月雖多不過一倍…杖八十"

12) "婚夕炬火, 二品以上十柄, 三品以下六柄, 從父職 女家同"

13) 「예전」 입후《原》"嫡妾俱無子者, 告官立同宗支子爲後 兩家父同命立之, 父沒則母告官, 尊屬與兄弟及孫, 不相爲後"

12) 인구 동태 조사에 관한 법(행정법) : 호적(경, 호2)[14]

13) 재혼에 관한 법(민법 : 혼인법) : 혼가(경, 예17-2)[15]

14) 종의 신분 해방에 관한 법(노비법 : 민법, 혼인법) : 천첩(경, 형20)[16]

15) 초상과 장례 절차에 관한 법 : 예18상장[17]

16) 호적 대장 작성 양식(호적법) : 호구식(경, 예60)[18]

17) 혼인 연령에 관한 법(민법 : 혼인법) : 혼가(경, 예17-1)[19]

18) 혼인 예복에 관한 법(민법 : 혼인법) : 혼가(경, 예17-3)[20]

---

14) 「호전」 호적 "每三年改戶籍, 藏於本曹 · 漢城府 · 本道 · 本邑《增》 本曹藏籍, 今廢, 每式年翌春, 藏帳籍於江都仍舊籍"

15) "士大夫妻亡者, 三年後改娶, 若因父母之命, 或年過四十無子者, 許期年後改娶

16) "賤【妾】二品以上有子女公私賤妾, 許以自己婢告掌隸院贖身 私賤則從本主情願 凡贖 身,須用年歲相準奴婢, 若逃亡者本身生存則充立, 不得充立者還賤"

17) "宗親 · 大臣卒, 啓聞輟朝 宗姓期親及王子, 三日, 大功及正 · 從一品, 二日, 小功及 正二品, 一日, 文 · 武官正 · 從一品, 二日, 經議政三日, 正二品, 一日, 經參 · 判書二日, 從實職, 下 同 致賻吊祭 宗姓袒免, 高祖兄弟, 曾祖四寸兄弟, 祖六寸兄弟, 父八寸兄弟, 己十寸兄弟 女雖出嫁依本服 異姓緦以上親及妻, 文 · 武官從二品以上及功臣 禮葬者則無致賻 因公在外死者, 戰死者, 勿論職秩致賻致祭 禮葬 王妃父母, 嬪 · 貴人, 大君 · 王子君及夫人, 公主 · 翁主及儀賓, 宗親從二品以上, 文 · 武官從一品以上及功臣 四品以上, 三月, 五品 以下, 踰月而葬, 乏過期未葬者, 本曹啓聞給葬備 若擧哀 · 會葬則有特旨乃行
墳墓定限禁耕牧 宗親則一品, 四面各限一百步, 二品, 九十步, 三品, 八十步, 四品, 七十 步, 五品, 六十步, 六品, 五十步, 文 · 武官則遞減一十步, 七品以下及生員 · 進士, 有蔭子弟 同六品, 女從夫職 耕墾在葬前者, 勿禁 京城底十里及人家百步內勿葬"

18) 「예전」 "戶口式戶某部某坊第幾里 外則稱某面 · 某里 住, 某職 · 姓名 · 年甲 · 本貫 · 四祖, 妻某氏年甲 · 本貫 · 四祖 宗親錄自己職銜, 妻四祖, 儀賓錄自己職銜 · 四祖尙某主, 庶人錄 自己及妻四祖, 庶人不知四祖者不須盡錄 率居子女某某, 年甲, 女則錄本貫 奴婢 · 雇工某某 年甲"

19) 「예전」 "婚嫁 男年十五, 女十四, 方許婚嫁 子 · 女, 年滿十三歲許議婚 若兩家父母中一人有 宿疾, 或年滿五十而子 · 女年十二以上者, 告官婚嫁"

나) 민사특별법

1) 개인 소유 노비에 관한 법(헌 : 신분 해방, 인권, 민사법 : 매매 : 형23사천[21])

2) 공·사노비 자녀의 신분 귀속에 관한 법(헌, 노비, 민사) 형24천취비산[22])

3) 사채이자 제한 위반 처벌법(형 : 이자법위반죄, 민사법 : 이자제한법) : 형17-17금제[23])

4) 주민등록법(민사법) : 호2호적[24])

5) 호적법(행정법 : 부동산관계법) : 호3양전(量田)[25])

---

20) "有職人勿論時·散許着紗帽·品帶, 無職人着笠帶"

21) "凡買賣奴婢告官, 私和買賣者, 其奴婢及價物, 沒官 年十六以上五十以下價楮貨四千張, 十五以下五十一以上, 三千張 若盜賣則價物徵於盜賣者 田宅同"

22) 「형전」 "賤娶婢産 公·私賤娶自己婢所生給己之官·主, 娶妻婢所生給妻之官·主,若娶良妻, 而又娶其良妻之婢所生給己之官·主, 若其良妻有他夫并産子女則給其子女"

23) "濫收私債者 十分爲率, 每月取一分, 如十升取一升之類, 每年取五分, 如十升取五升之類, 年 月雖多不 過一倍 私占柴草場者, 杖八十"

24) 「호전」 "戶籍 每三年改戶籍, 藏於本曹·漢城府·本道·本邑《增》本曹藏籍, 今 廢, 每 式年翌春, 藏帳籍於江都仍舊籍 ○京·外以五戶爲一統, 有統主, 外則每五統有里正, 每一 面有勸農官 地廣戶多則量加 京則每一坊有管領"

25) 「호전」 양전 "凡田分六等, 每二十年改量成籍, 藏於本曹·本道·本邑 一等田尺長準周尺四尺七寸七 分五釐, 二等, 五尺一寸七分九釐, 三等, 五尺七寸三釐, 四等, 六尺四寸三分四釐, 五等, 七尺五寸五分, 六等, 九尺五寸五分, 實積一尺爲把, 十把爲束, 十束爲負, 百負爲結, 一等田一結準三十八畝, 二等田四十四畝七分, 三等田五十四畝二分, 四等田六十九畝, 五等田九十五畝, 六等田一百五十二畝 各等田十四負準中朝田一畝 常耕者稱正田, 或耕或陳者稱續田, 其稱正田而地品瘠薄, 禾穀不者, 續田而土性肥膏, 所出倍多者, 守令置簿, 報觀察使, 式年改正"

2. 현행 법체계의 차례 분류

현행 독일 민법 등의 체계로 간략히 대강만 분류해보기로 한다.

가) 민법 총칙

권리주체, 객체 법률행위, 부관(조건, 기간, 기한) 소멸 시효

나) 물권

1) 소유권

형24천취비산(노비 자녀 소유권)

형24천취비산(賤取婢産) : 공사 노비 자녀의 귀속에 관한 법(공사노비법)

관청과 개인의 남자종이 여자종과 결혼을 하여 자식을 낳으면, 그 자식은 그 여자종이 있었던 해당 관청이나 주인에게 준다.[26)]

다) 채권

1) 연대채무

호27징채(연대채무)

호28징채(徵債) : 국세 징수법, 공채무자(국세 등 국유재산 횡령자) 사망 시 처자 재산 법정 당연 연대 변제법, 국유 재산 횡령자에 대한 재산 환수법(-1), 형법, 연대채무법(민법)(-1)

사채무 관청에 신고 후 재판청구법(민법)(-2)

사채 증서의 유효 요건과 채권 행사 인정에 관한 법(민법 : 채권법)(-3)

---

26) 「형전」 천취비산 "公·私賤娶自己婢所生給已之官·主, 娶妻婢所生給妻之官·主, 若娶良妻, 而又娶其良妻之婢所生給已之官·主, 若其良妻有他夫幷産子女則給其子女"

채권 계약서 작성 후 관청신고주의와 소송상 증거력에 관한 법(민법, 채권법, 민사소송법)

관가의 세금으로 거둬들인 모든 물품과 세금 및 쌀, 밀가루, 금은 그릇을 받고 일부를 빼돌린 자와 오래 못 갚은 빚 등은 본인이 죽은 뒤에도 아내나 자식에게 재산이 있으면 받을 수 있고(-1)

개인 간의 빚은 일정한 경우에 1년 이내에 관청에 신고를 한 경우 재판을 통하여 받아내는 것(-2)을 규정,

모든 개인 간의 채권채무(私債)는 증인과 계약서의 작성자를 구비한 문서를 가진 사람에게 채권 행사를 인정하되(-3)징채 "凡負私債, 有具證・筆文記者許徵, 過一年不告官者勿聽"

1년이 지나도록 관청에 신고를 하지 않은 자의 채권에 관한 소송은 접수하지 않는다.(-4)[27]

2) 증여

형14금제(사찰에 노비 무상 증여 금지, 사찰과 무당에게 종과 토지 무상 증여 시 처벌 및 몰수법)(-24), 개인의 남녀종과 땅을 사찰이나 무당에게 공짜로 주면 처벌하고 그 노비와 땅을 관청에서 빼앗는다.(-24)[28]

3) 매매

(1) 호26매매한(매매 기한)

호27매매한(賣買限) : 매매 해제 기한(민법)(-1)

매매 관청 확인주의(민법)(-2)

매매를 없던 것으로 하려면, 땅, 집, 노비는 15일 이내, 소, 말은 5일 이내에 변경할 수 있고(-1), 100일 안에 신고하여 관청의

---

27) "凡受稅・貢米・而不準納者, 受金銀器皿不納者, 故令敗船者, 負公・私宿債者, 雖身死有妻 子財産者許徵"

28) "私奴婢・田地施納寺社・巫覡者, 論罪後, 其奴婢・田地屬公"

확인(증명서)을 받아야 한다.(-2)[29]

(2) (주택, 토지, 농지의 매매)

(3) 호27징채(매매 증명, 허가제)

(4) 형23사천(매매, 노비 매매) 사천

형23사천(私賤) : 개인소유의 노비에 관한 법(사노비법)

개인 소유의 남자종과 여자 종과 땅을 상속하고, 팔고 사고, 개인의 남녀의 종과 땅과 집에 대한 재판과 노비해방 등에 관한 내용[30]

(5) 호30-2잡령(매매 금지)[31]

(6) 형17-3금제(금제품매매죄) 兩界浦所及客館賣者亦禁,

4) 소비대차, 사용대차

형17-17금제(이자제한법)

(1) 임대차

호7전택(농지 임대차, 주택 임대차)

(2) 화회

형23사천(유산 화회)[32]

(3) 친족

라) 혼인

1) 예17혼가(혼인법)[33]

---

29) 《原》"田地·家舍買賣限十五日勿改, 於百日內, 告官受立案 奴婢同 牛馬則限五日勿改"

30) "凡買賣奴婢告官, 私和買賣者, 其奴婢及價物, 沒官 年十六以上五十以下價楮貨四千張, 十五以下五十一以上, 三千張 若盜賣則價物徵於盜賣者 田宅同"

31) "漕轉所近處興販人一禁, 犯者所持物沒官, 許接者, 守令不檢擧者, 論罪"

32) "父母祖父·母·外祖父母·妻父母·夫·妻·妾及同生和會分執外, 用官署文記子之於 親, 亦不須官署"

2) 예17-1혼가(혼인 연령)[34]

3) 예17-3혼가(혼인 예복)[35]

4) 예17-25혼가(폐백 예물 제한)[36]

5) 예17-2혼가(재혼)[37]

6) 형20천첩(혼인)[38]

---

33) 「예전」 혼가 "男年十五, 女十四, 方許婚嫁 子·女, 年滿十三歲許議婚 若兩家父母中一人有宿疾, 或年滿五十而子·女年十二以上者, 告官婚嫁"
"宗室則具其子·女年歲及定婚家主職·姓名告宗簿寺 定婚家姓李者勿告"《補》
"宗簿寺今屬宗親府 宗簿寺檢啓聞 兩家子·女年滿十歲方許議婚, 年六歲相差而非情願者勿許相婚, 加減·隱諱後現者, 家長以爲婚妄冒律論"
"士大夫妻亡者, 三年後改娶, 若因父母之命, 或年過四十無子者, 許期年後改娶"
"有職人勿論時·散許着紗帽·品帶, 無職人着笠帶"
"婚夕炬火, 二品以上十柄, 三品以下六柄, 從父職 女家同"
"新婦謁舅姑, 酒一盆, 希饌五器, 從婢三人奴十人 堂上官女子則從婢四人, 奴十四人"
《續》"王子·女吉禮時, 本家及主婚家過制侈靡之事, 一皆禁斷"
"婚姻一依家禮, 前期納幣之後, 雖有兩家父母喪, 亦待三年, 違者家長杖一百"
"鄕貫雖異姓字若同則毋得婚娶 ○凡婚嫁過時者, 嚴飭漢城府及諸道, 搜訪其尤甚者,使戶曹及營·邑, 加顧助 ○身在喪中, 子之朞服未盡, 而徑行婚禮者, 以不謹居喪律論"
"逆家孫女, 勿令離異"

34) "男年十五, 女十四, 方許婚嫁 子·女, 年滿十三歲許議婚 若兩家父母中一人有宿疾, 或年滿 五十而子·女年十二以上者, 告官婚嫁 ○宗室則具其子·女年歲及定婚家主職·姓名告宗 簿寺 定婚家姓李者勿告"

35) "有職人勿論時·散許着紗帽·品帶, 無職人着笠帶"

36) "新婦謁舅姑, 酒一盆, 希饌五器, 從婢三人奴十人 堂上官女子則從婢四人, 奴十四人"

37) "士大夫妻亡者, 三年後改娶, 若因父母之命, 或年過四十無子者, 許期年後改娶"

38) 「형전」 천첩 《原》"二品以上有子女公私賤妾, 許以自己婢告掌隷院贖身 私賤則從本主情願 ○凡贖身, 須用年歲相準奴婢, 若逃亡者本身生存則充立, 不得充立者還賤"
천첩자녀 "大·小員人 文·武官·生員·進士·錄事·有蔭子孫及無嫡子孫者之

7) 형23사천(노비 혼인)[39]

8) 형17-8금제(궁녀와 혼인 금지)[40]

9) 형27-29금제(이중혼)[41]

10) 형 27-25금제(삼중혼)[42]

마) 양자

1) 예16입후(양자)[43]

2) 형23사천(양자녀)[44]

바) 상속

妾子孫承重者 娶公· 私婢爲妻妾者之子女, 其父告掌隷院, 實錄案 無父則嫡母, 無嫡母則同生, 無同生則祖父·母 告"

39) 「형전」 사천 "嫡無子女則良妾子女, 無良妾子女則賤妾子女同 田地同"

양첩자녀 "七分 之一 如嫡子女各給六口, 良妾子女各給一口之類下同 嫡母奴婢則否, 賤妾子女同"

천첩자녀 "十分之一"

「형전」 천취비산 "公·私賤娶自己婢所生給已之官·主, 娶妻婢所生給妻之 官·主,"

40) "驛勿禁, 侵損者杖八十…朝官娶放出侍女·水賜者, …減二等論"

41) "已受婚書而再許他人成婚者, 其主婚者論罪, 離異"

42) "士族婦女失行者 更適三夫者同 錄案"

43) "嫡妾俱無子者, 告官立同宗支子爲後 兩家父同命立之, 父沒則母告官, 尊屬與兄弟及孫, 不相 爲後…私賤: …無後身死人奴婢, 收養使孫等三年內毋得相分 田宅財産同"

44) "無子女養父母奴婢 【養子女】七分之一 三歲前則全給, 宦官以宦官爲子者, 依三歲前"

"嫡有子女養父母奴婢 【養子女】七分之一, 三歲前則七分之一 十分之一, 謂嫡有子女則侍養子女給十分之一, 如嫡無子女而只有妾子女則父奴婢給養子女七分之一, 餘給妾子女,母奴婢從本分給妾子女·養子女, 餘還本族, 七分之一, 謂嫡有子女則收養子女給七分之一, 如嫡無子女而只有良妾子女則父奴婢與收養子女平分, 賤妾子女則給五分之一, 母奴婢從本分給妾子女餘給收養子女…三歲前養子女, 承重義子, 卽同親子女, 雖遺書有勿與他之語, 勿用"

1) 재산 상속

형23사천(노비, 토지, 재산을 자녀에게 평균으로 법정 상속하는 몫과 순서)45)

형23사천(상속 문서)46)

---

45) "未分奴婢勿論子女存沒分給 身沒無子孫者, 不在此限 未滿分數者, 均給嫡子女, 若有餘數先 給承重子, 又有餘則以長幼次序給之, 嫡無子女則良妾子女, 無良妾子女則賤妾子女同 田地 同" "父母奴婢 【承重子】 加五分之一 如衆子女各給五口, 承重子給六口之類 【衆子女】 平分 【良妾子女】 七分之一 如嫡子女各給六口, 良妾子女各給一口之類下同" "嫡母奴婢 則否, 賤妾子女同 【賤妾子女】 十分之一"
"嫡無子女者奴婢 【良妾子女】 平分, 承重子則加五分之一 【賤妾子女】 五分之一"
"嫡無子有女者奴婢 【良妾子】 承重則其分加二分"
"無子女嫡母奴婢 【良妾子女】 七分之一, 承重子則加三分, 餘還本族 無同生則三寸, 無三 寸則四寸親, 良妾子孫給七分之一, 賤妾子孫給十分之一, 本族人數雖多都給, 假如奴婢數 少則先給妾子女 無本族則屬公 下同 【賤妾子女】 十分之一, 承重子則加二分"
"無子有女嫡母奴婢 【良妾子】 承重子七分之一, 毋過三口 【賤妾子】 承重則十分之一, 毋過三口 嫡及良妾無子女者奴婢 【賤妾子女】 平分, 承重子則加五分之一 嫡及良妾 皆無子有女者奴婢 【賤妾子】 承重則其分加二分 嫡無子女, 而良妾無子有女者奴婢 【賤妾子】 承重則五分之一, 加二分 無子女前母・繼母奴婢 【義子女】 五分之一, 承重子 則加三分 有子女前母・繼母奴婢 【義子】 承重則九分之一 無子女養父母奴婢 【養子女】 七分之一 三歲前則全給, 宦官以宦官爲子者, 依三歲前 嫡有子女養父母奴婢 【養子女】 七分之一, 三歲前則七分之一 十分之一, 謂嫡有子女則侍養 子女給十分之一, 如嫡無子女而只有妾子女則父奴婢給養子女七分之一, 餘給妾子女, 母奴婢 從本分給妾 子女・養子女, 餘還本族, 七分之一, 謂嫡有子女則收養子女給七分之一, 如嫡無子 女而 只有良妾子女則父奴婢與收養子女平分, 賤妾子女則給五分之一, 母奴婢從本分給妾子女, 餘給收養子女"

46) "父母祖父・母・外祖父母・妻父母・夫・妻・妾及同生和會分執外, 用官署文記 子之於 親, 亦不須官署 須具證・筆 <族親及顯官中二三人 田宅同> 同生以上文記手書者, 不必具 無子女夫妻奴婢, 雖無傳係生存者區處, 本族外不得與他, 如有妾子女・義子女・養子女亦毋過其分, 妻適他者其所區處不用 僞造文記姦詐現

호7전택(국가 유공자의 토지 상속)47)

(부모의 토지 가옥 등 유산을 불법 독점)48)

호6제전(재산, 농지의 상속)49)

2) 호주 상속

형23사천(승중자 : 호주 상속자)50)

著者, 移送他司, 更科罪, 永 不用, 經赦則朝官永不用, 庶人徒三年, 證・筆者同, 外則啓聞更 欲改者, 具由告官改給, 受 者身死, 勿改 父・母祖父母・外祖父母之於子孫, 夫之於妻・妾, 許改"

"用祖父母以下遺書 祖及父則須手書, 祖母及母則須族親中顯官證筆, 衆所共知未手書者,疾病者依婦人例 三歲前養子女, 承重義子, 卽同親子女, 雖遺書有勿與他之語, 勿用"

"傳得奴婢者, 期年內告官受立案, 若財主成文契而死者, 召侍病族親或奴婢, 閱實給立案田宅同, 各其所居處告官, 有相避者移他官 凡訟事, 雖已決折, 未成立案而遞, 交代官吏成給"

47) "功臣田, 傳子孫 承重者加三分之一 女子身死後移給繼姓子孫 嫡室無子孫者, 傳良妾子孫, 無良妾子孫則賤妾子孫, 承重者只給祭田三十結, 其餘屬公 傳受子孫若被罪應收者, 移給他子孫 賜田同, 代盡則屬公, 賜牌不言可傳永世者, 身沒後亦屬公, 奴婢同"

48) "凡訟田宅過五年則勿聽 盜賣者, 相訟未決者, 父母田宅合執者, 因幷耕永執者, 賃居永執者, 不限年 告狀而不立訟過五年者, 亦勿聽, 奴婢同"

49) 직전 "十月晦日以前受職者給 <遞兒職則否> 限前五十日內, 遭喪・身死, 至限未經遞差 者, 限後遭喪・身死者, 亦給 大君二百二十五結, 王子君一百八十結 一品正, 一百十結, 從, 一百五結 二品正, 九十五結, 從, 八十五結 三品堂上官, 六十五結, 正, 六十 結, 從, 五十五結 四品正, 五十結, 從, 四十五結 五品正, 四十結, 從, 三十五結 六品正, 三十結, 從, 二十五結 七品正・從, 各二十結 八品正・從, 各十五結 九 品正・從, 各十結《續》 今廢"

50) "父母奴婢 【承重子】 加五分之一 如衆子女各給五口, 承重子給六口之類"

"嫡無子女者奴婢 【良妾子女】 平分, 承重子則加五分之一 【賤妾子女】 五分之一"

"嫡無子有女者奴婢 【良妾子】 承重則其分加二分"

"無子女嫡母奴婢 【良妾子女】 七分之一, 承重子則加三分… 【賤妾子女】 十分之一, 承重 子則加二分"

"無子有女嫡母奴婢 【良妾子】 承重子七分之一, 毋過三口 【賤妾子】 承重則十

사) 유언

형23사천(유서의 요건, 효력)[51]

아) 민사특별법

1) 호적법, 호적대장 : 예60호구식

2) 주민등록법 : 호2호적

3) 호적등초본 : 예61준호구식

4) 출생신고 : 형21천처첩자녀

5) 이자제한법 : 형17-17금제

6) 지적법 : 호3양전

7) 문서관리법 : 예58입안식

* 기타 위에 나타나지 않는 많은 부분은 『경국대전』 이전의 『대명률직해』와 『경국대전』 이후의 각종의 성문 법령 및 관습법에 의하여 조선왕조 500여 년간 우리 민족의 민사 생활을 영위해 왔으므로 조선왕조 500여 년간의 민법은 각종의 고법전과 수많은 고문서 속에 남아 있다.

이상의 차례를 통해서 간단히 살펴보면, 우리 민족은 『경국대전』을 통하여 친족법 분야인 개인 간의 혼인 문제를 가장 중요시하였으며, 그 다음은 소유권을 전제로 한 매매를 중요시하고, 그 다음

分之一,毋過三口 嫡及良妾無子女者奴婢 【賤妾子女】 平分, 承重子則加五分之一" "嫡及良妾皆無子有女者奴婢 【賤妾子】 承重則其分加二分 嫡無子女, 而良妾無子有女者奴婢 【賤妾子】 承重則五分之一, 加二分 無子女前母・繼母奴婢 【義子女】 五分之一, 承重子則加三分 有子女前母・繼母奴婢 【義子】 承重則九分之一"

51) "用祖父母以下遺書 祖及父則須手書, 祖母及母則須族親中顯官證筆, 衆所共知未手書者,疾病者依婦人例 三歲前養子女, 承重義子, 卽同親子女, 雖遺書有勿與他之語, 勿用"

은 재산 상속을 중요시하고 있었음을 알 수 있다. 이외에 양자 문제, 호주 상속, 유언 등의 가정 문제 및 개인 간과 공공 단체에 대한 금전 소비대차 및 채무에 대한 연대 및 보증책임을 인정하고, 이자제한법 및 임대차, 유산 분배 시의 화회, 그리고 각종의 신분제도를 가진 전통 사회의 삶을 반영하는 규정들이 있음을 알 수 있다,

참고로 『경국대전』 이후의 각종의 법전들을 통해서 재산거래법만을 살펴본 필자의 연구에 의하면, 법규정의 양을 중심으로 순서를 매겨보면, 조선왕조의 실정 민법은 (1) 매매법, (2) 소비대차와 이자법, (3) 계약 문서의 효력과 재발급, (4) 담보법 : 환퇴, 전당, (5) 연대채무(보증채무), (6) 채무불이행, (7) 사적 강제집행(자력구제, 대물변제) 금지, (8) 채권, 이자채권의 소멸법 등의 순서이다.

조선왕조 500여 년간 우리 조상들은 일상적인 재산 거래의 삶은 실정 민법에서 재산을 가진 사람들의 소유권의 변동을 가장 소중하게 생각하여 가장 많은 규정을 만들었고 그 다음으로는 흉년, 가뭄, 천재지변 등의 비상시와 평소 가난하거나 소유 재산이 적거나 거의 없는 사람들이 빌려서 살아가는 이자부 소비대차에 관한 부분이 두 번째로 규정이 많다.

그리고 이러한 매매와 대차 등의 법률행위는 후일에 분쟁이 발생하기 마련이므로 반드시 문서로 계약서(明文) 등을 작성하고 재판 청구 시에 증거로 삼았으며, 문서 작성을 믿을 수 있도록 작성자와 증인을 문서상에 기재하도록 하고 있다. 천재지변, 화재 및 절취, 분실 등으로 소중한 문서가 분실될 때에는 재발급 절차를 엄격히 규정하여 권리를 보호하고 있다. 또한 금전과 곡식이 필요하여 재산을 처분할 필요가 있을 때에도 조상 전래의 아까운 물건

이나 없애서는 안 되는 물건은 담보 제도의 일종인 팔고 다시 사오는 도로 물리는 환퇴(還退) 제도나 질, 저당에 해당하는 전당(典當) 제도를 통하여 돈과 곡식을 빌려 쓰고 후일 물건을 도로 찾을 수 있는 법제를 만들어서 생활의 어려움을 해결했다.

또한 개인이나 공공단체에 대한 채무는 연대하거나 보증하는 제도를 이용하여 책임을 지게 하였다. 채무불이행의 경우에는 자력구제와 대물변제로 인해 인권 침해와 부당 이득을 초래하므로, 이와 같은 사적 강제집행은 불법화, 범죄화하여 억제하였다. 무한정한 이자와 원본 채권의 행사는 흉년, 가뭄이 잦은 농경 사회에서는 가혹한 부적합한 제도이므로, 일정한 시기까지의 이자와 원본만을 인정하고 그 이후의 일정한 경우는 권리의 소멸을 인정하여 약한 채무자를 상대적으로 보호하는 제도를 가지고 있었다.

이외에 농지와 주택 및 생산 도구가 없는 사람들을 위한 임대차, 사용대차의 규정도 있지만, 증여, 교환, 사용대차, 고용, 도급, 위임, 임치, 화회 등의 경우나 특수한 공동 소유 형태는 각종의 문중(門中), 계중(契中), 동중(洞中), 당중(堂中), 원중(院中), 사중(寺中), 종중(宗中) 등의 고문서 속에 관습법으로 민족의 일상 삶이 나타나 있다.

3. 민법과 민사특별법 조문

가) 민법

1) 채권

연대채무법 : 호270징채(徵債) : 공채무자 사망 시 처자 재산 법정 당연 연대 변제법(연대채무법 : 민법)(-1)

(1) 사채무 관청에 신고 후 재판상 청구법(민소법)(-2)

국가의 세금으로 거둬들인 것과 쌀·밀가루·금·은 그릇을 받고 일부를 빼어 돌린 자와 오래 못 갚은 빚 등은 본인이 죽은 뒤에도 아내나 자식에게 재산이 있으면 받을 수 있고(-1) 개인 간의 빚은 일정한 경우에 1년 이내에 관청에 신고를 한 경우 재판을 통하여 받아낸다.(-2)

2) 채권

매매법 : 매매 해제 기한 확인제 : 호26매매한(賣買限) : 매매 해제 기한(민법)(-1), 매매관청 확인주의(민법)(-2)

매매를 없었던 것으로 하려면, 땅·집·노비는 15일 이내, 소·말은 5일 이내에 할 수 있고(-1), 100일 안에 관청의 확인을 받는다.(-2)

3) 노비 매매의 신고제도 : 형23사천

노비를 매매한 뒤에는 관청에 신고하여야 한다. 신고하지 않은 매매 행위는 해당 노비와 거래 금액을 관청에서 몰수한다. 16세 이상 50세 이하의 노비의 가격은 종이돈 4천장, 15세 이하 51세 이상은 종이돈 3천장으로 한다.

4) 채권 : 주택·농지임대차 : 호7전택(田宅) : 토지와 주택에 관한 소송은 5년이 지나면 받지 않는다(다만 6가지의 예외가 있다). 즉, 남의 땅과 집을 훔쳐서 팔거나 판결이 끝나지 않은 경우, 부모의 땅과 집 등의 유산을 혼자 다 차지한 경우, 세를 얻어 남의 농토를 지어먹다가 자기 것으로 만든 경우, 셋방살이를 하다가 자기 것으로 만든 경우 등은 5년이 지나도 고소할 수 있다.(토지와 주택의 소송기한의 원칙과 예외)(-1)

형17금제 : 각종의 금지 규정에 관한 법

5) 채권법

(1) 증여 : 사찰과 무당에게 종과 토지 무상 증여 시 처벌 및 몰수법(-24)

개인의 남녀종과 땅을 사찰이나 무당에게 공짜로 주면 처벌하고 그 노비와 땅을 관청에서 빼앗는다.(-24)

(2) 금전 소비대차 : (사채이자 제한 위반 처벌법)

개인이 진 채무는 아무리 오래되어도 이자를 합하여 원금의 두 배를 넘지 못하고 1개월에 1할, 1년에 5할 이상을 받으면 모두 곤장 80대의 형벌을 가한다.

6) 친족법

(1) 혼인 · 삼중혼(부정한 공무원과 그 집안의 여자로서 3번 결혼한 것 등의 관리법)(-25

부도덕하거나 뇌물죄를 지었거나 공무원 집안의 여자로서 단정하지 못하거나 세 번이나 결혼을 한 여자는 장부에 적어서 내무부 · 국방부 · 감사원 · 탄핵위원회에 공무로 보고한다.

(2) 혼인 · 이혼(혼서와 예물 수령 후 타인과 한 혼인의 취소와 처벌법)(-29)

신랑이 될 집에서 보낸 생년월일이 적힌 혼서와 예물을 신부 될 사람 집에서 받은 후에 다른 사람과 결혼을 하면 이혼시키고 그 혼인을 주관한 사람은 처벌한다.(-29)

(3) 양자 : 예16입후(立後) : 양자에 관한 법(민법 : 친족법)

본처나 첩의 아들에게도 아들이 없을 경우에 관청에 신고를 하고, 다른 친척의 장남이 아닌 아들로 양자를 두게 하며, 생부와 양부가 함께 동의하되 아버지가 사망하면 어머니가 신고한다, 존속이나 형제나 손자의 항렬에서는 서로 양자를 삼지 못한다.[52)]

---

52) 「예전」 입후 "嫡妾俱無子者, 告官立同宗支子爲後 兩家父同命立之, 父沒則母告

7) 상속법 : 재산 상속 제한 : 형23사천

집안을 이을 자손이 없는 사람이 사망한 경우의 노비·토지·주택 및 일반 재산은 3년 이내에 법적 상속권자들, 수양자녀나 상속받을 친족 등)은 분배하지 못한다.[53)]

8) 친족법 : 혼인 : 예17혼가(婚家) : 혼인에 관한 법(민법 : 혼인법)

(혼인 연령에 관한 법)(-1)[54)]

(재혼에 관한 법)(-2)

(혼인 예복에 관한 법)(-3)

(결혼식 날 밤에 밝히는 횃불에 관한 법)(-4)[55)]

(신부가 시부모에게 인사드릴 때 예물 제한법)(-5)

남자는 15세, 여자는 14세가 되면 결혼을 허가하고(-1), 임금 친척의 결혼과 사대부는 아내가 죽은 지 3년이 지나야 다시 결혼할 수가 있고, 부모의 명령이 있거나 40세가 넘도록 아들이 없는 경우는 1년이 지나면 재혼을 허가한다.(-2)

의식을 치를 때 전·현직 공무원은 사모와 직급에 따른 허리띠를 하고, 그렇지 않은 사람은 대나무로 만든 모자와 실로 만든 띠를 두른다.(-3)

혼인날에 밝히는 횃불은 신랑신부 집의 부모의 공직의 품위에

官, 尊屬與兄弟及孫, 不相爲後"

53) "無後身死人奴婢, 收養使孫等三年內毋得相分 田宅財産同"

54) "男年十五, 女十四, 方許婚嫁 子·女, 年滿十三歲許議婚 若兩家父母中一人有宿疾, 或年晩 五十而子·女年十二以上者, 告官婚嫁, 宗室則具其子·女年歲及定婚家主職·姓名告 宗簿寺 定婚家姓李者勿告"《補》"宗簿寺今屬宗親府 宗簿寺檢啓聞 兩家子·女年滿十歲方 許議婚, 年六歲相差而非情願者勿許相婚, 加減·隱諱後現者, 家長以爲婚妄冒律論"

55) "婚夕炬火, 二品以上十柄, 三品以下六柄, 從父職 女家同"

따라 2급 이상이면 10자루, 3급이면 6자루를 쓰고,(-4)

신부가 시부모를 만나 인사를 드릴 때에는 술 한 동이, 안주 다섯 그릇, 여자종 3명, 남자종 10명으로 하되 3급 이상의 공무원의 딸이면 여자종 3명, 남자종 10명으로 한다,(-50)

형23사천(私賤) : 개인 소유의 노비에 관한 법(사노비법)

개인 소유의 남자종과 여자종과 땅을 상속하고, 팔고 사고, 개인의 남녀의 종과 땅과 집에 대한 재판과 노비 해방 등에 관한 내용56)

9) 상속법

(1) 노비를 상속하는 순위 : 대습, 균등 상속(-1)

분배하지 못한 노비는 본처의 아들과 딸이 죽고 없어도, 그 손자 손녀가 있으면 공평하게 나누어주고 그래도 또 남으면 가문을 잇는 아들에게 주고, 그래도 남으면 나이 많은 순서대로 나누어준다.(-1)

(2) 본처 · 양인첩 · 천인첩의 자녀 순서로 분배(-2)

토지와 노비를 상속할 때에 본처의 아들딸이 없으면, 평민 출신의 첩의 자녀에게, 그도 없으면 종 출신의 첩의 자녀 순서로 나누어준다.(-2)

(3) 평등 분배의 원칙(-3)

원칙적으로 아들이나 딸은 똑같이 나누어준다.(-3) 그러나 가문을 이을 아들(보통 장남)은 다른 아들과 딸의 몫보다 20%, 즉 5분의 1을 더 준다.

양인 첩의 아들과 딸에게도 각각 7분의 1씩을 준다, 종 출신 첩

56) "凡買賣奴婢告官, 私和買賣者, 其奴婢及價物, 沒官 年十六以上五十以下價楮貨四千張, 十五以下五十一以上, 三千張 若盜賣則價物徵於盜賣者 田宅同"

의 자식에게도 10분의 1을 주고, 본처에게 딸만 있고 평민 출신의 첩에게 아들이 있으면, 이 아들도 본처의 아들과 같이 취급하여 20%(5분의 1)을 더 준다.

(4) 양인 첩의 자녀에게도 평등분배(-4)

본처에게 아들과 딸이 없는 경우에는 평민 출신의 첩의 아들과 딸에게도 본처의 자녀에게 나누듯이 똑같이 나누어주고(-4), 다만 가문을 이을 아들에게만 그들의 각각의 몫의 20%(즉 5분의 1)을 더 준다.[57]

---

57) "未分奴婢勿論子女存沒分給 身沒無子孫者, 不在此限 未滿分數者, 均給嫡子女, 若有餘數先 給承重子, 又有餘則以長幼次序給之, 嫡無子女則良妾子女, 無良妾子女則賤妾子女同 田地同 父母奴婢 【承重子】加五分之一 如衆子女各給五口, 承重子給六口之類 【衆子女】平分 【良妾子女】七分之一 如嫡子女各給六口, 良妾子女各給一口之類下同 嫡母奴婢則否, 賤 妾子女同 【賤妾子女】十分之一 嫡無子女者奴婢 【良妾子女】平分, 承重子則加五分 之一 【賤妾子女】五分之一 嫡無子有女者奴婢 【良妾子】承重則其分加二分"

"無子女嫡母奴婢 【良妾子女】七分之一, 承重子則加三分, 餘還本族 無同生則三寸, 無三寸 則四寸親, 良妾子孫給七分之一, 賤妾子孫給十分之一, 本族人數雖多都給, 假如奴婢數少則先 給妾子女 無本族則屬公 下同 【賤妾子女】十分之一, 承重子則加二分"

"無子有女嫡母奴婢 【良妾子】承重子七分之一, 毋過三口 【賤妾子】承重則十分之一, 毋過 三口 嫡及良妾無子女者奴婢 【賤妾子女】平分, 承重子則加五分之一"

"嫡及良妾皆無子有女者奴婢 【賤妾子】承重則其分加二分"

"嫡無子女, 而良妾無子有女者奴婢 【賤妾子】承重則五分之一, 加二分"

"無子女前母·繼母奴婢 【義子女】五分之一, 承重子則加三分"

"有子女前母·繼母奴婢 【義子】承重則九分之一"

"無子女養父母奴婢 【養子女】七分之一 三歲前則全給, 宦官以宦官爲子者, 依三歲前"

"嫡有子女養父母奴婢 【養子女】七分之一, 三歲前則七分之一 十分之一, 謂嫡有子女則侍養 子女給十分之一, 如嫡無子女而只有妾子女則父奴婢給養子女七分

이하 생략

(5) 재산 상속의 확인서 발급 :

노비(토지·주택 포함)를 상속받은 사람은 1년 이내에 관청에 신고하여 관청의 확인서를 발급받아야 한다.[58]

10) 유언 : 유서의 효력 : 형23사천(유서의 작성) 조부모 이하는 유서를 적용한다.

할아버지나 아버지는 직접 자신이 쓴 자필이어야 하고, 할머니나 어머니는 반드시 친척 중에서 현직의 공무원으로 있는 사람이 증인이나 유서 작성자나 되어야 한다.[59]

11) 재산상속법 : 농지상속법 : 호7전택

국가유공자에게 준 농토는 그 자손들에게 전해준다, 이 경우에 조상의 제사를 지내는 자손은 3분의 1을 더 준다.(국가유공자의 농지상속법)(−9)[60] 여자가 가지고 있던 국가유공자의 농지는 그 여자가 죽으면, 성(가문)을 이어 받는 자손에게 넘겨준다. 본처에게 자손이 없으면, 평민 출신의 첩 자손에게 전해주고, 이들도 없으면 종 출신의 첩 자손 중에 가문을 잇고 제사를 지내는 자에게 다만 제사를 지내는 용도의 밭 30결만을 주고 나머지는 국가에서 가져간다. 상속받은 자손이 범죄를 지은 경우에는 다른 자손에게 그 받은 것을 넘겨준다.(국가유공자의 농지상속법)(−9)[61] 임금으

之一, 餘給妾子女, 母奴婢 從本分給妾子女·養子女, 餘還本族, 七分之一, 謂嫡有子女則收養子女給七分之一, 如嫡無子 女而只有良妾子女則父奴婢與收養子女平分, 賤妾子女則給五分之一, 母奴婢從本分給妾子女, 餘給收養 子女"

58) "傳得奴婢者, 期年內告官受立案,…田宅同"

59) "用祖父母以下遺書 祖及父則須手書, 祖母及母則須族親中顯官證筆"

60) "功臣田, 傳子孫 承重者加三分之一"

61) "嫡室無子孫者, 傳良妾子孫, 無良妾子孫則賤妾子孫, 承重者只給祭田三十結, 其餘屬公 傳受子孫若被罪應收者, 移給他子孫"

로부터 하사받은 농토도 위와 같이 처리한다, 이런 땅은 가문이 끊기면 국가에서 빼앗아간다. 그리고 임금이 준 땅의 증명서에 영원히 전해준다는 표시가 없으면, 본인이 죽으면 국가에서 찾아간다. 노비(종)도 마찬가지로 처리한다.(임금이 하사한 노비·농지 국유 귀속법)(−10)[62)]

12) 호주·재산상속법 : 호6전택

사당으로 세운 건물은 제사를 받드는 자손에게 상속(이전)해준다.[63)]

나) 민사특별법

1) 주민등록법 : 호2호적(戶籍)

3년마다 호적(주민등록증)을 고쳐서 호조(내무부)·서울시·해당도·해당 읍에 보관한다.(−1)[64)]

(1) 호적 대장 작성법 : 예60호구식(戶口式) : 호적 대장을 만드는 양식[65)]

(2) 호적 등·초본 작성법 : 예61준호구식(準戶口式) : 호적 대장을 보고 그대로 옮겨서 만든 호적 등본의 작성 양식[66)]

---

62) "女子身死後移給繼姓子孫 賜田同, 代盡則屬公, 賜牌不言可傳永世者, 身沒後亦屬公,奴婢同"

63) "立廟家舍, 傳於主祭子孫"

64) 「호전」 호적 "每三年改戶籍, 藏於本曹·漢城府·本道·本邑《增》 本曹藏籍, 今廢, 每式 年翌春, 藏帳籍於江都仍舊籍 京·外以五戶爲一統, 有統主, 外則每五統有里正, 每一面 有勸農官 地廣戶多則量加 京則每一坊有管領"

65) 「예전」 "戶口式戶某部某坊第幾里 外則稱某面·某里 住, 某職·姓名·年甲·本貫·四祖, 妻 某氏年甲·本貫·四祖 宗親錄自己職銜, 妻四祖, 儀賓錄自己職銜·四祖尙某主, 庶人錄自 己及妻四祖, 庶人不知四祖者不須盡錄 率居子女某某, 年甲, 女則錄本貫 奴婢·雇工某某年 甲"

66) 준호구식 "某年月日, 本府 外則稱本州·本郡 考某年成籍戶口帳內某部某坊云

2)지적법 : 호3양전(量田) : 토지 등급과 토지 대장 작성에 관한 법

세금을 매기기 위하여 논과 밭의 넓이를 조사하는 토지 측량에 관한 규정, 모든 논과 밭은 6등급으로 나누고, 20년마다 다시 조사하여 토지 대장을 만들어 호조(내무부)·해당 도(道)·해당 읍에 보관한다. 1등급의 논을 정하는 데 쓰는 자(尺)는 주척(周尺 : 23. 1~19. 5cm)으로 4자 7촌 7푼 5리, 2등급의 논을 재는 데 사용하는 자는 5자 1촌 7푼 9리, 3등급은 5자 7촌 3리, 4등급은 6자 4치 3푼 4리, 5등급은 7자 5치 5푼, 6등급은 9자 5치 5푼의 길이의 자로 넓이를 계산한다.

사방 1자는 1줌〔一扶〕이 되고, 10줌이 1단〔束〕, 10단이 짐, 100짐이 1먹〔結 : 1만 줌〕이 된다. 1등급의 농지 1결은 38묘(가로 세로 6자의 넓이가 보(步), 100보가 1무(畝)에 해당하고, 2등급은 44묘, 3등급은 54묘 2푼,4등급은 69묘, 5등급은 95묘, 6등급의 농지는 152묘에 해당한다. 각 등급의 농지 14짐은 명나라의 밭 1무(畝)에 해당한다, 해마다 농사를 짓는 정상적인 땅은 정전(正田), 농사를 짓다가 묵혔다가 하는 농지는 속전(續田)이라 하나, 정전이라도 흙에 거름이 적어서 토박하여 곡식이 잘 되지 않는 경우나 속전이라도 흙이 기름져서 수확이 두 배나 많이 나오면 시장·군수 등이 장부에 기록하였다가 도지사에게 보고하고 20년마다 하는 토지 등급 대장 작성 시에 바로 고친다.67)

云·奴婢 某某年甲等, 準給者 漢城府 須備三員 堂上官押 堂下官押 外則稱某邑某職"

"周·挾·改幾字, 無則云無 横書經印"

67) 「호전」 양전 "凡田分六等, 每二十年改量成籍, 藏於本曹·本道·本邑 一等田尺長準周尺四 尺七寸七分五釐, 二等, 五尺一寸七分九釐, 三等, 五尺七寸三釐, 四等, 六尺四寸三分四釐, 五等, 七尺五寸五分, 六等, 九尺五寸五分, 實積一尺爲把, 十把爲束, 十束爲負, 百負爲結, 一等田一結準三十八畝, 二等田四十四畝七

이상 520여 년 전에 만들어진 조선왕조 500여 년간의 헌법전이자 기본법인 『경국대전』의 내용 중에서 민법 규정 및 민사특별법 규정들을 찾아서 분류하고 간략히 소개해보았다.

1500여 년 전후의 외국법인 로마법을 연구하고 수입 민법의 뿌리를 연구한다며 법과대학이나 전국의 90여 개 전후의 법학과에서 서양 법제사나 로마법의 강좌를 개설하여 연구, 강의하고 배운지 해방 이후 거의 60년이다.

법은 인간의 사회생활의 강제된 약속이며, 누구나 지켜야 하는 생활 속의 규칙이 아닌지……인간은 생각도 하면서 현실에서 공동생활을 해나간다. 그리고 지구의 환경에 적응하기 위해 지혜를 발휘해서 의식주 공동생활을 해나간다. 본능을 위주로 살아가는 동식물 등과 다른 이성을 발휘하여 생활하는 삶을 우리는 문화라고 정의하고 있는 것이 아닌지…….

인간이 이상적으로 평화롭게 살기 위해서는 평화를 파괴하고 공동의 선을 파괴하거나 국가나 사회와 개인의 삶을 저해하는 경우 강력한 국가 공권력으로 저지하고 제재를 가해야 한다. 인간은 이처럼 법문화를 창조하고 법을 지키는 문화를 만들어가는 존재라고 생각한다.

하여튼 자랑스러운 전통 법전과 고문서, 『조선왕조실록』 등 다양한 기록 속에 우리 공동체의 법문화 창달에 활용할 만큼 놀랄만한 법문화의 지혜가 담겨 있다는 사실을 알기 바란다. 우리 전통법문화를 연구하고 활용하여 자랑스러운 전통법문화의 이론과 정

分, 三等田五十四畝二分, 四等田六十九畝, 五等 田九十五畝, 六等田一百五十二畝 各等田十四負準中朝田一畝 常耕者稱正田, 或耕或 陳者稱續田, 其稱正田而地品瘠薄, 禾穀不者, 續田而土性肥膏, 所出倍多者, 守令置簿, 報觀 察使, 式年改正”

신으로 무장된 국제 경쟁력 있는 법조인과 각 분야의 지도자들이 배출되기를 희망해본다.

오래전부터 조선왕조 전 기간 동안 백성들의 편익을 위해 신속히 고쳐나간 법전 편찬의 정신을 이어받아 한국법문화의 국제 경쟁력 향상을 위한 첫걸음으로 『경국대전』과 민법(민사법) 강좌를 위해 발표한 간략한 글을 이제 책으로 엮어서 펴냄에 있어서, 우리들은 너무도 바삐 밖으로의 보물과 외래문화 연구에 전국의 거의 모든 교수님들이 혼신의 힘으로 매달려 왔고, 필자나 몇몇 선각자나 외로운 연구를 어렵게 해 오신 박병호 선생님을 위시해서 한국법 연구를 하고 틈틈이 해 오고 계시는 몇몇 교수님들이나 연구하시는 학자 분들의 수고 위에 필자도 조그마한 조약돌을 하나 더 보태는 연구나 겨우 해 오고 있는 셈이다.

교직 생활을 통틀어서 30년 남짓이다. 20 몇 년간을 대학교수로 있으면서 한국전통 법문화에 관해 거의 아무도 쓰지 않는 분야의 글을 혼자서 120여 편 전후로 발표했다. 봉급 이외의 총 연구비는 1,800만 원 전후를 2, 3번에 걸쳐서 나누어 받았을 뿐이다. 일찍이 박사학위논문을 쓰기 위해 필요한 자료인 고문서를 사기 위해 집을 잡혔고 나중에는 연구비와 자녀 교육비 등 이런저런 인연으로 집을 팔았다. 이제는 20년 상환의 장기주택담보로 경기도에 빌라에 살고 있는데 공기도 좋은 산속 초등학교 앞이라 만족하며 살고 있다.

"너는 돈 받고 글 쓰지 마라"는 학부, 석사·박사과정의 지도교수님이고 은사이신 석학 의당 장경학 선생님께서 언명하신 말씀 한마디를 필자의 30여 년에 가까운 연구 생활 속에서 그대로 지켜 온 셈이다. 스승께 한 약속을 거의 지켜낸 제자로서 선생님에게는 덜 미안하지만 수십 년을 참고 잘 인고한 내자에게는 조금은 면목

이 서지 않는 점도 없지 않지만 그래도 잘 참아준 아내에게는 고마운 마음을 품고 있다.

또한 돈도 안 되고 돈도 안 주는 글을 집요하게 발표한 동기는 제자를 격려하고 아껴주신 의당 선생님의 말씀 때문인데, 선생님께서는 "나는 많은 글을 발표했지만……너는 한국 법제사 연구 논문을 1년에 1, 2편이라도 쓸 수가 있으니 너무 보람되지 않느냐"며 실정법 해석학의 학문성을 비교하시며, 초년생 학자에게 언제나 힘과 용기를 잃지 않게 격려해주셨던 은혜를 잊을 수가 없다.

서울대에 재직하고 계시면서 동국대에 출강해서 학부 강의를 해주시고, 대학교수가 된 후에는 한국재산법학회를 통해서 자상하게 가르쳐주신 은사 동은 김기선 선생님을 잊을 수 없다. 어느 때인가 안동대학에서 학회 발표를 하고 난 뒤에 선생님께서 평을 해주시면서, "김 교수의 발표를 들어보니 고대법을 연구한 한국의 메인(헨리 메인)"이라고 치켜세워주셔서 쥐구멍이라도 들어가고 싶었지만 선생님의 격려 말씀은 내가 쉬지 않고 노력하도록 깨우쳐주셨다. 정년이 지나면 연구를 그만 두는 것으로 생각하고 70 전후면 세상을 떠나실 것으로 생각했는데 90세가 훌쩍 넘으셨어도 아직 생존해 계신다. 그동안 60~65세, 66~70세, 76~80세, 80~85세, 86~90세라는 인생 단계에서 소홀한 것이 많았다면서 후회스럽다고 제자에게 인생을 깨우쳐주시고 무초(無超)라는 호를 지어주고 격려해주셨다.

한국법제사의 박사학위를 심사해주신 은사님 가운데 한 분이신 박병호 선생님의 은혜를 또한 잊을 수 없다. 박병호 선생님의 명저 『한국법제사고』를 처음 본 순간 한국에도 사법시험 이외에 우리 법을 연구하는 분이 계시다는 것과, 한국법도 법학으로 연구할 수 있구나 하는 감동을 받았다. 선생님을 찾아뵈었을 때 틈틈이

해주신 말씀과, 제자에게 남겨주신 친필 좌우명은 쉬지 않고 연구를 하게 된 지침이었다.

석사학위와 박사학위를 조선왕조의 법문화와 연관된 제목을 정해서 연구를 열심히 하고, 법학을 하나의 문화를 통해 연구해야 한다는 관점을 일러주시고, 경주 남산에 뼈를 묻을 각오를 갖고 동국대학교 경주캠퍼스에 가서 낭중지추의 존재로 한국전통법을 연구하도록 격려해주신 의당 장경학 선생님의 가르침이 없었더라면 필자는 오늘날 논문은 물론 저서도 없었을 것이고, 동은 김기선 선생님의 격려와 경책이 없었더라면, 남은여생 쉬지 않고 연구할 생각을 할 수 없었을 것이다.

그리고 필자에게 전국의 고문서와 고서를 구해서 전해주신 작고하셨거나 생존해 있는 여러분들에게 감사를 드린다. 또한 조선왕조의 법전을 거의 대부분 한글로 번역해주신 법제처의 업적에 감사드리며, 특히 『조선왕조실록』을 번역해주신 모든 분들과 실록을 CD에 담아서 세상에 내놓으신 서울시스템의 노력에 감사드린다. 그리고 실록을 CD나 인터넷으로 쉽게 찾아볼 수 있도록 해주신 국사편찬위원회, 규장각, 민족문화추진회 등 여러분들에게 감사를 드리지 않을 수가 없다.

여러 스승님들과 은사님들, 여러 뜻있는 분들의 의지와 노력 덕분으로 한국 전통 법문화에 관한 글을 분야별로 나누어서 세상에 알리고자 한다. 조상들의 자랑스러운 법문화를 통해 도움과 지혜, 그리고 용기를 주고 타산지석의 가르침을 줄 수 있어 기쁘다. 필자는 단지 조상들의 지혜가 담긴 법문화의 기록들을 분류하고 우리 공동체의 단점을 보완하여 세상에 내놓는 수고만 약간 하였을 뿐이다.

다만, 다산 정약용 선생이 『목민심서』나 『흠흠신서』, 『경세유표』

같은 저서를 쓰게 된 동기와 스타일을 필자도 털끝만큼은 본받아 보고 싶은 심정이 없지는 않아, 전통 법문화를 소개하면서 우리의 단점을 조상들의 자랑스러운 법문화 이론과 정신으로 보완하기를 바라는 의미에서 자격도 안 되면서 희망 사항이나 건의, 쓴 소리, 바른 말, 삐딱한 표현을 본의 아니게 쓴 면도 없지 않았는데 양해 바란다.

조선왕조의 **노비**에 관한 **법제**와 **사상**의 **변천** 고찰

제1장 노비의 신분상 지위에 관한 법제와 사상

제1절 서

1. 노비의 의의

1) 노비의 개념

노비란 남자종(奴)과 여자종(婢)을 말한다. 종이란 조선왕조의 신분상 지위에 있어서 천한 역에 종사하는 최하위의 신분 계층을 의미하며, 노〔爲奴〕·복(僕)·동(僮)·종〔躯口〕·종씨·종놈·천예(賤隷)·복예(僕隷)·장획(藏獲)·창적(蒼赤)·구남구녀(驅男驅女)·구구(驅口)·매향(梅香)·여사(女使)·이자(泥子)·구종(驅從)·구사(丘史) 등으로 표현되고 있으나, 본 논문에서는 주로 『경국대전』 이하 『대전회통』까지의 조선왕조 실정법 속의 「형전」의 공천·사천조에 규정된 노비를 중심으로 하여 살펴보았다.

2) 종류

가) 소유주인 상전의 성격에 따라 국가가 소유하면 공노비, 개인이 소유하면 사노비라고 하며, 실정법상에서는 「형전」의 공비조에는 공노비, 즉 관노비에 대해서 규정하고, 사노비는 「형전」의 사천조에서 주로 규정하고 있다. 『고려사』 「형전」 노비조에 의하면, 사족의 집에서 자손 대대로 사역(노동)을 당하는 자를 공노비라 한다. "士族之家世傳而使者曰 私奴婢 官衛州郡使者曰 公奴婢"1)

나) 또한 이익은 『성호사설』에서 공천(公賤)을 내노(內奴)·사노(私奴)·역노(驛奴)·교노(校奴) 등으로 구분하고 사천은 사서(士庶)의 奴를 말한다. "國俗內奴 寺奴·驛奴·校奴之類謂之公賤 士庶之奴 謂之私賤"

다) 이외에 거주지의 차이에 따라 경노비(京奴婢)·경외 노비(京外奴婢)·솔거 노비(率居奴婢)·외거 노비(外居奴婢), 의무 부담의 수단의 차이에 따라 입역 노비(入役奴婢)·신공(납공) 노비[身貢(納貢)奴婢] 등으로 나누기도 하나, 공노비가 사노비가 된다는 것은 국가의 소유가 개인의 소유로 혹은 그 반대가 되는 경우로 소유권의 변경을 가져오는 정책상의 중요한 문제가 되기도 하나, 나머지의 종류에 대한 구분은 가변적인 것이므로 그리 중요하지는 않다고도 볼 수 있다.

3) 연혁

고조선의 팔조법금 중에 남아 있는 조문 가운데, "도둑질을 한 자는 남자는 그 집의 노가 되고 여자는 비가 되며 스스로 배상을 하고 풀려나가기를 원하는 자는 한 사람 당 오십만 전을 내놓아야 한다"[2]는 규정을 보면, 우리나라에는 고대로부터 형벌에 의한 노비가 존재했으며, 팔조법금에선 사노비의 성립 요건과 속신하는 방법을 규정해놓고 있음을 알 수 있다. 『고려사』나 『만기요람』(万機要覽) 등에서도 옛날 기자가 노비란 명칭을 처음으로 사용했다고 기록하고 있다.[3]

---

1) 『고려사』 권85 제39 형법노비조.
2) 『한서』28 「지리지」 제8 하 "相盜者, 男沒入爲其家奴, 女子爲婢, 欲自贖者, 人五十萬…"
3) 『고려사』 권85, 노비조 "昔箕子, 封朝鮮, 設禁八條 相盜子沒入爲家奴婢, 東國奴婢蓋始於此"; 구병삭, 「법제사상 계급사상과 인본사상의 실제」, "万機要覽 財用

그 후 고구려에서도 남의 물건을 훔친 자는 10여배의 배상을 해야 하고 가난하여 준비하지 못하면 그의 자녀를 노비로 하여 이를 갚는다[4]든가 범죄를 범하면 처자를 노비로 한다[5]는 규정이 있는데, 비슷한 형벌에 의한 공사노비가 되는 규정이 고려·조선 왕조에 이르기까지 법제화되어 왔다.

2. 성립 요건(발생원인)

노비가 되는 경우는 후천적으로는 전쟁을 통한 포로·인신매매·압량에 의한 노비화·흉년 유기아·채무에 의한 경우·형벌·선천적인 출생(노비 소생) 등 7가지이나, 실정법에 나타난 경우는 압량·흉년 유기아·채무불이행·형벌·출생 등 5가지가 나타나며, 가장 중요하고 문제가 되는 경우는 출생에 의한 노비의 세전에 관한 규정이다.

1) 첫째, 전쟁 포로를 노비로 만드는 경우는 『삼국사기』와 『고려사』에서 많은 예를 볼 수 있다.[6]

2) 둘째, 인신매매의 경우는 백성을 가볍게 생각하고 흉년과 전염병이 겹치면 민중이 몸을 팔고 자식을 팔아 다른 집의 노비가 되기도 한다.[7] 그러나 법제는 대부분 위법행위로 규정하고 있다.

編四 奴婢貢給代 奴婢之名 自箕聖 有罪者沒入爲官奴婢是謂公賤 相盜者 沒入爲其家奴婢是謂私賤" 『한국사상대계』 III, 성균관대학교 대동문화연구원, 1979. 816~817쪽.

4) 『주서』, 「열전」 이역 상 고려조 "盜者 十餘倍徵贓若貧不能備…其子女爲奴婢以償之"

5) 『후한서』, 고구려조 "無牢獄有罪諸加評議便殺之沒入妻子爲奴婢"; 구병삭, 앞의 책.

6) 구병삭, 「한국사회법제사 특수연구」, 『우석 문리법경대 논문집』 12(1967), 302~303쪽.

7) 구병삭, 위의 논문, 304쪽.;『대명률직해』 「형률」 권18 도천·약인약매인조 "若

3) 셋째는 압량(壓良)인데, 이는 권세를 이용하여 양민을 억눌러 노비로 만드는 것으로 『경국대전』에서는 양인으로서 양적(良籍)·양족(良族)·양역(良役)이 없어진 지가 오래된 자는 진고(陳告)함을 허(許)하지 아니하고 천(賤)에 속한다.(『경국대전』엔 "良人雖無良籍良族良役已久者勿許陳告屬賤")[8]고 규정하여 양인으로서 호적이 없다든지 양인 신분을 내세울 근거가 없어진 지 오래되면 노비로 만든다. 성종 14년 3월, 윤필상(尹弼商)과 윤호(尹壕)의 논(論)에서 전리민의 풍속 중 당시의 토호 등 세가가 양인을 가두어놓고 노비처럼 사역하는 풍속이 나쁘다고 한다. "設長籬隱蔽良人及 他人奴婢 略賣 於人搯搯者 皆是此風不可長也"[9]

4) 넷째, 흉년 유기아를 수양(收養)한 자는 그 기아를 노비로 만들 수 있다. 특히, 숙종 때에 연속적인 흉년이 닥쳐 국가에서 그 대책으로 취양임시사목(取養臨時事目)을 만들었는데 그 뒤 『속대전』에 명문화된다.

『속대전』(영조 22년, 1746년)에는 "흉년에 내버린 어린애를 수양구활(收養救活)하여 자식으로 삼거나 노로 삼는 것을 허락하되……연령과 수양 월일 기한은 모두 임시 사목에 따라서 한다.(凶歲遺棄小兒許人取養救活爲子 爲奴…)"고 규정하고 있다. 유기아를 수양하는 나이는 3세 이전으로 하되 연거푸 흉년과 대흉년을 당하게 되면 8, 9세나 15세로 하고 그의 두 편이 원하는 바를 들

略賣子孫 爲奴婢者 杖八十 弟妹及姪孫·外孫若已之妾 子孫之婦者 杖八十徒二年 子孫之妾減二等…"

"若和同相誘及相賣良人 爲奴婢者 杖一百徒三年 略賣良人 爲奴婢者 皆杖一百流三千里 其賣妻爲奴婢及 賣大功以下親 爲奴婢者 各從凡人和略法"

8) 『경국대전』「형전」 공천조.

9) 『성종실록』 권152, 14년 3월 ⑩- 444. ; 이종하, 「조선왕조의 노동법제」 (서울 : 박영사, 1969.6.10), 401쪽. 재인용.

어서 일체로 허락하고, 뒤에 소생까지 영구히 노비를 만들거나, 자신에 한하여 사역시키거나, 연수에 한하여 사역을 시키는 것은 흉년의 심천과 수양의 구원(久遠)한 것을 따라서 일체로 임시 사목을 준하고, 사목 이외에 있는 것과 수양한 것이 60일에 미만하고 유시무종한 자에게는 모두 무효〔勿施〕로 한다[10]고 규정하고, 3삭 이내에 부모가 수양한 곡물을 배로 내면 되돌려 받으며 관에서 허락하는 증명서를 받아 수양할 수 있도록 법제화하고 있다.

5) 다섯째는 공채무불이행에 의한 부채노로서 삼국시대에도 존재하였으며 국가 자체에서도 선정(善政)의 일환으로 비황 정책(備荒政策)을 시행한다고 하면서 공채의 미상환자 자신이나 그 자녀를 노비화하기도 했다.[11]

실정법상으로는 숙종 5년(1679) 비변사 계목을 보면, "모든 공채가 6백 냥 이상이면 양인 · 공사천(公私賤) · 상인 · 내속 당상(內粟堂上)이나 가선(嘉善)을 가리지 않고 모두 그 처자를 몰입(沒入)하여 대출한 공가(公家)의 노비가 되어 그 빚을 청산하게 하고 잡직 당상이나 가선(전곡을 납입하고 당상관이나 가선대부의 직명을 얻은 영직)은 당사자를 정배하고 처자는 몰입하여 노비를 삼는다. 관에 몰입된 뒤에 당자 혹은 자손 중에선 전액을 추납하면 각기 본래의 직역에 돌아가게 한다"[12]고 규정하여 조건부 노비화가

10) 『속대전』, 「예전」 혜휼조 "收養遺棄兒 以三歲以前爲限而 若値連凶大無則 或限八九歲 或限 十五歲 聽其而兩边情願 一体聽許或弁後所生永作奴婢 或限己身使役 或限年數使役隨其凶荒淺深 收養久近一以臨時事目爲準其在事目以外者及收養未滿六十日…無終者並勿施"

11) 구병삭, 앞의 논문, 305~306쪽 참조.

12) 법제처, 『추관지』, 제3편 고율부 중 공채징봉사목, 50쪽 "凡公債六百兩以上, 勿論良人, 公私賤, 常人, 納粟堂上 嘉善, 並其妻子沒爲奴婢於貸出公家, 而蕩滌其債雜職堂上 嘉善, 當身定配妻子沒爲奴婢而沒官後 當身或子孫中 准數追納

되는즉, 공채 6백 냥 이상 불이행의 경우 이행을 하면 노비를 면할 수 있는 일시적인 노비화 경우를 규정하고 공채를 강제 이행하기 위한 방법으로 공채 납부를 해제 조건으로 하여 노비로 만든다.

67년 후 『속대전』 「호전」 징채조에도 앞의 규정과 동일한 내용이 명문화되어 있다. 앞의 경우를 미루어보면 노비가 되는 인적 요건은 양인 이하의 신분층이고, 그 이상의 계층은 비록 공채를 6백 냥 이상 빌려서 갚지 못해도 노비로는 만들지 않는다는 것을 반대 해석을 통해 알 수 있다. 이는 양반, 중인의 신분은 그 신분적 지위를 더 소중히 하고 양인 이하의 신분은 공채 6백 냥보다 중하지 않다는 차별적인 인권 경시 사상을 엿볼 수 있다.

6) 여섯째는 형벌로써 사회 질서를 교란한 자에 대해 범죄행위를 한 그 당사자나 그 처자를 노비로 만드는 경우이다. 실정법에서는 ㉠ 『경국대전』(1485) 형전에 "인신(印信, 관인)을 위조한 자는 비록 미완성된 곳이 있어도 참형에 처하고, 그 처자는 영구히 제읍(諸邑)의 노비에 속하게 하고(僞造印信者 印文雖未成處斬 妻子永屬諸邑奴婢),[13] 강도의 처자는 소재지 관청의 노비로 영속시키며(强盜妻子永屬所在官奴婢),[14] 또 절도죄를 범하여 도류형(徒流刑)을 받으면, 평안도와 영안도에서는 각각 그 도의 노예로 영속시키고, 그 나머지의 도에서는 절도(絶島) 각 읍의 노예로 영속시킨다.(盜徒流者 平安永安道 各 其道 極邊其餘道絶島 各邑 永屬奴婢)[15] 도민(徒民)으로서 도망한 자가 자수를 하지 않으면 노비로 예속시킨다(徒民逃亾者 妻子屬絶邑奴婢…自現則…妻子放)."[16]

則許令各還本役"

13) 『경국대전』 「형전」 위조조.
14) 『속대전』 「형전」 장도조.
15) 『경국대전』 「형전」 도망조.
16) 『경국대전』 「형전」 장도조.

『경국대전』에서는 관인 위조 행위를 극형에 처하고, 그 처자와 강도죄를 범한 자의 처자는 남편의 범죄행위로 인권을 박탈당하는 영구 노비가 되고, 자는 관노가 되어 그 소생 자녀도 할아버지의 범죄행위로 인해 자자손손 노비의 신분을 물려받게 된다. 가혹한 연좌제이다. 절도죄를 범하면 또한 본인에 한해 노비 신분을 갖게 되며, 형벌을 받은 죄인이 도망하지 못하도록 자수를 조건부로 그 처자를 노비로 삼기도 한다. ㉡『속대전』(영조 22년, 1746)「형전」에는 "밤에 작당하여 인명을 정도를 넘어 살육한 자는 참형에 처하고 그 처자는 노비로 삼으며(乘夜聚党殺越人命者 論得財與否不待時斬 妻子爲奴), 횃불을 들고 작당 강도를 하여 당의 수가 적고 장물이 많지 않으며 인명을 심하게 죽인 것이 없으면 절도죄에 의하여 절도의 노를 삼는다(雖明火作 賊同党旣少物件不多 又無殺越人命者 依窃盜例絶島爲奴)."[17] 또한 화랑(花郎)·유녀가 성중에 머물러 살면 적발하여 양가의 자녀이면, 영구히 잔읍의 노비로 만들고(花郎遊女…留住城中者…所在摘發 良家女子女永屬殘邑奴婢),[18] 군복 입고 말을 타고 관문에서 위장[變作]한 자는 시기를 기다리지 않고 참하고, 그 처자를 노비로 하며(軍服騎馬作變官門者 不待時斬 妻子爲奴),[19] 호장인(戶長印)을 위조한 자는 절도의 노비로 한다(戶長印僞造者絶島奴)"[20]고 했다. 『속대전』에서는 밤에 횃불을 들고 집단 강도를 하려는 자는 절도죄에 준해 노비로 삼고, 양가의 자녀가 화랑·유녀(화류계의 여자)가 되면 영구히 관비가 되게 하고 호장인을 위조한 자도 노비가 되고 흉악한 살인 행위를

---

17)『속대전』「형전」
18)『속대전』「형전」 금제조.
19)『속대전』「형전」 금제조.
20)『대전통편』「형전」 금제조.

하거나 군복 입고 말 타고 위장한 자의 처자는 남편과 아버지의 범법 행위로 인해 노비가 되는 연좌제가 계속된다. 또한 남녀 승려(비구·비구니)가 함부로 도성에 들어오면 장 100에 잔읍의 노비에 영속시키고(僧尼濫入都城者 杖一百永屬殘邑奴婢),[21] 곡물 창고직이로서 벼 70섬 이상을 축낸 자는 절도에 유배하고 노비로 삼으며(典守穀物虧欠者…庫子絶島爲奴),[22] 고의로 선박을 파손케 하여 배에 탄 사람이 사망한 경우 격군(格軍)을 노예로 삼아 절도에 귀양 보내며, 파선미를 즉시 구출하지 아니하고 고의로 부패하게 한 자는 10차에 걸쳐 엄중 처벌하고 기한부로 추징하되, 추징할 가능성이 없는 자는 옥중에서 수척하여 죽는 한이 있어도 모두 본인에 한하여 절도에 귀양 보내어 노비로 삼는다(事涉疑似者身死後免徵 故敗者…格軍限己身 絶島爲奴…拯極出故致腐爛…嚴刑十次…穀物刻期徵捧 雖瘦死獄中無可捧之執者 並限己身絶島爲奴).[23] 또한 과거를 남용한 자는 절도의 노예로 삼고(賊科者絶島爲奴),[24] 『대전통편』(정조 9년 1785)에서는 과거장에서 농간을 쓴 자가 생기면 감적소(監的所)의 척량서사(화살 표적 적중 여부 등 확인하는 관리)는 엄형 3차 한 뒤에 본인에 한하여 절도의 노예로 삼는다.(科場用奸者…監的所尺量書吏 嚴刑三次 絶島限己身爲奴)[25]

이상의 범법 행위자를 노비로 삼는 경우는 절도죄, 도주죄, 국가재산(곡물)을 훼손한 죄, 도성 무단 거주죄 등 재산, 풍속, 국가권위 침해 등에 관한 죄이고 연좌제에 의해 그 범법자 본인 이외의 그 처자를 노비화하는 경우는 관인 위조(미수), (야간)강도 도

---

21) 『대전통편』「형전」 금제조.
22) 『대전통편』「이전」 창고조.
23) 『속대전』「호전」 조전조.
24) 『속대전』「병전」 무과조.
25) 『대전통편』「병전」 무과조.

주죄, 군복 등 위장 등의 범죄를 범한 경우 등이다. 오늘날에 비해 가벼운 재산 범죄, 거주 이전에 관한 금지 위반, 국가 권위 손상죄 등 복수 사상이 짙은 형벌 제도를 엿볼 수 있다.

7) 일곱째는 부나 모 어느 한편이 노나 비이면 선천적으로 노비가 된다. 이는 노비를 대량 생산하기 위한 방법으로 노비 신분이 세습되는 경우이다. 이에 대해서는 법제상 가장 집중적으로 관심을 갖는 부문이므로 뒤에 상술하기로 한다.(제2장 참조)

3. 노비 인구

노비 인구에 대한 정확한 숫자는 알기가 힘들다. 그러나 실록 등 간접적인 자료에 의해 그 대강을 추정할 수 있을 것 같다. 실록에 보이는 경우는 조선왕조 초기, 즉 태종 17년(1417년)엔 추쇄 노비 중 공노비가 11만 9천6백여 명,[26] 세종 21년(1439년)엔 21만 수천여 명,[27] 세조 7년(1461년)에 20만여 명,[28], 그리고 『경국대전』 반포 시기와 가까운 성종 15년(1484)엔 경외 노비만 32만 2천5백여 명[29]이지만 당시의 호구 조사가 불충분하여 기록된 자는 실제의 1, 2할밖에 안 되는 것 같다.(本朝人口之法 不明 錄于籍者 僅十之一二)[30] 성종 15년의 한명회는 공천의 추쇄에 있어서 미추쇄자가 10여 만이 있고, 지금 공사천구 중에 도망하여 숨어 사는 자가 무려 100만이라 하였다.[31] 또한 성종 9년(1478)

---

26) 『태종실록』, 권33. 17년 6월 정해조 ⑦-171쪽.
27) 『세종실록』, 권85. 21년 5월 기미조 ④-213쪽.
28) 『세종실록』, 권24. 37년 4월 임갑조 ⑦-475쪽.
29) 『성종실록』, 권169. 15년 8월 정사조 ⑩-213쪽.
30) 『세종실록』, 권148. 「지리지」 경기조 세주 ⑤-615쪽.
31) 『성종실록』, 권170. 15년 9월 임인조 한명회 계중 ⑩-624쪽.; 구병소 앞의 논문, 310쪽 재인용.

주계부정(朱溪副正) 심원(深源)의 상소엔 백성 중 사천이 8, 9할이고 양민은 겨우 1, 2할[32]이라 말하고 周藤吉之는 대략 세종·성종 때의 전 인구를 4, 5백만으로 추정하고 그중 공사노비는 150만인 1/3 이하가 아닌가 추정하고 있다.[33] 이를 종합해보면 조선왕조 초기의 인구가 최고 4,5백만이고 노비의 숫자는 그의 1/3 정도인 150만 명, 150만 명의 공사노비 중 공노비는 최고 45만 정도, 사노비는 100~110만 정도로 추정해보면, 사노비가 공노비의 2~2.5배 정도로 많은 것 같다.

조선왕조 중엽(17C 초) 김시양(1581~1643)의 표현에 의하면 "我國應軍役者 才十五萬 而私賤多至四十餘万",[34] 『여지도서』(與地圖書)에 의하면, 매우 불확정한 숫자이기는 하나 18세기 중엽(1757년 전후)의 전국 인구 7백만 명대에서 하리와 노비들의 숫자가 174,678명 정도, 이 중 역노비 118,574명, 무남녀·노비·기(妓)를 합쳐 27,701명, 그러므로 노비는 대략 14만 전후이고,[35] 순조 원년(1801)엔 내노비 36,974명과 사노비(寺奴婢) 29,093명 도합 6만6천여 명의 공노비를 해방시킨다.[36]

또한 개인이 소유하고 있는 노비의 숫자를 실록을 통해 참고삼아 살펴보면, 가장 많기로는 성종(1492) 때 영응대군의 노비는 1만 명을 내려가지 않았다고 하고(『성종실록』 권251, 22년 3월 계

---

32) 『성종실록』 권91. 9년 4월 기해조 ⑨-575쪽.; 구병소 앞의 논문 309~310쪽 재인용.
33) 周藤吉之 「고려 말기에서 조선 초기에 이르는 노비의 연구」, 『역사학연구』 제9권 1, 2, 3, 4, 7, 15쪽.
34) 『증보문헌비고』 권162. 호구법 노비조(서울: 고전간행회 편, 동국문화사 간본 중 901쪽)
35) 국사편찬위원회 간, 『한국사』 13, 315쪽 참조.
36) 『순조실록』 권.2 원년 정월(47)-362쪽. "內奴婢三萬六千九百七十四 寺奴婢二萬九千九十三 拜許爲良民 仍令承政院聚奴婢案 火之敦化門外…"

묘조 참조), 노비 1천여 명을 거느리고 광대한 농장을 경영하기도 한 경우 등은 태종 때(1407) 남양군 홍길민(『태종실록』 권13, 7년 2월 경자조 참조), 세종 때(1432) 안망지의 처(『세종실록』 권55, 14년 2월 병신조 참조), 문종 때(1452) 유한(『문종실록』 권12, 2년 2월 병인조 참조) 등이 있다.(국사편찬위, 『한국사』 10, 674쪽. 이재룡 참조)

제2절 권리의 객체로서의 지위

조선왕조엔 법률이 공법과 사법, 실체법과 절차법으로 근대와 같이 명확하게 구분되어 있지는 않지만, 노비의 권리 객체적 지위를 다음과 같이 나누어 살펴보기로 한다.

1. 사법상의 지위

1) 실체법상

가) 재산권의 객체인 물권의 객체가 되어 물건으로 사용·수익·처분의 대상이 된다. 사노비의 소유권자는 상전으로서 그의 자의에 의하여 어떤 노동 분야에서 어떻게 사역시키든 자유이며, 소[牛] 주인이 송아지에 대한 소유권을 취득할 수 있듯이, 그 자신의 소유인 노비가 자녀를 출산하면, 그 노비의 후손도 원물에 대한 과실 수취권을 인정하듯, 천연 과실 수취권을 인정하여 상전의 소유물이 되며, 자기 소유물을 마음대로 처분(파괴·소유권 포기) 등을 할 수 있듯이 노비를 팔고, 남에게 주고, 구타·살상까지 할 수 있다.

① 사용권의 객체

그 이칭(異稱) 역시 구정(驅丁)·구노(驅奴)·구구(驅口) 등 모두 사역의 뜻을 나타내고 있는 것처럼 당시의 양반(상전)들은 육체 노동을 천시하고, 세수하는 것조차 남의 노동을 빌리지 않고는 할 수 없었던 것이다. 홍대용은 『임하경륜』에서 "우리나라는 본래부터 명분을 중히 여겨, 양반은 비록 쓰러져 굶어죽는 한이 있더라도 팔짱을 끼고 편히 앉아서 지내며, 농사일 같은 것은 하지 않는다(兩班之屬 雖顚連窮食我 拱手安坐 不執耒耜…)"[37]고 기록하고 있는 것을 미루어볼 때, 상전을 위하여 육체노동과 잡역을 무제한·불특정·무정량으로 강제당했을 것이다. 이익(1681 숙종 7~1762 영조 39)은 『성호사설』에서 다음과 같이 노비의 생활을 말하고 있다. "마른 밥을 씹는 것은 항상 굶어서 가슴이 체하지 않기 때문이요, 빨리 잠을 자는 것은 피로가 심하기 때문이고, 의상을 뒤바꿔 입는 것은 몸을 수식할 여가가 없기 때문이니, 이런 것을 미루어본다면 가련하지 않을 것이 없다."[38] 또한 "무릇 사내종이 되거나 계집종이 된 자는 다 원통하고 억울함을 하소연할 데가 없는 처지이거나, 그중에도 주인집에 매여 사역당하는 자는 그 노고가 배나 더하여 자못 사람의 대접을 받지 못한다"[39]고 하며 노비 신분으로서 사역당함이 얼마나 고된 것이며 또한 외거 노비보다 솔거 노비의 노고가 배나 더 어렵고 인간 취급을 못 받는, 즉 살아 있는 기계 취급을 받았다는 것을 알 수 있다. 사비(私婢)의

37) 홍대용, 『임하경론』, 조일문 역(서울, 건국대학교출판부, 17~18쪽).

38) 민족문화추진회, 『국역성호사설』 V, 12권, 인사문, 36쪽, 노비조 "喫乾飯者恒飢 不滯也疾著睡者勞甚也飜著衣裳者未暇修客也推以究之莫非可憐"

39) 민족문화추진회, 『국역성호사설』 V, 12권, 인사문, 58쪽, 노비조, "夫爲奴爲婢冤憤無告而其中仰役於主家者勞苦倍增殆無人理"

경우도 취사 · 재봉 · 세탁 · 방직 기타 모든 가사 노동을 전담하고, 양반의 천첩 노릇도 하고, 몸종 등의 온갖 노동을 다했을 것이다.[40]

실정법엔 명문으로 어떤 일을 시키라, 시켜서는 안 된다는 규정이 없기 때문에, 소유권의 내용이 공공복리를 위해 제한당하거나 권리 남용 금지의 규정은 더더군다나 전근대적인 조선왕조의 법전에서는 찾아볼 수도 없다. 이익은 "한번 노비가 되면 백세토록 고역을 겪으니……남의 집에 붙어 우러러 신역하는 자를 학대하고 괴롭혀 살아갈 수 없게 하니, 이처럼 궁한 백성은 천하에 없을 것이다"[41]라며 18세기 후반에 태어나 19세기 중엽까지 살다간 사람으로서, 그 당시까지도 노비의 비인간적인 강제 노역이 죽을 때까지, 아니 다시 2세로 태어나도 괴롭히니 중국에도 없는(천하에 없는) 법적 지위의 존재임을 주장한다. 17,8세기의 실학 사상가인 유수원(1694~1755)은 그의 대표작 『우서』에서 "아! 5, 6세 되는 사람은 모두 같은 증조부의 친속인데 이들을 노비라고 부르면서 강제로 심부름을 시키고 있으니 그 증조가 만약 생존해서 눈으로 본다면 그 마음이 어떠하겠는가? 이러한 골육상잔의 무리가 계속 나타나서 풍속을 해치고 인간의 도리를 끊어 없애는데도 사람들은 범상하게 생각하고 괴이하게 여기지 않고 있으니 이 또한 지극히 한심스러운 일이다"[42] 하며 노비로서 강제 사역을 당하는 바, 노

---

40) 이종하, 앞의 책, 405쪽.

41) 민족문화추진회, 앞의 책, 35쪽, 권12 인사문 노비조, "一爲藏獲百世受苦…又況其仰役干家中者其虐使勞困將無以爲生天下之窮民莫有如此者也"

42) 유수원, 『우서』, 「노비」 "噫 人之五六寸 皆其同曾祖之親而稱而奴婢 勒爲使喚則使其曾祖生存目見 其心何如 以此骨肉相殘之徒 接 而起 傷風敗俗 人理滅絶而俗人恬然視之 不以爲怪 其亦寒心之極矣"
한영우, 「유수원의 신분개혁사상」, 『한국사연구』 8, 40쪽.

비란 다름 아닌 5,6촌의 친족인데도 이를 정당한 것 같이 생각하고 있으므로 인간의 도리(자연법)를 없애는 한심한 일이라 하며, 그 당시의 인심과 법제의 잘못을 비판한다. 정조 5년 1781년 『추관지』의 편자 박일원은 "세상의 노비는 많기도 하다……남의 사역만 당하고 있으면서 매를 맞지 아니하는 것만 다행으로 여기고 있으니 너무나 슬픈 일이 아닌가……"라고 말하고 있다.

이렇듯 노비는 태어나 죽을 때까지 매일매일 남의 일만 하면서 개인인 상전의 노동력의 원천으로 종신토록 사역되는 셈이다.

이 점에서는 권리의 객체로서 논밭을 가는 짐승이자 양반과 같이 인격자로서의 대우를 받지 못하는 금수, 즉 소·말·닭·개와 같은 취급을 받았다. 이러한 비인간적 처우에 대하여 박일원은 "하늘이 사람을 내실 때 언제 귀천의 구별을 두었는가!……소·말·닭·개와 같은 재산이 된다. 이 어찌 하늘의 이치이겠는가"(天之生民何嘗有貴賤之別哉… 與牛馬鷄犬同爲産業 此豈天理也)[43]라고 하며, 자연법사상에 근거하여 인간평등을 주장하며, 현실의 노비 법제는 우주 대자연의 법칙인 천리에 비추어볼 때 악법이며, 불합리하다는 주장을 하고 있다.

② 수익권의 객체

『경국대전』「형전」 천취비산조에 의하면, "公私賤娶自己婢所生給己之官主, 娶妻婢所生給妻之官主"라고 규정하여, 공사천으로서 자기 비에게 취입(娶入)하여 소생한 것은 자기의 관, 주(상전)에게 주고, 처의 비에게 취입하여 소생한 것은 처의 관, 주에게 주고, 만일 양처에게 취입하고, 또 그 양처의 비에게 취입하여 소생

43) 박일원, 『추관지』, (법제처 간, 1975, 106~107쪽), "一爲奴婢之後…與牛馬鷄犬同爲産業"

한 것은 자기의 관, 주(官主)에게 주고, 만일 그 양처가 타부(他夫)가 있어서 자녀를 생산한 경우에는 그 자녀를 준다고 되어 있으므로, 반대 해석을 해보면 노와 비가 혼인을 하여 그 자녀가 출생하면, 그 자녀에 대한 소유권은 노의 주(상전)와 처의 상전에게 있다는 내용으로 소유권을 행사하도록 허용하고 있는 규정이다. 이는 물건의 소유자는 당연히 과실 수취권도 인정한다는 것을 의미한다고 볼 수 있다. 또한 천민인 노비의 사용권을 가진 소유주는 그 노비에 대한 사용권과 더불어 소유 노비로부터 생겨나는 제이익(諸利益)을 수취했으니, 『경국대전』 「호전」 요역조에는 "外居奴婢 除選上雜故外 年十六歲以上六十歲以下 並收貢 皆納司贍寺 奴綿布一匹 楮貨二十張 婢綿布一匹 楮貨一十張"이란 명문을 두어, 사노비도 공노비와 같은 정도의 나이 16세 이상 60세 이하의 노비에게 각각 솔거하여 사역당하지 않는 대가로 외거 노비에게 면포와 저화, 즉 재물과 현금을 징수할 권리를 인정하였다. 특히 공노비가 아닌 사노비는 외거하더라도 대전의 규정 외에 숱한 사역과 금전・재물을 강취하였으리라고 짐작하기는 어렵지 않다.

③ 처분권의 객체

사노비는 상전인 자기 소유주의 수족으로써 또한 재산으로서 전당〔質權設定〕・매매・증여・소유권 포기(방량)・손괴(폭행・상해・치사・살해 등)할 수 있다. 방량・폭행・상해・치사・살해 등은 공법상 효과를 가져오므로 뒤로 미룬다. 노비 전당의 경우는 실록을 통해 보면, 초기 정종 원년(1399), 노비의 호적이 정리되지 않았을 때, 간사한 사람이 여러 가지 거짓 수단으로 양인이 채무가 있을 경우 노비를 입질하고 전당잡는 경우(或有以負債良人異土人口典當奴婢, 실록①-150)와 태종 5년(1405)의 정부의 노비결절 조목 20조 중 전당 노비를 자기 소유로 하는 자를 장 80에 처벌하는 기록(典當奴婢永執者等杖八十, 실록①-336) 등 노비의 전당이 행해졌다는 것을 알 수 있다. 그러나 『경국대전』 등 실정법상에서는 이를 명문화한 규정은 보이지 않는다. 노비를 소유한 자는 사용, 수익, 처분권이 있으므로, 전당행위는 당연한 소유권의 권능으로 인정될 수 있음을 미루어 알 수 있다. 명문화되어 있는 매매・증여의 객체로서만 살펴보면, 먼저 매매의 대상으로서 『경국대전』 호전 매매한조에 의하면, "노비의 매매도 전지나 가옥(부동산)의 매매와 같이 15일을 기한으로 하고, 이를 변경하지 못하며 모두 100일 내에 관에 보고하여 증명서를 받는다(田地家舍買賣限十五日勿改 並於百日內告官受立案 奴婢同)"고 하며, "소나 말은 5일이 지나면 변경하지 못한다(牛馬則限五日勿改)"고 하고, 동전(同典) 「형전」 사천조에는 "무릇 매매한 노비를 관에 신고하고 다시 사사로이 매매한 경우에는 그 노비와 가물을 모두 관에서 몰수하고……만일 도매하였으면 가물을 도매자로부터 징취한다. 전택(田宅)도 같다.(凡買賣奴婢告官私和買賣者 其奴婢及價物並沒官…若盜賣則價物徵於盜賣者 田宅同)"고 하여, 노비를 부동산인 토지 가옥과 같이 매매의 객체로서 취급하되, 오늘날의 부동산 매매에 대한 등기 대신에 관에 신고하여 증명서를 발급받음으로써 소유권을 주장할 수 있게 하였다. 또한 이중 매매를 한 경우엔 노비와 그 노비 가액을 몰수하여 이중 매매를 불법화하였다. 그러나 모든 노비를 관에 신고하는 것만으로 사고팔 수 있는 것은 아닌데, 예외적으로 조상 전래의 노비나 본족(친척)에게 증여할 수는 있으나, 공개 매매는 할 수 없는 노비도 있었다. 『속대전』 「형전」 사천조에 의하면, "본족 외 타인에게 줄 수 없는 노비(無子女夫妻奴婢는 本主人이 없으면 屬公)는 방매하지 못할 것이며, 그 방매한 문서에는 매매 증명서를 발급해주지 않으며(旣不得與他 則自不得放賣 其

放賣文記勿許斜給), 무릇 조상 전래의 노비와 그 일반 노비를 처분함에 있어서 방매를 허락하지 않는다(凡父祖傳來奴婢 其一般奴婢處母 得與放賣)"고 규정하고 있다. 그러나 이 규정은 노비의 인격을 존중해서가 아니고, 자식 없는 사람의 노비는 국가에서 소유권을 갖게 된다는, 사물이 국가 소유의 공물이 된다는 규정이고, 조상 전래의 노비 또한 조상의 뜻을 위하는 마음 때문이고, 노비의 신분이 매매의 객체인 재물이 될 수 없다는 생각에서 정해진 법은 아닌 것 같다. 『속대전』에서는 또한 북도(北道) 노비의 매매와 암매매를 인구정책상 금지하기 위해 매매 문서를 소각하고 무효화시킨다.[44] 또한 매매한 후 도망한 노비는 2년을 기한으로 하고 그 기한이 지나면 환퇴(계약 해제)를 허락하지 않으며,[45] 『대전통편』에선 소송 중에 만일 심사가 끝나지 않은 전토나 노비를 구입한 사실이 있는 경우에는 해당 관방의 소임과 내수사의 관원은 모두 중벌에 처한다[46]고 하여, 노비의 매매를 전토와 같이 신중하게 취급하고 있다는 것을 알 수 있다.

노비를 재물과 같이 매매의 객체로 함에 있어서 그에 대한 사상을 보면, 여말(麗末)엔 공양왕이 노비 매매의 법을 금지하였으며 왕에게 간관(諫官)인 낭사(郎舍)가 상소하기를 "노비가 비록 천하기는 하나 역시 하늘이 내린 백성이온데, 으레 재물로 인정하고 아무렇지도 않게 팔고 사며, 혹은 말·소와 바꾸는데 말 한 필에 노비 2,3명을 주어도 오히려 그 대가를 치르지 못하게 되니, 이것은 말·소를 인명보다 중히 여기는 것입니다"[47] 하고 또한 태조

---

44) 『속대전』「형전」 사천조, "京人及他道人之北道奴婢 只收身貢毋得率來 使喚(關西同) 一切 勿許買賣潛相買賣者燒其文券勿施"

45)『속대전』「호전」 매매한조, "奴婢賣買後逃亡者 二周年定限過限則 勿許還退"

46) 『대전통편』 매매한조, "如有徑 未查之田民者該宮房所任 內需司官買並重勘"

47) 이긍익, 『연려실기술』, 별집, 권12 정교전고노비조, "恭讓王 禁奴婢買賣之法

7년(1398) 6월 임술조에 형조도관이 상언하는 것을 보면, 노비값은 많아야 오승포 150필에 지나지 않고 말의 값〔馬價〕은 4,5백필에 이르는 것은 짐승을 중하게 여기고 사람을 가볍게 취급하는 바, 이는 이치(자연법 질서)에 어긋나는 것이다. 원하건대 지금부터 모든 노비가를 남녀를 불문하고 15세 이상 40세까지는 400필, 14세 이하 41세 이상은 300필로 매매가를 법으로 정해주기를 청하니 왕이 이에 허락을 한다.(凡奴婢價多不過 五升布一百五十匹 馬價則至四五百匹 是重畜輕人 於理不順 願自今 凡奴婢價物論男女年十五以上四十以下者四百匹 十四以下四十一以上者三百匹 論空買賣 永爲恒法……上允之, 실록①-128) 이를 보면, 현실적으로는 노비를 천하게 대하고 있는 바, 이 노비 또한 하늘이 내린 평등한 백성인데 인간 취급을 않고 물건과 같이, 그것도 소·말 한 마리의 1/2~1/3도 안 되는 값으로 취급하니, 짐승보다도 더 인명을 가볍게 여긴다며, 인명 경시사상을 비판한다.

임진 사충신의 한 사람인 중봉(重峰) 조헌(趙憲, 1544 중종 39~1592 선조 25)은 "우리나라에서는 노비를 재물로 삼는다. 대개 사람이란 같은 종류인데 어찌 사람이 사람을 재물로 삼는 이치가 있을 것인가? 옛날엔 사람의 부(富)를 물을 때에는 말〔馬〕의 수로서 대답하였으니, 이는 천자나 제후일지라도 다만 사람을 다스리는 소임을 하였을 뿐이요, 일찍이 사람을 자기의 재물로 삼지 않은 것이다. 지금 우리나라의 풍속은 다른 사람의 부를 물을 때에는 반드시 노비와 전지를 가지고 말하니, 역시 그 법이 그르고 풍속이 고질화하였음을 알 수 있다"[48]고 하며, 인간은 평등하다는

卽舍上疏曰 奴婢雖賤 亦天民也 例論財物 恬然買賣 或以牛馬易之 一匹之馬給二三口 猶未足償 則以牛馬重於人命也"

48) 『연려실기술』, 별집, 권13 노비조 "我國以奴婢爲財 夫人者同類 豈有人以人爲

인권평등 사상을 주장하며, 인간을 재물 취급은 할 수 없고, 중국에서도 임금이나 제후라도 하늘의 뜻을 따라 백성을 위하고 존중하는 다스리는 책임을 다했을 뿐이지, 사람을 물건 취급하지는 않았는바, 16세기 조선조 중기의 노비에 관한 법제와 풍속은 깊게 병들었음을 한탄한다. 『속대전』이 나오기 전 1723년경에 이익(1281 숙종 7~1763 영조 39)은 『성호사설』을 통해 "노비의 법을 기왕 개혁하지 못할 바에는 매매하는 것을 허락하지 않아야 하리라고 하는 이 말이 사실 당연하다. 왕망(王莽)도 '노비를 마치 소나 말처럼 매매하여 함부로 목숨을 끊는 것은 천리를 어기고 인륜을 저버리는 일이라'고 했으니 그 말이 역시 옳다"[49]고 한다. 이 또한 천리인 자연의 질서 법칙, 즉 자연법사상에 입각하여 악법인 실정법(노비법)을 개혁해야 하나, 그렇지 않고 인간을 소나 말처럼 인신을 매매하는 것만은 금하지 않으면, 천리(자연법)에 어긋나고, 인간으로서의 도리를 저버린다고 비판한다. 그 당시 노비를 매입하는 목적은 모두 사역을 시키기 위해서라고[50] 말하고 있다. 또한 "사람은 금수가 아니니 혹시 세속을 따라 남의 사역을 하지만, 어찌 소나 말처럼 매매해서야 되겠는가? 비록 어쩌다 매매하더라도 그 값의 경중을 보아서 일정한 기간을 지나면 그것으로 그치고……그 자손까지 사역시키지 않기를 중국의 풍속처럼 하는 것이 옳으리라, 만약 노비 파는 것을 금한다면 온 국내의 미천한 사

財之理哉古者間國之富 數馬以對 是雖天子諸侯 只是爲理人之任 而未嘗以人爲己財物也 令本國之俗 則問人之富 必以奴婢田地爲言 亦可見其法之非 而俗之痼" 민족문화추진회, 『연려실기술』 10(서울, 1977. 11. 30)

49) 이익, 『성호사설』 5, 권12 인사문 금민매노조(서울민족문화추진회, 1978), 59쪽. "或謂奴婢之法 旣不可革則宜不許買賣此說實當 王莽云 奴婢之市與牛馬同 顓斷其命逆天 悖倫其言則是耳"

50) 이익, 위의 책, "買人奴婢者 悉爲役使"

람들이 춤을 추면서 그 은혜를 생각하리니……"[51] 하며 노비매매법을 금지하는 것이 정의로우며, 노비들이 얼마나 바라는 바이길래, 온 국내의 노비들이 기뻐 춤을 추며 은혜롭게 생각한다고 하였는가를, 『성호사설』을 통해 또한 간접적으로나마 노비법과 노비매매법에 대한 법의식을 읽어볼 수가 있다. 그러나 이러한 정당하고 천리에 맞는 주장은 합리적이고 타당하다고 하겠으나, 노비를 소유한 상전의 입장에서는 대가를 지급한, 재산적 가치가 큰 재물인 노비를 순순히 그저 내어버릴 수 없는 것도 인간의 본능인 바, 조선왕조 초기의 『경국대전』 이후 『속대전』·『대전통편』·『대전회통』(1786, 정조 10년)의 어느 실정법에도 아무 변화가 없다가, 드디어 1894년, 고종 31년 갑오 6월 28일 의정부 이하 각 아문의 관제를 개정한 갑오개혁의 군국기무처의안에서 드디어 온갖 불평등·비인격적인 요소가 타파되면서 노비 매매의 금지(禁奴婢販賣)를 인정한다.[52] 이로써 우리의 법제상 인간을 비인격적 존재로서 매매의 대상이 되는 것을 벗어나, 법제상 권리 의무의 주체로서의 인격을 가진 자연인의 지위를 보장받게 된다는 것을 알 수 있다.

④ 증여의 객체

노비는 재물이자 증여의 객체였다. 증여자는 왕이고 피증여자는 공신으로서 일정한 경우 왕이 공신에게 노비를 하사(증여)하는 사급과, 사인이 사사로이 자기 소유의 노비를 사찰, 사사(社祠), 무격 등에게 시납하는 경우가 있는데, 사노비의 증여에 관한 규정은

---

51) 이익, 앞의 책, "人非禽獸雖或循俗役使而豈合買賣如牛馬乎 雖或 買賣視價輕重限 年而止不許役其子孫 一如中國之俗可也 若立禁法城中之賤人必跛舞或惠矣…"

52) 『고종실록』, 고종 31년 6월 28일 상-981A.

*丘史 : 조선조 때 임금의 종친 및 공신에게 준 관노비.

跟隨=根隨 : 관원의 말이나 가마 앞에 가면서 외치는 노비.

금지하는 조항만 있을 뿐 공노비가 주로 증여 대상이 된 것 같다.

㉠ 공신에게 노비 급여

조선왕조 개창 이래에 약 1세기간의 공신 포상의 실례를 『조선왕조실록』을 통해 예를 들어보면 태조 원년(1392)에는 개국 공신 47명에게 전토와 함께 노비 672명, 구사(丘史)·양수(踉隨) 241명, 정종 즉위년(1398)엔 정사공신 29명에게 노비 505명, 구사(丘史)·양수(踉隨) 169명, 태종 원년(1401)에는 좌명공신 47명에게 노비 318명, 구사·양수 137명, 단종 원년(1453)엔 정잡공신 43명에 대해 노비 905명, 구사·양수 209명, 세조 원년(1455)엔 좌익공신 44명에 노비 411명, 구사·양수 221명, 예종 즉위년(1468)에 익대공신 37명에 노비 341명, 구사·양수 151명, 성종 2년(1471)엔 좌리공신 72명에 노비 211명, 구사·양수211명 등 79년간 364명의 공신에게 3,882명의 노비와 1,525명의 구사·양수를 왕이 공신에게 증여한다.[53] 개인별로는 예를 들면 개국 일등공신에게는 노비 30~15명, 개국이등공신에겐 노비 7~10명을 급여하고 있다.[54]

이리하여 『경국대전』 「예전」 용문자식조에 의하면, 각종 관서의 서식 중에 노비와 토전을 증여하는 사패(증서) 양식을 보면, 공으로 노비 몇 명을 특별히 상으로 증여한다는 요식 행위의 증여, 그리고 증여의 효력은 상속할 수 있는 소유권의 이전적 효력과, 공신의 사후엔 왕가에 반납하는 사인을 해제 조건으로 하는 조건부 증여의 두 가지로 나누어진다는 것을 알 수 있다. 엄밀한 의미에서 보면 소유권 유보부 증여는 사용·수익권만 제공하는 제한 물

53) 구병삭, 앞의 논문, 371쪽.

54) 『태조실록』, 권2 태조 원년 9월 갑오조①, 29~30쪽; 구병삭, 앞의 논문, 364~365쪽 참조.

권의 설정 행위에 불과하다고 볼 수도 있다.[55]

또한 『경국대전』「형전」 공천조에 보면, 구사도 지방 거주의 공노비로 지급하고, 공신이 사후 3년이 지나면 본역에 돌리지만 그 공신의 처가 생존하였으면 그대로 두되, 사고(사망 등)가 나면 보충되지 않으며, 구사와 그의 봉족을 국가에 반납해야 되는 경우를 상세히 규정하고 있다.(功臣丘史及丘史之奉足 以外居奴婢給 身沒三年後 還本役 妻存 給 有故勿充)

『속대전』「형전」 공천조엔 노비와 구사의 지급 숫자가 초기의 실록 규정보다는 적어지며 1등에서 3등공신까지의 사급 수를 규정하고 있다. 즉, "공신의 사패 노비는 사의 노비로써 구사는 관노비로써 뽑아 정하되 공신의 본가에서 희망자를 지명하여 장례원에서 계를 올리면 정하여준다(功臣賜牌奴婢則以寺奴婢 丘史則以官奴婢 本家指名望定 掌隷院入啓定給). 1등공신의 노비는 13명・구사는 7명, 2등공신의 노비는 9명・구사는 4명이고, 3등공신의 노비는 7명・구사는 2명이다(一等功臣奴婢十三口 丘史七口 二等功臣奴婢九口丘史四口 三等功臣奴婢七口丘史二口)"라고 명문화되어 있고, 또한 동전(同典)에서는 오래된 공신의 사패 노비와 사건으로 상사(賞賜) 노비를 받지 못한 경우에 허위 사실을 꾸미는 것을 방지하기 위하여, 관원의 보증인을 첨부한 서면의 제시를 규정하고 있다(久遠功臣賜牌及 因事賞賜未及受出者 各其門長顯官懸保書 呈以防奸僞). 또한 동전(同典)은 관가에서 관노비를 빼내 사패(賜牌)를 받으려 하는 것을 방지하기 위하여, 오직 사노비로써 지급하고 위반하면 엄벌을 가한다는 규정을 만들어놓고 있다.[56]

55) 『경국대전』「예전」 용문자식 노비토전사패식,

56) 『속대전』「형전」 공천조. "宮家賜牌以寺奴婢 定給官奴婢 則一切勿許 其囚出者並該官繩 以重律"

『대전통편』「형전」 공천조에는 제 궁방과 각 위문에서 사패할 경우 한꺼번에 일괄하여 받아가며 여러 번 자주 뽑아가는 것을 방지하고 있다.(諸宮房各衛門賜牌者 勿論新旧一時受出毋得續續疊受) 이상과 같이 공노비의 공으로 인한 증여에 대한 규정이 『대전통편』(1785, 정조 9년)에까지 계속해서 규정되어 있는 것을 볼 때 오랫동안 계속해서 국가에서 신하들에게 상품으로 노비를 주어왔다는 것을 알 수 있다.

㉡ 사인 간의 증여

사노비의 증여에 관한 규정은 보이지 않고 오히려 『경국대전』에는 "사사로이 노비와 전지를 절(사찰)이나 무당(점받이) 등에게 증여를 하면 처벌하고 그 노비와 논밭은 국가에 귀속시킨다(私奴婢田地施納寺社巫覡者 論罪後其奴婢田地屬公)"[57]는 금지 규정만 나타난다. 이처럼 적극적인 규정은 없지만, 상전의 사노비에 대한 소유권(사용·수익·처분)의 권능상 특히 매매가 가능함에 비추어, 증여 행위도 상전의 권능 내의 처분 행위로 가능하였으리라 추측할 수 있으며, 다만 위의 규정은 관에 신고하지 않고 사찰·무당 등에게 증여하는 것을 금하는 것이라고 해석할 수 있을 것 같다.

나) 신분법상의 객체

여기엔 상속의 객체가 되는 경우가 존재한다.

① 공노비 상속

공노비는 상속의 대상이 되는 경우와 본인(상전)이 죽으면 국가에 귀속시키는 경우가 있다. 상속의 대상이 되는 노비는 공노비로

57) 『경국대전』「형전」 금제조.

서 소유권까지 물려받은 사패 노비, 즉 세전 노비와 공노비 소유의 노비로서 무자녀로 사망하면 국가에 귀속되고, 사패 노비 중 영세(永世)로 상전(相傳)한다는 말이 없는 노비 또한 본인 사망 후에 국가에 귀속되고 상속이 되지 않는 노비가 있다.(賜田同代盡則屬公 賜牌不言可傳永世者 身沒後亦屬公 奴婢同)[58] (公賤無子女身死者奴婢田宅屬於本司本邑)[59]

② 사노비의 상속

이에 대한 규정은 『경국대전』「형전」 사천조에 상세하고 복잡하게 명문화되어 있는바, 이는 국초에 그만큼 노비가 많았으며, 재물로서 분쟁의 대상이 될 정도로 중요하였기에 많은 조문을 허용하여 분배 규정을 기재하고 있다는 것을 미루어 알 수 있다.

『경국대전』에서는 "분급하지 못한 노비는 자녀의 생존과 사망을 물론하고 나누어준다. 자손이 없으면 예외로 하고, 먼저 여유가 있으면 승중자(承重子, 호주 상속자)에게 주고 부족하면 적자녀에게 균등하게 주고, 또 여유가 있으면 나이 순서에 따라 준다. 적자녀(嫡子女, 본처 자녀)가 없으면 양첩의 자녀에게 주고, 양첩자가 없으면 천첩자녀에게 주고, 또 남으면 나이 순서에 따라 주는 것은 같다(전지도 같다)"[60]고 규정하여 많은 노비를 부동산인 전지와 같이 취급하고 있음을 알 수 있다. 『속대전』에서도 여전히 밭이나 가옥과 같이 취급하고 있으며, 전지 10부를 노비 1명과 동등하게 취급하고 있다는 것을 다음 규정을 보면 알 수 있다. "부모의 노예를 협의 분배하지 못한 경우엔 관에 내보여 나누어 갖고 자녀가 사망하고 자손이 없는 자에게는 나눠주지 않으며, 그 처가 수절

58) 『경국대전』「호전」 전택조.
59) 『경국대전』「형전」 공전조.
60) 『경국대전』「형전」 사천조.

[信]을 하였으면 노비를 나눠준다. 밭과 집도 같으며, 밭·땅 10부를 노비 1명에 준한다.(父母奴婢不爲和會者 呈官分執 子女身沒無子孫者 勿爲分給而 其妻守信則給·田宅同 田地十負準奴婢一口"61) 이로써 노비는 개인에 있어 토지·가옥과 더불어 중요한 사유재산으로 상속의 객체가 되어 왔음을 알 수 있다.

2) 절차법상의 객체로서의 지위

노비는 사법상으로는 개인(상전)의 재물이 되므로 소송법상 소유권을 확인하는 등의 소송물로서 소송의 객체가 된다.

『경국대전』「형전」 사천조엔 "타인 소유의 노비를 점유하거나 재판 후에도 그대로 가지고 있는 자는 장 백에 도 3년형에 처하고 그 역가를 받아 노비 소유자에게 주며…… 전택도 같다."(據執他人奴婢及 決後乃執者 杖一百徒三年 徵役價給主…… 田宅同)는 규정이 있는바, 이는 자기의 소유가 아닌 남의 노비를 부정 점유하거나 재판을 통해 소유권 확인 후에도 계속 되돌려주지 않는 자를 처벌한다는 내용으로서, 노비의 소유권의 존부 확인은 그 근본 계통인 노비의 부모 및 소유권을 주장하는 남녀의 순서 및 성명의 진부[異同]을 살펴서 결정하나62) 노비에 관한 송사의 번거로움과 폐단을 유형원은 다음과 같이 이야기하고 있다. "한 사람의 소송에 혹 10년 동안을 다투고 가리되 결단치 못하며(그 이유로는), 노비는 이미 재물이 된 까닭에 친족 사이에 다투고 소송하는 자가 진실로 많고 또 그 종과 주인이 서로 소송하는 것은, 주인은 말하기를 '저 사람은 곧 우리 집의 옛적의 종 아무의 자손이라' 하고, 종

61) 『경국대전』「형전」 사천조.
62) 정약용, 『목민심서』「형전」 육조 "奴婢 察根條 奴婢父母及所主男女次第及性名異同"

은 말하기를 '우리의 조상은 곧 아무개이지 그런 이름이 아니라'고 하니, 소민(小民)의 계통과 종파를 사람들이 모조리 알 수가 없고, 문서 기록이 참인지 거짓인지를 또 가리기 어려운 까닭에 한 사람의 소송에 백 사람의 증인을 심문해야 하고, 10년이나 오랫동안 서로 주장하여 능히 결단치 못하는 것이다."[63] 그 당시에도 재판 과정은 오늘날의 민사소송 절차와 크게 다르지 않은 증거 재판으로, 주로 문서(文契)에 의하여 진위를 밝히려고 재판절차가 상세히 규정되어 있다.[64] 그러나 실제로는 권세를 빙자하여 진위가 모호하고 자유심증주의에 의해 판결을 기다려야 할 경우라면, 특히 장관급인 재상과의 소송이라면 패소할 확률이 컸던 모양이다. 『대동야승』의 다음과 같은 간접적인 기록을 보면 알 수 있을 것이다. "전에 노사신(1427, 세종 9~1498, 연산군 4)이 어느 사람과 더불어 종에 대한 송사를 했었다. 그 사람은 재상과 더불어 송사하는 것이 어떻게 될지 헤아리지 못하여서 노비 문서를 노공 앞에 바치면서 '정승 댁의 노비인 것이 옳음으로 노비문서를 바치는 것입니다. 다만 소인의 집에는 이 노비 외에는 다시 다른 노비가 없으니 이제부터는 상인이 되겠습니다' 하였다. 노공이 불쌍히 생각하여 말하기를 '너의 궁함이 이에 이르렀더냐? 내가 다시는 너와 더불어 이것을 가지고 다투지 않겠다' 하며 이어 그의 노비 문서를 돌려주고 단연코 다시 송사하지 않았다."[65] 다행히 마음씨 좋

63) 유형원, 『반계수록』 속편 하 노예조 "一人之訟或爭辨一年而不決 奴婢旣爲財物故 族親爭訟者固多 又其奴主相訟者 則主者曰 被乃吾旧奴某之子孫也 奴者曰 吾祖先乃某人而非此名也 小民係派人不可0知而文記0僞又難以辨 故一人之訟至於百人驗間十年持久而不能決者": 한장경, 『국역 반계수록』, 권26, 속편 하, 437쪽.

64) 『경국대전』「형전」 사천조 참조.

65) 민족문화추진회 편, 『대동야승』 V, 제21권 해동잡록 3(퇴계인서) 300쪽.

은 재상이었기에 사전에 합의 취하를 한 경우일 뿐이다.

2. 공법상 권리 객체적 지위

실체법상으로 사인 소유의 노비는 상전의 사유 재산이 되고 국가(관청 등)의 소유 노비는 국유 재산인 공물이 됨을 살펴보았다. 공법상으로는

1) 사노비는 절도·강도죄의 객체이므로 소유권을 가진 상전인 주인은 추구권이 있어 이를 찾을 권리도 있다.[66)]

2) 형벌의 객체로서 처벌의 대상이 된다. 이때에는 위법행위를 한 경우를 말한다. 『대명률직해』에 의하면 "만약 노비가 죄가 있어 가장 및 가장의 기복친이나 부조부모가 관에 고하지 아니하고 함부로 구타·살해하면 장 1백의 형에 처하고, 무죄한 노비를 구타·살해한 자는 장 60, 도 1년의 형에 처하고(若奴婢有罪 其家長及 家長之期親 若外祖父母 不告官 可而毆殺者 杖一百 無罪而殺者 杖六十徒一年)…… 만약 노비가 명령에 복종하지 아니하므로 법에 의하여 형벌을 집행하다가 살의 없이 우연히 치사하게 한 자와 과실로 치사케 한 자는 각각 불문에 붙인다.(若違犯敎令而依法決罰 邂逅致死及 過失殺者 各勿論)…… 만약 가장 및 가장의 기복친이나 외조부모가 고용인을 구타한 자는 병신이 되는 정도 이상이 중상해가 아니면 불문에 붙이고 불구가 되게 하면 일반인의 예에서 죄 3등을 감등한다.(若家長及家長之期親 若外祖父母 毆雇工人 非折傷勿論 折傷以上減凡人三等) 무릇 노비가 가장을 구타한 자는

66) 『경국대전』·『속대전』, 「형전」 금제조, 사천조 참조

모두 참형……살해한 자는 모두 능지처사형에 처하고, 과실 치사는 교수형……구타 치상자는 장 1백 유 삼천 리형에 처한다(凡奴婢毆家長者 皆斬…… 過失殺者絞 殺者 皆凌遲處死 傷者杖一百流三千里)"[67]고 규정하고 있어 실정법상 노비라도 함부로 죽일 수 없게 되어 있으나, 관에서나 상전이 과실로 죽인 경우는 처벌하지 않으며, 반대로 노비가 가장을 구타하면 칼로 쳐 죽이고, 상전을 죽이면 반역 대죄와 같이 사지를 찢어 죽이고 과실치사는 불문에 붙이는 게 아니고 목 졸라 죽이는 등 위에서 아래로는 함부로 죽일 수가 있고 죄가 안 되나, 아래서 위로는 대부분 극형에 처하는 것을 보면, 실정법상에 흐르고 있는 신분 사회의 인간 불평등사상을 읽을 수가 있다. 개가 사람이나 아이를 물어도 개를 박살내지는 않는 오늘날에 비해, 노비 신분의 대우를 받는 인간이 상전이라는 인간을 때리면 목을 쳐서 죽인다는, 노비를 사람이 아닌 소·말·닭·개 같은 금수보다도 못하게 천시하는 그 당시의 사상을 엿볼 수 있다. 그러므로 과실치사라는 주관적 요건을 내세우고 노비를 마음대로 남살했으며, 남살이 발각되더라도 가벼운 처벌을 받고, 그것도 벌금형을 받거나 자신의 가노를 대신 처벌하게 함으로써 책임을 면하기도 하였으며[68] 은밀한 처소에서 이루어지는 형살(刑殺)과 사형은 일일이 막을 수도 없었고 또 양반의 사회적 권위 때문에 묵살되는 경우도 많았다.[69]

노비가 위법행위로 형벌의 객체가 되는 경우를 실정법을 통해보면, 『속대전』에 "내수사 전수노가 관을 빙자하여 이익을 도모하여

---

67) 법제처, 『대명률직해』 권20, 「형률」 투살·노비구가장조 427~428쪽.
68) 『경국대전』 「형전」 수금조, 『성종실록』 권210, 성종 18년 12월 신미. 수가동법조
69) 『세종실록』 권105, 세종 26년 1444년 윤7월 신축; 국사편찬위원회, 『한국사』 10, 586~587쪽 참조, 구병삭, 앞의 책, 123~124쪽 참조.

백성의 재산과 권리를 침해하거나 강제 매입하면 장 1백의 률에 처하고(內需司 典守奴等 依憑取利 民間牛馬田地財産濫奪折買者 許人陳告囚禁轉啓 以制書有違律論)"[70]……중외 대소 과거 시험장에 함부로 들어와 대리 시험으로 답안을 작성한 공사노는 외딴 섬에 보내 종을 삼으며(中外大小科場 借述代述者……代與者……公私賤則絶島爲奴)[71] 공사천으로 정배 징역형에 해당하는 범죄를 범한 경우에는 장 1백, 나머지는 벌금형에 처하고(律文天生例) 강도의 처자외에 공사노비로서 변방에 이주하게 돼 영원히 노비가 되는 죄를 범한 경우도 같이 처벌한다.(公私賤犯徒流者 依律天文生例論强盜妻子外 公私賤犯永屬徒邊者 同)[72] 노로서 그 주인의 가옥이나 사당에 방화한 자는 교살하되 고소관민방옥률(故燒官民房屋律)을 적용하고(奴放火其主家祠板者絞 只用故燒官民房屋律)……주인을 배반한 노비는 본역대로 절도에 정배하고(叛主奴婢仍本役絶島定配)……출가한 자매의 노로서 그 주인의 동생이거나 부모를 구타한 자는 본복기친에 대한 율(참형)로 처벌한다.(出家 妹之奴毆其主同生親者 以本服期親照斷)……상천으로서 사족을 구타한 자는 사정이 명백하면 장 1백을 치고 도형 3년으로 하고, 상하게 한 자는 장 1백을 치고 2천 리에 유배한다(常賤毆打士族 事情明白者杖一百徒三年 傷者 杖一百流二千里)"[73]고 규정하고 있으며, 『대전회통』(1865년 고종 2년)에서는 "상천으로서 품계가 있는 잡과출신 관리와 품계 없는 사족에게 욕을 한 자는 장 60도로 하되, 내용이 중대한 자는 장 60, 도 1년에 처하며 허위 무고한 자는 가중

---

70) 『속대전』「호전」 잡령조
71) 『속대전』「예전」 제과조
72) 『속대전』「형전」 추단조
73) 『속대전』「형전」 추단조

처벌한다(常賤罵有品雜技官及無品士族者 杖六十 事理重者 杖六十徒一年 構捏誣訴者此犯人加等論)"[74]고 규정하여, 노비의 신분과 상전·사족(士族, 양반)과의 차별 사상은 갑오개혁 전까지인 19세기 말까지 계속 유지되고, 형벌은 상대적으로 엄격하다는 것을 그 당시의 실정법을 통해 알 수 있다.

3) 오늘날은 사형(私刑)이 금지되어 있지만 조선왕조에 있어 상전은 자기 소유의 노비에 대해 앞서 대명률의 규정에 의하면, 유죄 시에는 관에 고한 후 함부로 구타·살해할 수 있고, 명령 불복종의 경우 법에 의하여 형벌을 집행한다. 과실치사의 경우 불문에 부치므로, 자백을 받아내기 위하여서나 공공연히 합법적으로 사형이 인정되었다.

특히 그 정도는 참혹하였다. 예를 들면 "연산조에 한 선비집의 종이 임금에게 총애받는 여인 녹수(綠琇)의 집에 의탁하여 그 주인을 제거할 계획을 하였다. 반정이 되자 그 주인이 땅을 두어 길[丈]을 파고 종을 결박하여 그 가운데 세우고 흙으로 메워 올렸다. 종이 슬프게 하소하며 소리 내어 울다가 흙이 허리에까지 올라오니 놓아주지 않을 것을 알고 수없이 욕설을 하다가 마침내 흙이 다 덮이자 그치었다"[75]는 기록을 보면 생매장을 당하는 심정을 뒤바꾸어 생각하면 얼마나 잔인한 행위인가를 알 수 있다. 또한 노비의 행위가 상전의 자의적 판단에 의해 악사(惡事)를 했다고 생각되면 그 주인이 관에 고하지 않고 임의로 노비에게 코를

---

74) 『대전회통』「형전」 추단조.

75) 민족문화추진회 편, 「국역 연려실기술」 10, 별집 제12권, 노비조 595쪽. 별집 권13 정교전교 노비조 "燕山朝 有一士人之奴 投托於乃嬖綠琇之家 謀去其主 及反正 其主掘地數丈 縛奴立於空中 徒中底築土 奴訴哀号泣 築及腰不赦 辱罵無敎 徒覆土而止"

자르고, 발을 자르는 등의 신체적 사형을 남행하였다. 그러므로 세종(26년, 1444년)은 하교하기를 "노비가 천하기는 하지만 역시 하늘이 낸 백성이니 어찌 함부로 무고한 사람을 죽일 수 있을 것인가……지금부터는 노비가 죄를 지었더라도 관가에 고하지 않고 때려죽인 자는 옛 법에 의하여 벌을 가하며, 만일 불에 달구어 지지거나, 코·귀를 베거나, 얼굴에 자자를 하거나, 발을 자르거나, 쇠·칼·나무·돌을 사용하여 죽이는 등 모든 참혹하게 남살하는 자가 있으면, 그 집의 사람을 법에 의하여 관청에 예속하게 하라"[76]고 했는데, 6가지의 잔혹하게 사형을 가하는 방법을 지적하고 인권평등사상을 주장하며 신체형을 금하고 인권 보장을 해주려고 했음을 알 수 있다. 세종대에 유명한 신하인 황희(1363~1452)는 "노복도 또한 천민이다. 어찌 그를 학대할 수 있으랴"[77] 하며 세종과 같은 인권평등사상을 주장하며 30년간의 재상 생활을 하는 동안 동복에 대하여 은의로써 대우하고 한 번도 매를 가한 일이 없었으며, 일상생활에 있어서도 가노의 어린이들과 함께 거처하면서 전혀 차별을 두지 않았다[78]고 한다. 또한 세종 때의 상신인 신개(1374, 공민왕 23~ 1446, 세종 28)도 종들이 죄가 있어도 매를 때리지 않았다[79]고 하는데 상전으로서 사형을 가할 수도 있으나 인간평등사상을 몸소 실천한 상전들도 없지는 않았음을 알 수 있다. 이이(1536~1584)는 「사창계약속」에 상전이 하인에게 사형을 가해 상해를 입혔을 경우에도 상전을 처벌하도록 규정하고

76) 민족문화추진회 편, 『국역 연려실기술』 10, 594~595쪽.
77) 한영우, 『조선전기의 사회사상』(서울: 한국일보사, 춘추문고, 1976.1.20), 124쪽, 주46 참조.
78) 한영우, 『조선전기의 사회사상』(서울: 한국일보사, 춘추문고, 1976.1.20), 124쪽, 주46 참조.
79) 민족문화추진회 편, 『국역 대동야승』 V, 제22권, 480쪽.

있다.[80] 『속대전』 편찬(1746, 영조 22) 전후에 이익(1681~1763, 영조 39)은 "남의 집에 붙어 우러러 신역하는 자를 학대하고 괴롭혀 살아갈 수 없게 하니 이처럼 궁한 백성은 천하에 없을 것이다."[81]

이리하여 영·정조 때에는 여러 가지 행형 제도의 개혁을 단행하여 차차로 인권의 옹호를 도모하려는 기운이 엿보이게 되었으며, 영·정조시대의 대법전 편찬을 통해 인권 보장을 명문화하게 된다.[82] 『속대전』(1746, 영조 22년) 「형전」 추단조엔 "압슬형(壓膝刑)을 제거한다.(영조 갑진년의 교지) 낙형·추자형·전가도변형을 제거한다(除壓膝刑 英祖 甲辰 除烙刑 英祖癸丑 除剌字刑 英祖庚甲 書除全家徒邊律……"는 규정이 만들어지고, 『대전통편』(1785, 정도 9년) 「형전」 추단조엔 "태형(笞刑)과 배형(背刑)을 제거한다. 교살시킬 죄인을 나무망치로 쳐 죽이는 추살을 금지하고 국수(鞠囚)함에 왼쪽 수갑[左相]은 제거하고, 군법 행형이 아닐 때에는 목을 잘라 나무에 매다는 효시를 금지하고, 심문할 때에 몽둥이로 치면서 하는 고문을 금하며, 뭇사람이 돌아가면서 몽둥이로 쳐서 죽이는 난장형(亂杖刑)을 금한다(…除笞背刑·禁 劓刖足 世宗甲子·禁處絞人椎殺 孝宗壬辰·除鞫雖左相 英祖己酉·罪人 未結案而傳旨正法者 己身死而追施逆律者 非軍法梟示者並禁除 英宗己卯·禁朱杖撞門…除亂杖刑 英宗庚寅)"[83]는 잔인한 신체형의 폐지 규정이 인권 존중을 위해 명문화됨으로써, 노비에 대한 사형도 제거되고 동시에 일반 죄인에 대한 인권 보장도 확대되어 간다는 것을 알 수 있다.

---

80) 『율곡전서』 권16 잡저, 「사창계약속」 과실상규조, 한영우, 앞의 책, 123쪽.
81) 민족문화추진회 편, 「성호사설」 V, 12권 인사문, 35쪽.
82) 장경학, 「이조후반기에 있어서의 법사상에 관한 일고찰」, 법학박사 학위논문 (1962. 22) 10쪽.
83)『대전통편』 「형전」 추단조.

제3절 권리의 주체적 지위

조선왕조에서의 노비는 그 사회적·법제적 지위가 서그리스·로마와 같은 고대 서양의 노예와는 크게 유형을 달리 하는 것이다. 완전히 물건과 같은 취급을 받는 것과는 달리 반인 반물과 같은 존재로서[84] 권리의 객체로서의 법적 지위에 있으면서도 일정한 경우에는 제한적이나마 권리를 향유할 수 있는 권리의 주체로서의 지위도 가지고 있는 존재이다. 이를 대략 분류해보면 공법상에 있어서는 고소권·고발권·소송대리권·문인·무인(군인)이 될 수 있는 공무 담임권 등이 있으며 사법상으로는 재산·토지·노비 등을 소유할 수 있는 사유 재산 소유권·매매의 의사 표시 기관이 될 수 있는 매매 관여권·생명권·신체권·결혼의 자유권·전택 등의 상속권·사후 상례를 받을 권리·호적 등재권 등으로 나누어 볼 수 있다. 그러나 위의 여러 가지 권리는 제한적이며 예외적인 경우에 인정되는 그것도 법익의 침해 시 대부분은 상전이나 지배층의 권리 보호의 정도에 비해 훨씬 그의 보장이 미약한 경우가 많다. 그러나 상대적으로나마 물건이나 소·말·닭·개와 같은 완

---

84) 구병삭, 앞의 논문, 413쪽 참조. ; 仁井田陞 『中國法制史(硏究)』(東京大學出版部, 昭和 三十七年 二月 五日), 10~11쪽 "唐律疏議云 奴婢同資材" 日本律令法의 노비는 "半人半物"이며, 중국법의 노비의 경우에도 적합한 말이라고 하며, 로마법이나 게르만법과는 다르고 모세법이나 조선법 등에 중국법의 노예(노비)의 성격이 존재하는 것이라 한다.
박병호, 「한국의 법」(『교양국사총서』 10), 97쪽에서는 "우리나라의 노비는 오히려 농노(農奴)적인 성질의 것이어서 인륙물사(人六物四) 정도라고 할 수 있을 것이다"라고 한다.

전히 비인간적인 존재인 데 반해, 출생과 동시에 권리 주체가 되지는 않지만, 권리의 객체적 존재로서만은 아닌, 인격적인 권리의 주체로서의 지위도 인정한 것은 신분은 천하였으나, 실정법 속에서도 역시 사람으로는 인정을 하였다는 것만은 알 수가 있다.

1. 공법상 인정되는 권리

1) 절차법상

가) 고발권(신고권)

일반적으로 노비는 자기 상전의 위법 행위에 대해 관에 고발할 권리가 없다. 그러나 『경국대전』 「형전」 고존장조에 의하면 "모반·반역의 경우는 자손·처첩·노비로서 부모와 가장을 고발할 수 있으나 그 외의 위법행위를 고발하면 교살한다(子孫妻妾奴婢告父母家長 除謀叛逆 反外絞奴)"고 하여 신분 계급의 질서에 관한 법익을 다른 법익보다 보호하기 위하여 오히려 노비를 목 졸라 죽이나, 그것보다 더 중요한 법익인 국가적 법익, 즉 국가의 존립을 위태롭게 하는 왕권에 대한 도전을 방지하기 위하여 모반·반역의 경우에만은 부모·상전의 위법행위를 고발할 권리를 인정해주고 있다는 것을 알 수 있다.

나) 고소권

이는 일반적으로 노비 자신이나 노비의 신분 해방에 관한 오판이나 지극히 원통하다든지 할 경우에만 인정되는 권리로서, 『경국대전』 등에는 나타나지 않고 『속대전』 이후에 와서야 겨우 인정되는 것인바 "신문고를 두드리는 자는 양과 천을 분간할 사건 등 4개의 사건과……노로서 주를 위하거나, 기타 극히 원통한 사정이 있는 것만 인정하여 처리하고 그 외에는 모두 무효로 한다"[85]고

하여, 신문고를 두드려서 억울함을 호소할 수 있는 고소권이 극히 제한된 경우에 인정된다.

다) 소송 대리권

이 또한 모든 사건에 관하여 인정되는 것이 아니고 소송 당사자가 사족의 부녀가 되었을 경우에 한해서 『경국대전』에서 인정하고 있다.[86] 그것도 당연히 위의 경우에 소송 대리권을 갖는 것이 아니고 그 사족의 부녀의 손이나 사위·조카·노비 중에서 선택된 경우에 한해서 인정된다.

2) 실체법상

공무 담임권(관리가 될 수 있는 권리)을 『경국대전』에 의하면 "문무관 2품 이상의 품계에 있는 관원의 천첩 자손은 정5품에 한하여 관직을 주고……6품관 이상의 관원의 양첩 자손은 정6품까지만 제원하고 7품 이하인 자 또는 무관 잡직자의 천첩 자손 및 천인으로서 양인이 된 자는 정7품까지만 관직을 주고 양첩자의 천첩 자손은 정8품에 한하여 관직을 준다"[87]고 하여 일정한 관리의 천첩 자손은 양인 취급(代口贖身 등)을 받아 한정된 계급까지이지

---

85) 『속대전』「형전」 소원조, "擊申聞鼓者刑戮及身父子分揀嫡妾分揀良賤分揀等項四件事及 子孫爲父祖妻爲夫弟爲兄奴爲主 其他至寃極痛事 情則例刑取此招外嚴刑啓達勿施"

86) 『경국대전』「형전」 수금조 "士族婦女 凡詞訟許 孫婿姪奴婢中代之": 실례로는 현종 2년(순치 18年, 서기 1661년) 6월 19일 한성부에서 결급(決給)한 결송 입안을 보면 노 사경(士京)은 상전 정동지(鄭同知)의 소송 대리인으로서 원고가 되어 소장을 제출하고, 증거 제출 등 일체의 소송 행위를 하는 경우를 볼 수 있다.(박병호, 『한국법제사고』, 법문사, 294~309쪽 참조)

87) 『경국대전』「이전」 한품서용조, "文武官二品以上良妾子孫限正三品賤妾子孫限正五品六品以上良妾子孫限正四品賤妾子孫限正六品七品以下至無職人良妾子孫限正五品 賤妾子孫及賤人爲良者限正七品良妾子之賤妾子孫限正八品"

만 관리가 될 수 있음을 알 수 있다. 그러나 부모 중에 한 사람은 노비이고 한 사람은 양인인 경우, 그 자녀는 노비로서 인정되어 관리에 등용될 권리를 『경국대전』에서는 부여하고 있지 않다. 이를 보면 다 같은 노비이지만 특히 부가 높은 관직을 가진 관리이면 노비 신분을 벗어날 수 있어 관직을 얻을 수 있고, 부의 신분 지위가 양반이 아니면 노비가 되어 출세를 못하도록 만들어 놓았다. 이 때문에 여종(비)으로 태어난 여자는 어떻게 해서든지 고관의 첩 되는 것을 죽기를 작정하고 노력하였기에 남녀 불평등의 일부다처제 또한 한품서용조(限品敍用條)가 있는 한 계속 되었으리라 추측할 수 있다.

원래 첩 자손 중에 양인 첩 자손은 서(庶)라고 하고, 천인 첩 자손은 얼(孼)이라 하여 천자수모의 법제와 주자학의 귀천 계급 사상에 의해 차별 대우하였으나, 조선조 초기에는 천인이 증가하고 양인이 감소하므로, 국가의 인적 자원인 군역 대상자로서의 양인 확보를 위해 노비종부법을 적용하여 양반 관료 첩 자손을 양반 관료직에 진출시키고자 『경국대전』 완성기에 서얼의 한품서용(限品敍用)이 규정되었다. 이리하여 문무과 생원 진사시에는 응시할 수가 없었다. 성종 22년(1491) 신해 11월 초1일 이후 임자년(1492) 11월 초8일 이전에 양인이 공·사비에게 장가들어 처첩을 삼은 자의 자녀로서 이미 소장을 접수한 자는 보충대에 속하게 하여 무인이 될 수 있는 길이 열렸다.[88] 그러나 『속대전』 「병전」 무과조에서도 여전히 "종〔賤人〕은 무과에 응시함을 허가하지 않고……공사 천인으로서 무과에 응시한 자는 모두 수군에 충(充)하

88) 법제처, 『대전속록』, 「형전」 천첩자녀조, 111쪽 "辛亥十一月初一日以後 壬子十一月初八日以前 良人娶公私婢爲妻妾者之子女已接狀者 許補充隊"(弘治 五年十一月 二十一日承 伝)

되 사전(赦前)을 분간하여서는 아니 된다"고 하며, 양인이 되었더라도 반드시 보충대를 거쳐서 응시하는 길이 마련되어 있고(公私賤贖良者 雖已定役無補充隊公文 則勿以良人許赴) 『대전통편』「이전」 한품서용조에 의하면 "서얼(庶孼)의 품계를 한정하여 제원하는 방식은 통의절목에 의한다"(정조 정유년의 교지)고 규정하여 다소 완화되기는 하나 임용을 금지하는 규정도 많이 증설한다.

이에 대해 유성룡(1542~1607, 선조 40)은 임란이 일어난 이듬해 1593(선조26년)년에 명하여 개인의 사노(사삿집 종) 중 장정을 뽑아서 모두 군대에 충당하였을 때 유조인이 상소하여 사삿집의 종을 군인으로 삼는 것을 주책이라고 논란하였다. 이에 유성룡이 복명하여 선조께 아뢰기를 "천하의 공공한 정치로 말한다면 오직 사삿집의 종이라고 해서 국민이 아니겠습니까?……지금 수천백 명의 군사를 수습·훈련하여 적을 방어할 계획을 하는데 무식한 무리가 수삼 명의 종을 아껴서 국가의 대계를 무너뜨리려 하니 그 인품이 어떻다 하겠습니까?" 하니 임금이 그 말을 옳게 기껍게 들었다[89]는 내용을 보면, 자연법인 천하의 공공한 정치를 내세우며 인간평등을 주장하고 사노비라고 해서 어찌 이 나라 백성이 아니겠느냐 하며 국난극복을 위해 사익은 공익(공공대도 : 공공복리)보다 우선될 수 없음을 역설한다. 이에 또한 왕도 찬성을 하는 것을 보면 비록 나라를 구하기 위해서 노비를 군인으로 내세워 싸우게 하기 위한 것이겠지만 그 대신 노비의 인권평등을 인정해준다는

89) 민족문화추진회 간, 『국역 연려실기술』 10, 597쪽, 별집 권13 정교전고 노비조 "柳成龍覆啓曰 以天下公共之理言之則私賤獨非國民乎 我國私賤 日滋月盛 李良民役重 漸就耗散私門則家家 有公候之封 而公室則無民 故先賢亦欲行限田限奴婢法其慮遠矣 令收拾數千百之卒 以爲訓鍊禦賊之計 乃有無識之輩愛惜數三藏獲 欲敗國家之大計者 其賢否何如也 上嘉納之"

것을 엿볼 수 있다. 이리하여 임란 중에 유성룡은 "옛적에는 사람을 취하는 도리가 심히 넓어서 혹은 노예에서 가리고 혹은 행오(行伍)에서 나오며 혹은 고수〔賈竪〕에서 떨쳐 올려서 오직 재주만을 취하고 다른 것은 묻지 않았으니 진실로 까닭이 있습니다…… 삼가 ……시용에 간절한 것을 열 조목으로 나누어서 뒤에 개열하오니 2품 이상의 문무재신과 양사와 홍문관에 명하여 각각 아는 사람을 추천하되, 관직이 있거나 없거나, 서얼과 공사천과 승속을 논하지 말고, 실제로 재주 있는 사람을 천거하기에 힘쓰고, 포부는 있어도 남에게 알려지지 않은 사람을 외방의 감사와 병사 수령에게 명하여 다 찾아내어 계문하게 하고 혹 본사에 보고하게 하십시오"[90]라고 했는데, 신분을 무시하고 능력자를 우대하는 사상을 주장함을 엿볼 수 있다. 홍대용(1731 영조7~1783 정조7)도 재주와 학식이 있다면 비록 농사꾼이나 장사꾼의 아들이라 하더라도 정부(관청)에 들어가 앉는 것은 분수에 넘치는 일이라 할 수 없고 비록 고관의 아들이라 할지라도 가마꾼으로 돌아가는 것을 한탄할 것이 없다"[91]고 하며 능력자를 우대하여 인재를 뽑을 것을 주장한다. 한편 중종 때 노비가 관직에 나갔는데 반석평(1506~1544, 중종 39)의 예를 들어보면, "그는 중종조의 어느 재상의 종이었다. 재상이 그의 재주와 성품을 사랑하여 글을 가르치고 또 아들 없는

---

90) 유성룡, 『국역 서애집』 I (서울, 민족문화추진회), 244쪽. 『서애집』 계사 청광취인재계 9월조. "古者取人之道甚度 或拔栘奴隷, 或出於行伍, 或舊扵賣竪 有提取 不問其他, 良有以也 謹以切扵時用者 分爲十條開列干淩 令二品以上 文武宰臣兩司 弘文館各薦所知者 無論有職 無職 庶孼 公私賤僧俗 務擧實才 其有抱負 而不爲見知於人者 令外方監兵使守令皆 搜訪"

91) 홍대용, 「임하경론」, 조일문 역(서울 : 건국대학교) 18쪽. "有才有學則農賈之子坐於 廊廟而不以爲僭 無才無學則公卿之子歸於輿壹而不以爲恨 上下戮力 共修其職考 其勤慢明 施賞罰"

부잣집에 부탁하여 아들로 삼게 하며, 자취를 숨기고 공부에 힘쓰게 하고 서로 왕래하지 못하게 하였다. 그 후 반석평은 과거에 급제하여 직위가 재상의 반열에 올랐는데, 청백하고 겸공(謙恭)하여 나라의 충신이 되었으며, 팔도감사를 역임하고 정경에 이르렀다. 후에 주인집 자손이 천미하여졌지만 혹 노상에서 만나면 석평은 초헌에서 내려, 허리를 굽혀 뵈었는데, 하루는 글을 올려 사실을 털어놓으면서 자기의 관직을 깎아버리고 주인집 자손을 벼슬 시켜 주기를 청하니, 조정에서 의롭게 여겨 그 소원을 들어 주인집 자손에게 벼슬을 주고 석평도 전태로 관직에 있게 하였다"[92]고 하는데 예외적으로 어진 상전의 힘으로 장관급의 벼슬에까지 올라갔으나 그 자신은 상전에 대한 예를 잃지 않아 왕과 다른 중신들도 예외적으로 노비 신분을 면하는 방법을 취해 관직에 머물도록 했다는 것을 알 수 있다. 국란 중에는 적지 않은 노비들이 자신의 신분을 벗어나 관직(공무 담임권)을 얻는데, 예를 들면 선조 때 백운서는 계속 전공을 쌓아 서반 삼품직인 훈련정에 올랐고[93] 임란 중에 임억명은 이몽학이 반란을 일으키자 토평하는 데 공을 세운 것으로 특전을 받아 가선이[94] 된 경우와 정유호란(인조 25년, 1627) 이후 근공론상이 있었으며 동왕 14년 병자호란 기간에는 임진왜란 이후 가장 많은 군공 수직자가 나왔다.[95] 선조 때의 군

92) 민족문화추진회 편, 『국역 연려실기술』 10, 596쪽. 별집 권13 정교전고 노비조 "潘碩枰, 中宗朝人 宰相某之家奴其才性 敎以書史 乃託於富家無子者 爲之子匿跡力學 不許相通後登第位躋宰列 淸白謙恭 爲國盡臣 歷入道監司至正卿後主家 子孫殘微或步於道路 碩枰遇之 下軺車趍謁 一日喪章吐實 請鐫削己爵而官主家子孫 朝廷義之 從其願 官主家史孫 而令碩枰就職如故"

93) 국사편찬위원회 편, 『한국사』 13, 508쪽. 『선조실록』 권 52, 27년 6월 경신조

94) 국사편찬위원회 편, 위의 책, 509쪽.

95) 국사편찬위원회 편, 위의 책, 509쪽.

공 사목을 보면 "공사천으로 적 1급을 참하면 면천, 2급을 참하면 임위, 3급을 참하면 허통, 4급을 참하면 수문장에 제수하는 것이 이미 규례로 되어 있다"[96]고 하므로 노비가 왜군을 죽인 숫자의 반만큼 노비에게 벼슬이 내려졌을 정도로 많은 숫자의 노비가 군공으로 무반이 될 수 있었음을 알 수 있다. 또한 군공 이외에 효종대 북경에 시녀를 입선하는 데에도 선발되어간 시녀의 부모에게 면천은 물론 관직까지 내린 일도 있었다.[97] 이에 대해 실학의 선구자라 불리는 이수광(1563~1628)은 『지봉유설』(1614, 광해 6년)을 통해 "전란 후로는 혹은 전공으로 혹은 곡식을 바친 것으로써 갑자기 천민의 신분을 면하게 되니 허위의 사실이 많아지며 과거에 급제하여 옥관자를 붙인 자도 간혹 있었다. 그러므로 사족을 멸시하고 그 주인을 업신여기며 배반하고 시해하는 병고까지 생기게 되었으나 아마 뒷날의 우환을 말할 수 없을 것 같다"[98]며 명분을 중히 여기는 사회에서 신분 질서의 변동으로 인해 노비의 관직 수여 등을 부정적인 면으로 염려하기도 했었다.

2. 사법상 인정되는 권리

1) 재산법상

가) 재산·토지·노비 소유권

『경국대전』에 의하면 "公賤無子女身死者 奴婢田宅屬於本司本邑

96) 『선조실록』 권51, 선조 27년 5월 을유조, 국사편찬위원회 편, 앞의 책, 507쪽 참조.

97) 국사편찬위원회, 위의 책, 517쪽 참조.

98) 민족문화추진회, 『국역 연려실기술』 10, 598~599쪽. 『지봉유설』

私賤則並其財産許本主區處"라고 하여 공천으로서 자녀가 없이 사망한 자의 노비와 전답·가옥은 국유 재산이 된다고 하고, 사노비가 자녀 없이 죽으면 그 재산은 사망한 노비의 주인인 상전의 처분 재산이 된다고 규정하고 있으므로, 공노비와 사노비도 노비·논밭·가옥을 합리적으로 소유할 수 있었음을 간접 규정을 통해 알 수 있다. 태종 3년(1403)의 기록을 보면 "今者公私賤隷 濫受土田 以亂成法十有七人 其 所受之 總六百九十餘結"[99]로 공사천으로 7할 가량이 밭[田]을 받아 그 면적은 총 690여 결이 됨을 알 수 있고, 외거 노비 가운데는 상당한 재산을 모아 그 부가 노주[上典]을 능가하는 경우도 있었다.[100] 세종 때에는 부강한 노비들은 그들에게 괴로운 선상을 피하기 위하여 관리를 매수하기도 하였고 또 노비의 세력이 상전을 능가하여 상전에게 신공을 바치지 않는 경우도 있는 것을 보면[101] 예외적이나마 극소수의 노비가 자기 소유의 토지와 가옥을 갖고 있었음을 알 수 있다.

나) 매매의 당사자 및 의사 표시 기관으로서의 지위

위와 같이 공사천을 막론하고 재산을 소유할 수 있었으므로 노비도 소유권자로서 자기의 재산에 대한 자유롭게 처분할 수 있었다. 그러므로 법제상으로도 매매의 당사자가 될 수 있음은 당연하다. 실례를 들면 명종 원년(1546) 사비인 막비가 동생인 사노 막금에게 조상이 지어먹던 밭 중에 1부 1속을 조 5석을 받고 매도한 경우를 볼 수 있다. 또한 노비는 상전의 수족으로서 이용되는 사자이며 상전이 결정하는 의사를 표시하는 기관의 지위도 허례·형식적이고 거래 행위를 천시하던 사상의 결과로 인정되기도 했다.[102]

99) 『태종실록』 권1, 3년 6월 을해 ①-270.
100) 구동삭, 앞의 논문, 324쪽.
101) 이재룡, 「조선전기의 노비연구」, 『숭전대논문집』 제3집.

다) 생명권 · 신체권

솔거 노비인 경우는 상전의 집에 기거하고 외거 노비도 상전의 전답을 경작하고 상전에 매여 있고 사노비와 국가 소속의 공노비 또한 관위에 매여 있으므로 거주 이전의 자유는 인정되지 않았다고 생각하나, 생명 · 신체권은 아주 미약하나마 실정법에서 인정되고 있다. 『경국대전』에서는 관에 고하지 아니하고 노비를 상전 등 개인이 마음대로 죽이면 대명률의 장도의 법을 적용하되……부녀가 질투로 인해 비를 죽인 자는 종로에서 결장하고 정배한다[103]고 하여 가벼운 형벌로나마 함부로 죽이거나 질투로 죽이는 것을 견제하고 있는 바, 이는 노비의 생명을 법적으로 보호하고 있다고 할 수 있다. 그러나 전술한 바와 같이 실제 은밀한 처소에서 무고하게 생명권이 침해되어 살해되는 경우는 일일이 관에서 조사하기도 어렵고 상전의 살인 범죄 행위는 반역죄에 해당되지 않으므로 자손 · 처첩 · 노비로서 부모와 가장을 고발한 자는 교수형을 당하게 되고, 노의 처와 비의 부로서 가장을 고발한 자는 장 100과 유 3천리에 처한다[104]는 규정이 있어 감히 죽을 각오를 하고 피해자의 처와 남편이 모진 형벌을 받을 각오가 되어 있지 않으면, 상전의 노비 살해죄는 관과 상전이 결탁을 하면 사실상 합법한 행위로 인정되는 것과 마찬가지였을 것이므로, 생명 · 신체권의 보호는 미약한 장식적인 규정이었을지도 모른다. 그러나 『경국대전』과 『대명률』[105]을 보면 살인죄의 주체와 객체가 귀천과 존비에 의해 처벌 규정이 상이하고 불평등하며, 노비는 사족이나 양인보다도 인명을

---

102) 박병호, 앞의 책, 20쪽.

103) 『경국대전』 「형전」 살옥조

104) 『경국대전』 「형전」 고존장조 "子孫妻妾奴婢告 父母家長除謀叛逆 外絞 奴妻婢夫告家長者 杖一百流三千里"

105) 『대명률』 「형률」 인명(조), 모살조부모부모조

천하게 여기나, 함부로 죽일 수는 없게 하여 생명만은 보장한다.

2) 신분・상속법상의 권리

가) 혼인의 자유

노비 상호간에는 그 소생 자녀의 양천 귀속을 둘러싼 문제 이외에는 비교적 자유로이 혼인을 할 수 있었으나, 『경국대전』 혼가조에 의하면, "男年十五 女十四 方許婚嫁子女年滿十三歲 許議婚"이라고 하여 남자 15세, 여자 14세이면 결혼할 수 있으며 최하 만 13세 이상이면 혼인할 수 있었음을 알 수 있다. 대명률에 노(奴)의 신분으로서, 혹은 양인이라고 신분을 속이든지 하는 경우 장 80 혹은 장 90의 형에 처하고 상전인 가장이 이 사실을 알면 같이 처벌하고 여자가 그 사실을 알면 감형 처벌하되 노라는 것을 모르고 혼인을 하면 처벌하지 않으며, 만약 혼인을 한 경우이면 별거를 강제로 시켜 원상으로 고친다고 하고 있는 것을 보면, 노비 간에는 혼인을 금지하는 규정이 없으므로 일정한 연령에 이르면 자유스러웠다는 것을 알 수 있다. 그러나 노비와, 신분이 다른 양인 간에는 처벌하는 것을 보면, 법이 신분 질서의 보호를 법익으로 하고 있음을 알 수 있다. 그러므로 우리는 춘향전 속에서의 춘향의 결혼관을 보면 춘향은 관비의 신분인 천기 월매의 소생이므로[106] 그 당시의 『대전통편』 등에 따라 종모법을 적용하던 시기였다면 종의 신분을 가지고 있었을 것이다. 그리하여 춘향전을 즐겨 구비전송하는 이유 중의 하나는 그 당시 국민의 대다수였던 시민・천민들의 법의식이 특히 신분 차별에 대한 불평등한 혼인법제를 고발하기 위한 생각에서도 연유했음을 엿볼 수 있을 것이다. 춘향은

106) 장경학, 앞의 논문, 56쪽.

이 도령의 천첩[107]으로서 이 도령의 상경으로 사실 혼이 깨어지려는 순간, “독하도다 독하도다, 원수로다 원수로다 존비 귀천이 원수로다……여보 도련님 춘향 몸이 천타고 함부로 바려셔도 그만인 줄 아지 마시오……사람의 대접을 그리 마오……” 하며 양반계층을 비난하고 존비귀천의 차별법제를 원수같이, 즉 없애야 하는 것, 증오의 대상으로 생각하고, 비록 실정법(『대전통편』)이 그렇게 양천 교가를 부인하나 자연법에 의하여 볼 때 사람의 대접을 그리 해서는 안 된다고 비난한다는 것을 알 수 있다.[108]

나) 전택의 상속권

『경국대전』「형전」 공천조에 의하면 “공천으로서 자녀가 없이 사망한 자의 노비와 전답은 본 사・본 읍에 귀속하고, 사천이면 모두 그 재산을 본주[上典]의 처분을 허용한다(公賤無子女 身死者 奴婢田宅屬於本事本邑 私賤則並其財産 許本主區處)고 하여 공천과 사천의 재산인 노비와 전답은 그 소생 자녀에게 당연히 상속됨을 알 수 있고, 자녀가 없으면 오늘날은 직계존비속, 방계혈족까지도 상속을 받을 수가 있는 데 비해, 그 당시에는 바로 국가와 그의 상전에게 귀속시키게 되어 있다. 또한 『경국대전』「호전」 전택조에 의하면 “천첩의 자손 승중자에게 다만 제전이라 하여 30결만을 주고 그 나머지는 국가에 귀속시킨다(無良妾子孫 則賤妾子孫承重者 只給祭田 三十結 其餘屬公)고 하여 일반 평민 이상의 사람이 사망할 경우, 본처에 자녀가 없으면 양인 첩의 자녀에게, 양첩에게도 자손이 없으면, 천첩 자손으로 조상의 제사를 받드는 상주 노릇하는 승중자가 되면, 제전(祭田)을 30결이라는 제한된 재산이나마 상속을 받을 수 있었다는 것을 알 수 있다.

107) 장경학, 위의 논문, 53쪽 “도련님은 귀공자요, 소녀는 賤妾이라”
108) 장경학, 앞의 논문, 57~58쪽.

다) 기 타

천인이 사망하면 사대부인 상전은 천인에게 3개월간 가는 삼베옷을 입고 종증조·삼종형제·중증손 등의 친족에게 인정되는 상례를 해야 하므로 천인인 노비가 사망하면 금수와는 다른 친족과 같은 예를 받을 수 있다.109) 그러나 실제로 종이 죽어도 주인이 한 번도 슬퍼하지도 않고 술 한 잔 붓는 일이 없는 경우가 많은 것 같다.110) 이익은 수년이 지난 종의 무덤 앞에서 약간의 떡과 과일을 갖춰 죽은 종의 외손을 시켜 무덤 앞에 술 한 잔을 붓게 하고 죽은 종을 위로하는 제문을 지어 읊으면서 "이 일을 남들이 보면' 반드시 나를 비웃을 것이다. 그러나 인정이 여기에 있으니 아마 이렇게 함이 옳을 것이다"라고 했다. 이것을 보면 실정법의 규정은 임의 규정이었든지 잘 지켜지지 않았으므로 실효성이 없는 규정이었던 것 같다. 또한 호적에 기재될 권리가 인정되었다. 『경국대전』「예전」 용문자식조 호구식(호적 기재 양식)에 의하면 노비도 그 상전의 호적 속에 그의 이름과 생년을 기재하고 준호구식에도 기재한다. 이는 이들의 인격적 측면을 더욱 분명히 해주고 있는 것이다.111) 특히, 솔거 노비는 상전의 가족과 같이 동일 호적에 기재를 해준다.112)

---

109) 『경국대전』「예전」 오안조 "士大夫若於賤人緦麻"; 오희문, 「쇄미록」 하, 535쪽, "庚子十二月十五日 亡奴莫丁死日也 設飯而祭之 平日有勞 於吾家故也"
110) 민족문화추진회 간, 『국역 성호사설』 V, 44~45쪽
111) 구병삭, 앞의 논문, 125쪽.
112) 이종하, 앞의 책, 399~400쪽 참조.

제4절 의무의 주체로서의 법적 지위

노비는 권리의 객체적인 지위도 있지만 의무의 주체적인 지위도 있어 공노비는 국가, 사노비는 상전에 대하여 신체적인 노역을 제공해야 하고, 그렇지 않은 경우에는 일정한 금전 기타의 대가인 신공을 지불해야 될 의무를 진다. 이에 공노비는 신역의 의무를 지는 역노비와 신공을 지급하는 납공 노비로 나누고, 사노비는 솔거 노비와 외거노비로 나누어 의무부담의 내용을 살펴보기로 한다.

1. 공노비

공노비는 경중이나 지방의 관위에서 일정 기간 무상으로 노역에 종사하는 노비로서 관노비라고도 한다.

1) 선상 노비(選上奴婢)

선상이란 지방의 노비를 골라 뽑아서 서울의 관위에 올리는 것으로 율곡의 표현을 빌리면 "서울에 있는 전복이 구실을 서기에 부족한 까닭에 외방에 있는 공천으로서 윤번으로 서울의 구실을 세우는 것을 말하는바"[113]이다. 이는 경중의 관위에서 천역을 담당하거나 고관의 수행노로서 근수노, 혹은 비는 의녀나 관기로서 입역했으며[114] 『경국대전』「형전」 공천조에 의하면 이들 선상 노비, 즉 경외에 입역하는 노비에게는 봉족(보조자) 2명을 주고 공물의 강제 납부를 면제해준다(京外立役奴婢免貢給奉足二口). 그러나 제읍의 노비에게는 봉족이 없다(諸邑奴婢無奉族)고 하여 경중

113) 유형원, 앞의 책, 동조, "宣祖條 栗谷啓言… 選上本意非欲辨出綿布也 在京典僕不足於立役 故 以在外公賤輪立京役名之曰 選上"

114) 구병삭, 앞의 논문, 313쪽.

각사에서 입역하는 노비는 지방(서울 이외)에서 입역하는 노비보다 의무 부담이 어려우므로 법적으로 약간의 보조 조치를 해주고 있다. 『경국대전』「형전」 공천조에서는 다시 선상 방법을 규정하여 “경(京)이면 이심(二審)으로 분하여 교체하여 입역하고 외방이면 칠심으로 나누어 교대로 뽑아 올리되, 선상된 자가 사고가 있어 대체를 원하는 자가 있으면, 소재지의 관원이 값을 받아 상부에 보고하고 모두 기록하여 매월 면포 2필을 부친다(京則分二審相遞入役　外則分七審相替選上選上奴有故願代0者所在官收価於陳省並錄以每一朔綿布二匹)고 한다.

이러한 선상 노비의 역의 의무는 국가를 운영하기 위한 각 관청에서 필요한 노동력을 무한정 필요로 하였기에 괴로움은 심하였다. 이를 면하기 위해 궐역을 하면 장 80에 처하고 해당관리는 장 1백도 3년의 형에, 수령은 제서유위율(장 1백)에 논죄하고, 뇌물을 받고 함부로 대체를 해주면, 장 1백에 잔역의 이(吏)로 영속시키고 이를 검거하지 못한 수령은 파면·파직한다.115)

『속대전』「형전」 공천조엔 제사의 노비로서 고역을 피하거나 관리로서 사사로운 부탁으로 함부로 어딘가에 옮긴 자는 군적을 함부로 옮긴 규정에 준하여 장 1백 도 3년에 처한다(諸司奴婢避若就歇者及官吏循其和屬而檀自邦移者並依軍籍檀移律杖一百徒三年)고 하고 있음을 보면, 서울에 뽑혀 와서 강제노역을 당하는 선상노의 의무 부담은 여전이 과중하여, 의무이행을 면하거나 피하려는 경우가 끊이지 않았기에 법제는 이를 엄하게 계속 처벌하는 방향으로 규정하고 있음을 알 수 있다. 이리하여 조선조 혁창기인 태조 7년(1398)에 공천입역법을 개정하여 입역 노비의 고역을 덜어주

115) 『경국대전』「형전」 공천조.

려고 하고[116] 태종 2년(1412)에는 봉급을 지급하기도 하는 상서나 계가 그치지 않았다.[117] 그 뒤 율곡은 공천의 선상의 괴로움을 선조에게 말하기를 "가난하고 쇠잔한 공천들이 양식을 사가지고 객지에 와서 머물러 침해와 괴로움이 일만 갈래가 되어 견딜 수가 없음으로 비로소 베〔布〕로써 구실값〔役價〕을 치르더니 지금에는 베를 징수할 뿐이요 한 사람도 구실을 서는 자가 없습니다……공천도 또한 백성이온데 어찌 능히 홀로 온전하리이까? 이리저리 굴려서 떠돌아다녀 능히 생산하지 못하고 한번 선상의 구실을 갚고 나면 그 패가함을 면하는 자가 적으니 2년을 공을 바치고 1년을 선상하면 대체로 3년에 반드시 한 번씩 패가하게 되어 공천의 괴로움이 지극합니다"[118] 하며 똑같은 백성인데 어찌 이리도 의무가 불평등하게 과중할 수 있느냐 하는 의무 부담을 시사한다는 것을 알 수 있다. 또한 점차 후대로 내려올수록 고역은 포로 대신하고 패가하여 굶어죽을지라도 선상을 서는 사람은 거의 없어지게 되는데, 그 의무 내용인 고역이 어느 정도인지 짐작하기가 어렵지 않다.

2) 납공 노비

공천 가운데 선상 노비로서의 입역 부담을 당하지 않는 노비가 바쳐야 할 신공 의무는 『경국대전』「호전」 요부조에 의하면 외방에 거주하는 노비는 선상이나 잡된 사고를 제외하고는 나이 16세

---

116) 『태조실록』 권15, 태조 7년 9월 갑신조 ①-137-8.; 구병삭, 앞의 논문, 314쪽 참조.

117) 구병삭, 앞의 논문, 316쪽.

118) 한장경, 앞의 책, 430쪽.; 유형원, 『반계수록』 권26 속편 하 노비조 "貧殘公賤裹糧覊留侵若萬端有所不堪始以綿布償役　今則只徵綿布而已無一人　(中略) 公賤亦民也　豈能獨完輾轉流亡不能生息而一償選上之役則其免財家者鮮矣　二年納貢一年選上大律三年必一財家而公賤之若極矣"

이상 60세 이하는 모두 공납을 수봉하되 전부 사섬사에 납품한다. 노는 면포 1필과 저화 20장을, 또 비에 있어서는 면포 1필과 저화 10장을 납부한다. 혹 면주와 정포로 대신 내는 경우도 허락하며(外居奴婢除選上雜故外年十六歲以上六十歲以下並收貢皆納司贍寺奴綿布一匹楮貨二十張奴綿布一匹楮貨一十張或以綿紬正布代納者聽)" 그리고 각사의 공천에 대한 공포로, 신포(身布)에 있어서는 노는 1필 반, 비는 1필로 한다(各司公賤之貢身布者奴一匹半婢一匹). 『속대전』 「호전」 요부조에서는 각 군문과 각 위문의 신포는 모두 순목면이나 전(錢)의 반반으로 수봉하되 만일 흉년 든 해의 품청이 아니면 순전으로 수봉함을 허락하지 아니한다(各軍門各衛門身布並捧純木或木錢參半如非歉歲稟請則毋得許捧純錢)고 하며, 영조 을해년엔 노비의 공을 반필씩 감하고 비공은 전무를 감한다. 이리하여 영조 이후엔 『속대전』에 명문으로 공노비의 의무를 감하는 규정이 명문화되어 어느 정도 과중한 의무 부담을 덜어주고 있음을 알 수 있다.

2. 사노비

1) 솔거 노비

이는 상전의 가(家)에 예속되어 모든 사역의 의무를 담당하며, 상전인 양반은 노동을 천시했으므로, 가정에서 처리해야 할 모든 노동과 잡역은 모두 솔거 노비가 거의 다 담당했을 것임을 미루어 알 수 있다. 예를 들어 상전이 농촌에 거주하는 경우에는 문전의 전답을 경작하고, 상전이 외출 시에는 가마꾼·마부로 따라다니고, 서신 전달·심부름·객의 접대, 제사 등 봉건적 의례, 기타 모든 잡역을 담당하므로, 무제한·불특정·무정량의 노역을 담당했으며119) 비의 경우에도 모든 가사 노동을 전담했으며, 양반의 천첩 노릇도 하고, 몸종이니 교전비니 해서 상전의 딸이 시집갈 때에 가마를 따라가는 비는 결국 반평생을 생과부 노릇을 하기도 했다.[120]

2) 외거 노비

외거 노비는 일반 양인들과 같이 상전의 집을 떠나 독립해서 생활을 하고 있으나, 호적상에는 상전 누구누구의 사노비로서 기재되고, 의무로서 상전에게 신공을 바치는 등의 부담을 지고 있다. 『속대전』「형전」 사천조를 보면 "隱漏奴婢推尋者 雖累年之後 只徵三年身貢 奴綿布二匹 婢綿布一匹半"이라 하여 1년에 노는 면포 2필, 비는 면포 1필 반을 낸다는 것을 알 수 있다. 신공의 의무는 공천의 의무와 대략 비슷한 정도로 생각할 수 있다. 그러나 실제로는 사물(私物) 혹은 상전의 살아 있는 사유 재산으로 생각하고, 가난해서 신공을 납부하지 못하면 갖은 악형을 가해서라도 강제 징수를 하고 [121] 독립생활을 하기 때문에 대체로 신공의 의무만 이행하는 게 아니고, 상전이 필요에 따라 부를 때마다 가서 직접 노역에 종사하기도 했으므로, 외거 노비는 공노비를 기준으로 해서 신공의 의무를 담당하는 것이 대부분이나, 사역의 의무 또한 상전의 자의에 따라 담당했음을 추측하기가 어렵지 않다. 『경국대전』「호전」 요부조에는 외거 노비로서 선상이나 잡된 사고 이외에는, 나이 16세 이상 60세 이하는 모두 사섬사에 노는 면포 1필, 저화 20장, 비는 면포 1필, 저화 10장을 납부하도록 규정하고 있는 바[122] 미루어 알 수 있다.

---

119) 이종하, 앞의 책, 404~405쪽.

120) 이종하, 앞의 책, 405쪽.

121) 오희문, 『쇄미록』 상, 4쪽.; 이종하, 앞의 책, 406쪽 참조.

122) 본고, 제1장 제2절 14쪽(수익권의 객체) 참조.

제2장 노비 신분의 세습에 관한 법제와 사상

제1절 노비 신분 세전법

1. 연 혁

『경국대전』「형전」 공천조에 의하면 "무릇 천인에게 관계가 있는 자는 모역에 따른다. 다만 천인이 양녀와 혼인하여 태어난 자는 부역에 따르고 승려의 자녀는 비록 양인에 속한다 하여도 또한 천에 따른다(凡賤人所係從母役 唯賤人娶良女所生 從父役…僧人所生 雖良亦從賤)"고 하며, 노비의 자녀는 노비가 된다는 신분 세전법(世傳法)인 종모법(從母法)을 원칙적으로 규정하고 있다. 이는 노비법 중에서 가장 비난의 대상이 되는 부문이다.

이익은 "우리나라의 노비법은 천하 고금에 없는 법이다. 한번 노비가 되면 백세토록 고역을 겪으니 그것도 불쌍한데 하물며 법에 있어서는 반드시 어미의 신역을 따름에 있어서랴? 그렇다면 어미의 어미와 그 어미의 어미로부터 멀리 10세, 100세대를 소급하여 어느 세대의 어떤 사람인 줄도 모르면서 막연한 외손으로 하여금 하늘과 땅이 다하도록 한량없는 고뇌를 받아서 벗어날 수가 없게 하는 것이니……"123) 하며 노비 세전법과 종모법은 천하 고금에 없는 악법이라고 비판한다. 또한 그 연혁으로는 "기자의 남의

123) 이익, 앞의 책, 제12권 인사문 15 노비조 "我國奴婢之法 天下古今之所無有也 一爲藏獲百世 受苦猶爲何傷況法必徒母役 則母之母與夫其母之母之母 推至于十世百世之遠 不知爲何世 何人而使 其杳杳綿綿之外裔任受窮天極地無限若惱而不得脫"

재물을 도둑질한 자는 적몰(재산 몰수)하여 그 집 노비로 만든다는 조문으로부터 시작된 것이다……이는 그 자신으로 하여금 노역을 하게 하여 그에게 부끄러움을 주자는 데 지나지 않았을 것이다. 뒤에 왕건 태조 때에 종군한 자가 잡아온 포로에 대하여는 잡아 온 자에게 넘겨주도록 하고 대대로 물려받는 규정을 만들었으니, 한번 천한 종이 되면 천만 년이 가도 면하지 못하게 되었다. 이러한 학대와 고통은 천하고금을 통하지 않았다"[124]고 하며 유형원도 『반계수록』에서 "오직 사람을 몰아 천인으로 만드는 것이니 비법 중의 또한 비법이다(唯驅人入賤矣非法之中又非法矣)"[125]라며 노비법이 종모법과 종부법을 적용하여 신분을 벗어날 수 없게 함을 비판한다.

2. 천자수모법

『경국대전』에 규정된 천자수모법(종모법)은 부가 양인이고 어머니가 천비이므로 그 자녀는 어머니의 신분을 따라 노비가 된다는 취지이다. 그런데 문제는 부가 천인인 노이고 모가 양녀인 경우에는 천자수모법의 규정에 의하면 당연히 그 자녀는 양인이 되어야 함에도 불구하고 단서를 붙여 "다만 천인이 양녀에게 취입하여 소생된 자는 부역에 따른다(唯賤人娶良女所生從父役)"고 하여 모가

124) 이익, 앞의 책, 4권, 21~23쪽. 노비환천조 "我東奴婢之法始自箕子 盜人財物者沒爲其家奴婢 箕子聖人其慮遠也 至矣必不使世傳如今法 不過使其身爲之服役而羞媿之也 侯王太祖時從軍得0者得以有之0作世0之規一爲賤0千萬世不能 免00使困若天下古今之未始有也"

125) 이익, 위의 책, 21~23쪽.; 이상백, 「천자수모고」, 『진단학보』 25, 1964.12, 161쪽 참조. 고려나 조선왕조의 노비 세전법은 "乎若父若母 一賤卽賤"임에 비해 중국의 법(元法 이하), "一良者爲良"이므로 중국에도 없고 고금 천하에도 없는 악법이라고 하는 것 같음.

양녀라도 부를 따라 노비가 되게 만들어놓았다. 그러면 결국 『경국대전』의 상반되는 두 규정에 의해 노비의 자손은 영원히 천인의 신분을 벗어날 수 없게 해놓았다. 『경국대전』에 이런 규정이 제정된 입법 취지 및 그 배경을 더듬어보면, 태종 14년(1414)부터 공노비와 양부의 소생 자녀는 부계를 따라 방량(放良)시켰으며(初命 公私婢子 嫁良夫所生 從父爲良)[126] 동 17년 이후로는 신량역천의 비첩 소생도 종부법의 적용을 받아 신량역천이 실시되었다.[127] 태종 14년 6월, 예조판서 황희(1362~1452 문종2)는 태종에게 아뢰기를 "賤妾所生放役之法 別無他意 父良者良 從父則可矣"라며 부(父)가 양인(良人)이면 모(母)가 천첩(賤妾)이라도 양인이 되는 종부법이 옳다고 하니, "태종이 말하기를 경의 말이 심히 옳다(上曰 鄕言甚然)" 하며 하지(下旨)하기를 "하늘이 백성을 낼 때에 본래 천인이 없었다. 전조(前朝)에도 노비법이, 양천이 혼인을 하면 천을 앞세워 천자수모법에 의거, 천인이 날로 증가되고 양인은 날로 감소하므로 영락 12년(1414) 6월 28일 이후 공사비의 자로 양부 소생은 모두 종부법에 의해 양인이 되도록 하라"고 하니 의정부에서 이에 따르게 된다.[128] 이와 같이 황희는 종부법의 적용은 천첩의 소생을 해방시키는 법으로서 옳다고 하며, 태종은 더 나아가서 친부인권·인간평등사상에서 인간은 태어날 때부터 원래 천인은 없었다(天地生民本無賤口)고 주장하며 종부법을 적용하여 양인으로 신분을 해방시키도록 한다. 또한 세종도 정신

126) 『태종실록』, 권27 태종 14년 6월 무진조.
127) 『태종실록』, 권37 태종 17년 윤5월 갑자조.
128) 『태종실록』, 권27 태종 14년 6월 무진조 "下旨 天之生民 本無賦口 前朝奴婢之法 良賤相婚 深賤爲先賤者隨母 故賤口日增 良民日減 自永樂十二年六月二十八日以後 公私婢子 嫁良夫所生 幷皆從父爲良 依前朝判定百姓例 屬籍施行 從政府之議也"

들의 많은 반대가 있기는 하였지만 "조정의 입법지의(立法之意)가 양인을 증가시키는 데 있다"[129] 하며 그대로 밀고 나갔으며, 과거에 금지된 법규 하에서 음성적으로 성행하던 양천상혼을 양성화시킨 감이 있어 양인 인구의 감소를 방지하고, 실제로는 국방 정비 등 대대적인 토목 사업 등에 필요한 타개책의 일환으로 공역자를 확보할 기틀을 마련한 것으로 이러한 조치가 내려진 것 같이 보인다.[130] 그 뒤 세종 13년에는 공사노비가 일경이부(日更二夫)하여 금수와 같으니 소생은 모 있음을 알고 부 있음을 알지 못하니 수모의 법을 펴야 하겠다고 하여 노비 첩 소생의 수모법 시행이 『경국대전』에 확정되어 5백년의 법이 되었다.[131] 이에 연산군 원년(1495) 5월 28일 김일손(1464 세조 10~1498 연산군 4)이 상소문 26조 중에서 『경국대전』의 종모법을 비판하기를 "아들이 아비를 좇는 것은 영원히 변하지 않는 떳떳한 이치이며 옛날이나 지금이나 바꾸지 못합니다.……이제 천녀가 양부 자식에게 출가하면 어미를 따르고 양녀가 천부의 자식에게 출가하면 어미를 따르지 않으니 그 법이 심히 잘못되었으며, 그 결과는 노비가 많아지는데 불과합니다" 하며 수모법을 찬성하는 측의 이유를 들어 '아비를 따르면 사유를 밝히기 어렵고 어미를 따르면 구별하기 쉽다' 하니 이것은 그렇지 않습니다. 어찌 양녀가 천부를 따르면 홀로 능히 남편을 분별하고 천부가 양부한테 출가하면 홀로 분별하지 못함이 있으리요. 다만 남편을 정하지 않는 때문이며 양천에 있는 것은 아닙니다."[132]라고 하며 종모법이 옳다고 주장하는 측의 이유가

---

129) 『세종실록』, 권40 세종 11년 7월 기사조

130) 이장희, 「노비제의 붕괴」, 『한국사』 13(서울: 국사편찬위원회 편, 1978. 8. 24), 493~494쪽

131) 『한국문화사대계』 Ⅳ, 상, 627쪽. ; 『한국여속사』, 고려대 민족문화연구소.

132) 민족문화추진회 간, 『국역 연산일기』 1, 284쪽.; 『연산군일기』, 권5 원년 5월

부당함을 반박하며 중국에서는 귀천을 묻지 않고 모두 아비를 좇고, 오직 행원(창기) 만은 정한 남편이었으므로 종모법을 적용했다고 하고, 종모법·종부법을 양용하여 양녀에게서 출생한 자나 양부에게서 출생한 자 모두 노비가 되게 하니 양민이 날로 줄어들고 군액이 부족하여 군사가 겨우 10만 뿐인데 이는 노비가 많기 때문이라고 한다. 계속해서 "양부에 출가시키는 혼인법을 복구하여 양민을 족하게 해주기를 청한다."[133] 또한 율곡 이이(1536~1584)도 "노비의 어머니 좇는 법을 양녀에게 쓰지 아니하여 양민이 모조리 화하여 사천으로 되니 지금의 길을 말미암고 지금의 정치를 변하지 아니하면 비록 요순과 같은 성군이 위에 있더라도 또한 장차 정치를 할 수 없을 것이다"[134]고 하며 천자수모법이 양녀에겐 적용하지 않고 모가 양녀이면 천부를 따라 천인이 되게 하는 법을 고치지 아니하면 성군이라도 정치를 할 수 없다며 악법인 노비법[從母法]의 개정을 주장한다. 이에 대해서 급작스럽게 고친다면 노비의 주인들이 법을 지키지 않을 것이며 법의 실효성이 순조롭게 이루어지지 못한다고 하며, 선조조에 사노비에 대한 폐지를 의논할 때에 이항복(1556 명종 11~1618 광해군 10)은 "하늘에서 주신 성품은 같은데, 먼저 귀천을 구별하여 정한 분

경술, 34쪽. "二十五 曰 復嫁良之法以敷 良民立奴婢之限以簡私訟予之從父天之經地之義 古今不可易也,高麗忠烈王始令賤者隨母然 祖宗之朝猶有嫁良之法未盡從母也今賤 女嫁良夫之子則從母也 良女嫁賤夫之子 則不從母也 其法甚典其歸不過多奴婢耳議者以爲從夫則難明而從母則易辨是大不然 豈有良女從賤夫獨能辨夫 而賤女嫁良夫 獨不可辨 只在夫之定不定不在良賤"

133) 민족문화추진회 간, 『국역 연산일기』 1, 284~285쪽.; 앞의 책, 동조 "臣願復祖宗嫁良夫之法 以敷良民"

134) 한장경 역, 앞의 책, 432쪽.; 유형원, 앞의 책, 속편 하 "栗谷曰…從母之法 不用於良女而良民盡化爲私賤由今之道無變 今之政雖堯舜 在上 將無爲治矣"

수가 있게 하여 어질고 어리석음을 관계하지 않는 것은 원래가 하늘이 만물을 낸 본의가 아닙니다. 그러나 귀한 자는 다스리고 천한 자는 섬겨 각각 한집안의 규모를 이루어 천백 년을 지나오는 동안 습관이 되고 또 나라의 제도가 되었는데 지금 변경하려 한다면 반드시 먼저 나라 풍속을 변경하여 사대부집 자녀들도 모두 친히 이고 지고 불 때고 밥 짓는 것을 중국처럼 하여야 할 것이며, 다시 법을 엄하게 하여 중외의 인심으로 하여금 한번 명령이 내린 것을 들으면 일제히 그대로 행하여 감히 나중 하고 먼저 하는 일이 없도록 한 뒤에야 비로소 크게 개혁을 가할 수 있을 것이요, 그렇지 않고서 하루아침에 풍속을 바꾸어 정치를 하려고 한다면 인심이 불복하여서 법이 순조롭게 행하지 못하고 백성이 궁하므로 간사가 발생할 것이니 할 수 없을 것 같습니다"[135]라고 하며 노비법의 폐지가 자연법에 의하면 당연함을 천부지균이라는 인간평등사상을 근거로 하여 귀천 구별은 하늘의 뜻이 아님(先區貴賤 素有定分不係賢遇 固非(天) 生物之本心)을 주장한다. 그러나 비록 악법이라도 실정법화되어 오랫동안 신분의 귀천이 나라의 제도·풍속이 되었으므로 반드시 근본적인 신분제도의 철폐와 노동 천시제도를 없애지 않으면(相爲治養 各成一家規模 更千百年 性習民安 又成一國之聲教 今欲變更 必復先變國欲 使士夫子女 皆親負戴炊爨 如中朝之爲次振紀綱) 타당성은 있으나 법적 안정성이 문란하게 되어 하루아침에 급작스럽게 고치기가 어렵다(初聞令下 一齊移行 無敢後先 然後乃始大加宰割 不然而徒欲一朝易俗而治 則情咈而法逆 民窮而奸生 恐不可爲)고 말한다.

135) 민족문화추진회 편, 『연려실기술』 10, 569~597쪽, 별집 권13, 정교전교 노비조

조헌(1544 중종 39~1592 선조 25)은 노비법(종모법)이 개정되지 않는 이유는 "각각 사사로운 마음에 끌려서 그 근본을 연구하지 않고 멈춰버리니 신은 참으로 마음이 아프도록 아깝게 여깁니다"(各牽於私未究其本而止 臣實痛惜也)[136]라고 하며 개인의 사욕 때문에 개정이 안 된다고 하며 유형원(1622 광해군 14~1673 현종 14)은 비록 신하와 상전[士大夫]들이 개인의 눈앞의 사욕에 마음이 가려 모두 고치기 어렵다고 하더라도 하늘의 뜻을 대신하여 나라를 다스리는 사람이 바로 인군인데, 하늘이 백성을 낼 때 귀천의 구별이 없이 모두 평등하게 만들었는데, 어찌 귀천의 구별을 하여 따로 노비를 만들고 백성을 괴롭힐 수 있느냐, 이는 잘잘못을 말할 필요도 없이 알 수 있는 일이며 고치려는 뜻만 있으면 고칠 수 있으며 어려운 일이 아니라[137] 하며 신하들의 뜻을 물리치고 인군이 고쳐야 함에도 고치지 아니하는 것은 왕에게 잘못이 있다고 지적한다. 계속해서 그는 종모법만 계속 적용해야지 종부법을 또 적용하면 노비의 신분을 벗어날 수 없으므로, 『경국대전』의 단서인 종부법은 적용해서는 안 된다고 주장하며, 그 이유로는 "어머니만 알고 아버지를 알지 못하는 것은 금수의 도리이다. 인류인데도 금수로 처하게 하니 어찌 법이겠느냐" 하며 종부법의 병용은 인간에게 적용하는 법이 아닌 짐승에게 적용하는 악법이라며 "신분을 세습시키는 노비법이 잘못된 것이다." 종모법을 두고 또 종부법을 적용하는 것은 "어미가 양모이면 또 아비의 신분을 따르

136) 한장경 역, 앞의 책, 432쪽.; 유형원, 앞의 책, 동조.

137) 유형원, 앞의 책, 권26 속편 하 노예조 "凡人則各蔽於目前我意 皆爲難改矣, 若夫人君則代大理 人國是吾國民是吾民 豈可更於其間別作奴婢比害吾民乎 囚此侵乃隣族流毒衆庶是 自病其國也 其爲得失不侍言 而見矣 此則欲改便改元無難事"

게 하여 천인으로 만드는 것은 법이 아니고 오직 사람을 몰아 천인으로 만드는 것이니 비법 중의 또 비법이다"[138]라고 하며, 노비법도 법으로서 강제력 실효성을 가지려면 천리에 맞는 타당성이 존재하여야 하는 바, 비록 실정법에 명문화하였으나, 법으로서 강제력과 타당성이 없는 법이 아닌 천하의 악법이라고 주장하는 것을 엿볼 수 있다. 또한 계속해서 유형원은 수모법과 종부법의 양 규정의 적용은 이치에 맞지 않는 허수아비법이라고 한다. 왜냐하면 "우리나라의 노비법은 죄 있고 죄 없고 함을 묻지 아니하고 다만 그 세대의 계통을 조사하여 백 대라도 종을 삼으니 그 까닭에 혹, 무지한 더러운 지아비도 양반만 되면 남의 목숨을 살리고 죽이고 함을 마르재이고, 설령 어진 재주가 천인의 사이에서 나더라도 또한 갇혀서 남의 종이 되니 이것이 어찌 이치에 맞는 일이요, 이 법이 어느 때에 허수아비법으로 생겼는지 알지 못하나……"[139] 하며 자연적인 이치에 맞지 않는 법이라 하며 노비법의 잘못을 지적한다. 또한 종모법과 종부법의 양 규정의 적용 결과 양민이 감소되고 한 사람의 소송이 십 년도 넘게 걸려 그 폐해가 지극하니 마땅히 종모법만을 공평하게 적용하고 종부법의 규정은 폐지하여 양녀가 낳은 아이는 양민이 되도록 해야 함이 옳다는 정의이다. 그러므로 잘못된 제도를 바로잡고 나쁜 풍속을 씻어버리면 노비법도 반드시 없어지게 될 것은 환한 일이라고 주장한다. 왜냐하면 "본조에 이르러서는 법을 만들어 또 사람을 몰아 천인으로 넣어서

138) 유형원, 앞의 책, "凡奴婢徒母役之法 盡一均用…知母而不知父 禽獸之道也 人類而處以禽獸豈法也 從母法之非乃 奴婢法之非也 母若 良女則又使從父爲賤 是法不爲法而 唯驅人入賤矣 非法之中又非法矣"

139) 한장경, 앞의 책, 436쪽.; 유형원, 앞의 책, 동조 "本國奴婢之法 不問有罪無罪 唯按其世系이百代爲之 奴是以或無知賤夫而制人死命設令賢才出於其間而 亦錮爲人奴 此豈理也 先法何是作俑而"

들어가는 것만 있고 나가는 것은 없으니 그러므로 천인은 점점 많아져서 열에 아홉이 되고, 양민은 점점 적어져서 겨우 한둘을 두니……다만 나라에 공민이 없고 모두 개인의 사유가 될 뿐만 아니라 한 사람의 소송에 혹 10년 동안 다투고 가리되 결단치 못하면 한 종이 도망간 것을 잡아오는 데는 혹 구족을 침해하고 시끄럽게 하여 마지아니하니 이것은 폐해가 지극하고 형세가 궁박하여 변하지 아니할 수가 없는 것이다. 지금에 변통하는 사의(事宜)는 마땅히 그 어머니를 좇는 법을 그대로 행하여 획일한 제도를 균용함이 옳으며, 만일 왕정이 이미 행하여 일백 제도를 바로잡아 편벽되고 더러운 풍속을 씻어버리면 노비의 법도 반드시 능하게 될 것이 환한 일이다"[140] 라고 하며 종모법만의 적용을 주장하고 노비 법제 개혁에 앞서 사회의 악습을 먼저 개선하면 노비법도 당연히 폐지될 것이라고 말한다. 이경억(1620 광해 12~1673 현종 14)은 절충적인 입장에서 천한 노비는 많아지고 양민의 수가 줄기 때문에 남종부·여종모 제도의 실시를 효종에게 주장하여 말하기를 "옛날 준례에 공사노비는 아버지가 양민이고 어머니가 천인이면 아버지를 따르게 되었으니 이 때문에 천한 노비가 날로 번성하고 양민은 날로 줄어들게 되었습니다. 지금부터는 그 소생이 사내아이이면 아버지의 신분을 따르게 하고, 계집아이이면 어머니의 신분을 따르도록 하여 평등하게 하소서" 하였다. 이리하여 마침내 절충적인 제도가 실시되었다.[141] 이상으로서 노비법 중 종모법·종부법에 대

140) 한장경, 앞의 책, 436~437쪽.; 유형원, 앞의 책, 속편 하, "至於本朝則制法又驅人入賤有入 無出故賤者漸多十居八九良人漸少僅存一二…非但國無公民盡爲和有末乙…幣極勢窮不得不變者也 卽今變通之宜當乃其從母之法均用盡一(謂良女所生則從良)可也 而如王政己行正百度而洗偏陋則 奴婢之法 所從能較然矣"

141) 민족문화추진회, 『국역 연려실기술』 10, 597쪽. 별집 권13 노비조 "言舊例公私奴婢父良母賤 從母, 母良父賤 從父 用是賤隷日蕃 而良民日縮 請自今 男

한 비판, 찬성, 절충 의견 등을 살펴보았는바, 노비법 개정의 반대론자들 중에는 유교적 예속, 풍교, 의식, 귀천사상, 계급사상·명분론의 질서 존중의 형식주의에 근거하여 반대하지만, 실제로는 이는 또한 양민이 많아야 세금을 많이 걷고 군인도 많아 국력이 강화되는 국가적인 면과 개인에 있어선 인적 재산인 노비를 빼앗기지 않으려는 사적인 이해관계가 대립되는 면을 볼 수 있다.142) 이리하여 노비의 부모 중 어느 한쪽이 천인이면 일천즉천의 수모법 종부법이 숱한 신하와 학자들의 자연법사상에 입각한 비판에 의해, 또한 임란 중 국란 극복을 위한 양인의 증가가 곧 군인의 증가이므로, 유형원이 죽기(1673. 12. 12) 4년 전인 1669(현종 10년 을유)에 공사천으로서 양처의 소생은 모역을 따라 양인이 되게 한다.143) 이리하여 『수교집록』「형전」 속량조에 명종 5년 갑진년의 왕명에 의해 노양처소생종량을 허하나, 숙종 15년 을사년의 왕명에 의해 다시 종부법을 적용하여 속량을 금지시키는 규정을 내린다. 이것을 미루어보면 천인인 노비들의 심정을 대변한 신하·학자들의 자연법인 천리에 맞는 이론에 왕이 찬성을 하기도 하나, 곧 많은 노비를 둔 사족들의 원성에 의해 종부법을 실시하게 됨을 알 수 있는 바, 참으로 어려운 일이었음을 추측할 수 있다.144)

또한 영종 6년 경기감사 김상성은 양인의 증가를 위해서 다음과 같이 영조에게 주장한다. "양반이 노비를 가진 자는 모두 그 양처를 취(娶)하도록 단단히 타일러서 경계를 하므로 군보의 가난한 사람의 딸이 태반이나 사천의 처가 되어 낳은 아들과 딸이 영영

從父役 女從母役 以均之 遂爲定制"

142) 이상백, 「천자수모법」, 『진단학보』 제25, 26, 27 합병호, 171~172쪽 참조.

143) 『현종실록』 권16, 현종 10년 정월 "命公私賤 良妻所生…從母役…上命定式施行…以是日爲始"

144) 이종하, 앞의 책, 20쪽 참조.

사천으로 되옵고, 양정의 수가 날로 감소하는 것이 전적으로 여기에서 말미암은 것이오나 만약 그 전후 부역의 유를 찾아내어 군역에 정하오면 시끄러운 폐단이 없지 아니할 것임으로, 신의 뜻으로서는 지금부터 이후로는 법령으로 정하여 공천과 사천을 막론하고, 모역을 따르도록 하오면, 10년이 못 되어 양민이 날로 증가됨을 볼 것임으로 이를 상의하여 조처하지 않을 수 없는 일이옵니다"145)라고 하며 종모법만의 적용을 주장하니 우의정 주문명(1680 숙종6~1732 영조8)이 아뢰기를 "노비를 대대로 전하는 것은 중국에도 없는 법이오나, 고려조로부터 시작하여 그 유래가 이미 오래되었사오며, 종의 양처가 낳은 자식을 부역에 따르도록 한 처사는 더욱 편사불공한 일이 옵니다. 노비의 법에 이미 모역을 따르도록 하였사온즉, 홀로 사노의 양처가 낳은 자식을 반드시 부역을 따르게 하며, 양정이 저차 감소되고 천적을 번거롭게 함은 이미 국가의 이익이 아니오니, 사노가 사비에 장가를 들어 처로 삼은 자가 그 재산을 소비하면서 그 처의 상전에게 속신을 한즉, 노의 주인은 또 양처가 낳은 자식이라 하여 계속 사역을 시키고 있으니, 비록 이름은 속량을 했다고 하나 결국 양인이 될 수 없으므로, 이것을 원통하게 여기는 일이옵니다. 특히 기유년(1669)의 제도를 의방하여 금년, 모월 모일 이후에 출생한 자는 모두 모역을 따르도록 하오면, 시행한 지 수년 뒤에는 수십만의 양정을 얻을 수 있으므로, 그 먼 장래의 이익을 위하여 이미 말할 수 없을

145) 법제처, 『추관지』 제4권, 183쪽. ; 『추관지』 제5편 장례부 천노비종모역조 "英宗六年 京畿御使 金尙星所啓 兩班之有奴僕者 皆飾其娶良妻 故軍保貧殘者之女 太半爲私賤之妻 生子生女爲私賤 而良丁之日縮 全由於此, 若搜括其曾前後父役之類 汰定軍役 則固不無騷擾之害, 而臣意則 自今以後, 定爲令甲. 勿論公私賤使之從母役. 不出十年, 可見良民之日增, 不可不商確而處之矣"

것이며, 또 원망을 해소시킬 수 있습니다"[146]라고 하며 종모법을 두고 또 종부법을 적용함이 사사로움에 치우친 공평하지 못한 처사이고, 설사 속신을 해도 계속 그 자식을 사역시키므로, 이러한 법제와 실행에 대해 노비의 신분을 가진 사람들은 이를 원통하게 여기므로, 국가 이익과 노비들의 원망을 해소시키기 위한 목적을 위해서는 종모법만을 적용해야 함을 주장한다. 이에 대해 영조는 "지금 어사의 주장하는 바를 듣건대 양민이 날로 감소되는 폐가 전혀 여기에 있다 하니, 사소한 폐로서 대체를 소홀히 할 수 없는 일이다. 금년(영조 6년 1730)부터 출생하는 자는 법령으로 정하여 공사천을 막론하고 모역을 따르도록 각별히 신칙을 하라"[147]고 하며 국익의 목적에서 종모법의 시행을 철저히 할 것을 명한다.

이상과 같이 영조 때에 종모법만의 시행이 1730년 경술 12월 『속대전』 반포(1746 영조 22) 전에 왕명에 의하여 "공사의 종으로서 양가 여자에게 장가들어 낳은 남녀는 모두 양민의 어머니를 따르게 하는 법을 정하였음"을 알 수 있고, 수모법 적용으로 속량, 종부법의 적용으로 환천했던 과정을 기록하고 있다.[148] 이리하여 『속대전』에는 종모법만 적용되게 하고 종부법 규정인 단서는 없어지게 된다.

---

146) 앞의 책, 동조 계속, "奴婢世云, 中國所無之法, 而 自麗朝, 其來已久, 至於奴良妻所生從父役, 則尤是偏私不公甚者, 奴婢之法既從母役 則獨於私奴良妻之産 必從父役, 使男丁漸縮 賤籍增○已非國家之利, 而私奴之娶私婢爲妻子 費其財 贖其妻於婢之主, 則奴之主又以爲良妻之産而役之, 雖有贖良之名, 終不得爲良, 此尤寃痛者也 特倣顯廟己酉之制 令今年某月某日以後所生 悉從母役則行之數年, 可得良丁數十萬 其爲經遠之利 已不勝言 而亦可以消怨矣"

147) 위의 책, 동조 계속 "今聞御史所泰, 良民日縮之幣, 專由於此, 不可以此少之幣忽於大体, 自今年所生, 定爲令甲, 勿論公私賤, 使之從母役事, 各別申飭"

148) 민족문화추진회 간, 『국역 연려실기술』 10, 598쪽. 노비조 "命定公私賤娶良妻所生男女幷從母之法, 良産從母 其議已久"

그러나 『대전통편』(1785 정조 9년)이 나오기 4년 전에 편찬된 『추관지』(1781 정조 5년)의 편자 박일원의 말을 보면 "하늘이 사람을 내실 때 언제 귀천의 구별을 두었는가!……양반이 있고 중인·서민(中庶)이 있고 이 아래에 또 노비가 있다. 한번 노비가 된 뒤에는 대대로 그 신역을 지니게 되어 아비가 자식에게 물려준다.……이 어찌 하늘의 이치이겠는가?"149) 하며 그 당시까지도 노비 신역 세전법인 종모법이 존속었다는 것을 알 수 있으며 자연법 사상인 천리를 내세우며 노비법을 비판한다는 것을 알 수 있다.

149) 박일원 등 편, 『추관지』 제1편 노비조 "天之生民 何嘗有 貴賤之別哉…有士夫焉有中庶焉 下此而又有奴婢焉一爲奴婢之後 則世世役屬, 父傳其子 與牛馬鷄犬同爲産業 此豈天理也"

제3장 노비 신분의 자각과 저항에 대한 규제와 사상

노비는 조종 성헌으로 영세(永世)에 전하여 마멸하지 않을 법이라는 미명 하에 태어나서 죽을 때까지 소·말·닭·개와 같은 짐승 취급에서 신체적 약역과 공물을 바쳐야 하고 함부로 죽임을 당해야 하며, 그것도 당대의 일신에만 끝나지 않고 자손대대로 신분의 굴레를 씌우는 법제 하에서 국가의 공물과 개인인 상전의 재산으로서 물건 취급을 받았지만 "천하의 공공한 이치로 말한다면 역시 하늘이 주신 똑같은 인간(백성)인데……하늘에서 주신 성품은 같은데……대저 사람이란 같은 종류인데……공천도 또한 백성인데, 사삿집종이라 해서 국민이 아니겠습니까? 우리나라의 노비법은 천하 고금에도 없는 법이며, 천자수모의 법은 금수의 도리이며, 사람으로서 짐승 취급을 함이 어찌 법이겠는가, 비법 중의 비법이다……"고 외친 양반 지배층·선비·관료들의 각성이 있기 이전에, 노비의 신분으로서 부림을 당하는 체험을 뼛속 깊이 느끼고, 소·말·닭·개 취급을 하는 노비법이 천하 고금에도 없는 악법임을 입속으로, 행동으로 자자손손 밤낮으로 외쳤을 것이다. 하나 당시의 신분 사회의 벽이 너무나 두터웠던 반면에 노비의 신분상 법적·사회적·경제적인 지반이 너무나 빈약하고, 자기 일신의 의식주조차 거둘 바를 모를 정도로 혹사되었기에, 감히 체제에 도전할 엄두조차 내지 못했으리라 추측할 수 있다. 그러나 그리도 명약관화하듯 천리와 인륜에 어긋나는 악법에 순종하지만은 않았을 것임도 미루어 짐작할 수 있다. 이에 대해 노비법에 대한 자각과 저항은 개별적으로는 도망·은닉 등의 소극적인 방법과, 죽음을 각오한 적극적인 상전 구타·능욕·살해 등과 집단적인 체제 도전인 난으로 나타난 경우 등을 나누어 살펴볼 수 있다.

제1절 소극적 저항

소극적 저항에는 굴레를 벗어나기 위한 도망과 숨어 살며 호적에 허위기재를 하는 허록·천인 명부에 빼어버리는 누적·노비 신분을 감추는 은닉 등이 있다. 이에 대한 법제는 추쇄, 처벌 등의 법제로 대처한다.

1. 도망·허록·누적·은닉-추쇄·처벌

『경국대전』「형전」 공천조에 의하면 "공천은 3년마다 속안을 작성하고 20년마다 정안을 작성하여 형조·의정부·장례원·사담사·본사·본도·본읍에 비치한다. 내수사의 노비는 장례원에서 정안과 속안을 작성하여 장례원·형조·본사·본도·본읍에 각각 1통씩 비치한다."고 한다. 『속대전』「형전」 공천조에는 매 식년에 추쇄하고 내수사의 노비는 10년마다 추쇄하고 노비대장은 3, 10, 20년마다 작성된다(各司奴婢每式年推刷 內奴婢則限十年推刷)고 하여 공노비의 도망을 방지하기 위하여 다른 지방으로 도망한 노비를 모두 찾아와서 본고장으로 돌려보내기도 하고 공노비 대장을 3년마다 조사하여 개서 계속하는 속안과 공천의 등록 원부인 정안은 20년마다 조사·작성하여 도망을 방지하였다. 태종 11년(1411) 6월 각 사의 노비 추쇄를 마친 노비의 수는 노 50,585구,

비 60,017구, 계 119,602구였고,[150] 세종 21년(1439) 5월엔 각년의 속안을 참고로 하여 누안자를 추쇄하고 고쟁자를 판정하고 다시금 정안을 만들었는데 124사의 견추노비가 21만 수천여 구 미추 노비가 2만 수천여 구나 되었으며[151] 성종 15년(1484)에 추쇄를 마친 노비가 경외노비 261,984구, 제읍·제역노비가 90,581구 총 352,569구에 이르렀음을 알 수 있는 바[152] 적지 않은 공노비가 다른 지방으로 도망갔다는 것을 알 수 있다. 사노비는 상전의 호적에 기재하고 외거 노비는 호적상에 상전 아무개의 노라는 것을 기입하게 해서 도망을 방지하였다. 이에 대해 법제는 도망한 노비에게 서울의 노비로서 도망하여 외방에 거주하는 경우는 그 노비를 처벌하고, 체포하여 데리고 오지 못한 관리와 알고도 신고하지 아니한 담당자와 그 이웃에게 모두 장 1백의 형을 가한다. 만일 역을 피해 승니가 된 자는 결장 1백에 처하고 극변잔읍(極邊殘邑, 지극히 먼 변경의 피폐한 마을)의 관노비에 영속시키고 정을 알고 있는 사 승니는 장 1백에 처하고 승려의 도첩(度牒)을 회수하고 속인으로 환원시키며, 사천도 처벌한 후 주인에게 돌려준다.(京奴婢逃亡居外方者 論罪捉還 不能險擧官吏及知而不告所官人切隣並以制書有違律論 若避役爲僧尼者決杖一百極途殘邑官奴婢永屬 知情師僧尼以制書有偉律論還俗當差 私賤論罪 給主)[153] 이 규정을 보면 노비가 도망을 하기 때문에 처벌 규정을 두고, 담당관리와 이웃도 도망 노비임을 알고도 신고하지 않는 경우도 있었으므로 처벌 규정을 두었음을 짐작할 수 있다. 또한 도망한 노비

150) 『태종실록』 권33, ② 171쪽.
151) 구병삭, 앞의 책, 377쪽. 주 25 참조.
152) 구병삭, 위의 책, 378쪽. 주 30 참조.
153) 『경국대전』 「형전」 공천조.

를 고발한 경우에도 노비 4명마다 상으로 노비 1명을 주고 3명 이하의 경우에는 해마다 공포와 저화를 추징하여 상으로 준다[154]고 하며, 도망한 노비를 고발한 자에게 노비 1명을 상으로 준다(陳告逃漏奴婢者 每四口賞給一口 三口以下則追徵各年貢布及楮貨給賞)는 것은, 도망한 노비가 많았다는 것과, 신고를 잘 안 하고, 또한 추쇄하기가 어려웠음을 엿볼 수 있다. 『속대전』「형전」 공천조에 의하면, 도망한 후 30년이 지난 자는 속안을 마감할 때에 증빙문서를 당해 조에 올려보내 빙고한 후 면제하고, 도망한 자가 부모가 있으면 도망으로 기록하지 아니하고, 도망한 자로서 70세 이상은 늙었기에 관역을 면제하되 노비 대장의 기록은 그대로 두며, 지방 관아에서 보관하는 정안 또는 속안(외안)에 기록된 노비로서 서울에 도망해서 사는 자는 그대로 머물게 하고, 녹안(범죄인 명부)에 기록하여 역사(役使)하며, 양계(함경도와 평안도의 양도)의 인물이면 하나하나 수사하여 귀환하게 하며 경역을 허가하지 아니하고 침선비, 의녀에 속하는 관비 등이 상경한 후 소생한 자녀는 경안에 넣지 않고 조사하여 본관으로 되돌려 보내고 중기 이후엔 노비에게도 늙었다는 이유로 관역을 면제해주는 경로사상의 일편린이나마 엿볼 수 있으며, 거주·이거의 자유가 반사적으로나마 허용되는 면도 있고, 도망한 노비 본인에게 장형 중에 가장 무거운 장 1백의 형에 처한다는 처벌 규정은 없는 바, 초기보다는 도망 행위에 대한 노비에 가하는 형벌을 감면시키는 것 같이 보인다. 그러나 관리 노비를 누락시킨 행위는 3명 이상이면 장백에 징역형인 도 3년, 수령은 추고(죄과를 심문, 조사하고 징계)하고 5명이상 누락시킨 색리(담당 아전)는 장 1백과 원지에 유배(귀양살

154) 『경국대전』「형전」 공천조

이)하고 수령은 파직하며, 10구 이상을 누락시킨 경우에는 색리와 수령을 가중 처벌하고, 역사자(役使者)를 숨겨서 보호해주면, 노비의 숫자가 많고 적음과 역사가 오래됐는지 가까운지 묻지 않고, 장 1백 도 3년형에 처하고 역가를 징수하며 사천도 동일하다. 도망을 허접(자기 집에 붙여 숨겨주는 것)한 자 또한 같은 죄로 하며, 도망한 역리를 허접한 자 또한 국죄로 하고, 그 역가를 징수하여 본역에 주며, 공사천으로서 역사하는 공사천을 용은(容隱)한 자는 장 1백에 유 30리하고 또한 역가를 징수한다. 면임·이임(면·리의 호적 기타 공무를 담당하는 사람)·절린으로서 알면서 신고하지 아니한 자와 수령으로서 검거하지 아니한 자는 모두 제서유위율로써 논죄하되 사면의 전후를 묻지 아니하며, 만일 그 숨겨준 자가 자수하면 면죄하고 역가의 징수도 면한다. 도루(逃漏)된 자신이 자수하면 면죄하고 전공도 징수를 면한다[155]고 하며, 『경국대전』「형전」 공천조를 보면 해당관리와 일족 등이 내용을 알면서 생자를 사자라고 한 자는 죄의 사면을 물론하고 전가를 도변하고 제서유위율로 논죄한다고 하고, 『속대전』「형전」 공천조를 보면 생자를 사자라고 한 자는 장 100, 유 3000리에 처한다고 한 규정들은『경국대전』의 것과 비교해보면 도망·허록·누락되는 노비의 숫자는 많아지며, 해당 관리·색리·수령의 누락 등의 행위는 빈번하고 처벌 규정은 점점 가중되며, 동료 노비로서 노비의 도망을 도와주는 경우도 있음을 알 수 있고, 이웃에 대해서도 처벌하는 것을 보면, 노비법이 악법이고 인정과 천리에 반하므로, 노비법의 위반행위를 악법에 대한 정당 행위로 인정하고 즉시 관에 고발하기는커녕 관리들까지도 더욱 많은 노비의 신분 이탈을 방조

155) 『속대전』「형전」 공천조

하고 있었음을 간접적으로나마 읽을 수가 있을 것 같다. 특히 도루 노비를 6명 신고하면 상으로 1명을 주되 아무리 많이 해도 5명 이상 주지는 않았으며, 고발·체포한 노비가 전부 다 도망을 가면 상으로 받은 노비를 관에서 도로 가져간다.

또한 같은 노비의 신분으로서 노비를 30명 이상 고발을 하면 공천의 신분을 면하고, 사천 또한 공천을 주어 대신 면천을 시키는 규정[156]을 보면 도망 노비의 숫자가 굉장히 많다는 것을 알 수 있는 바, 이는 노비들의 신분 차별에 대한 자각과 저항이 심화되어가는 것임을 알 수 있고, 30명 이상이나 되는 많은 도망·누락된 노비를 신고하면 노비 신분을 면해준다는 규정 또한 노비의 도망과 그에 대한 대책을 동료 노비의 힘으로 해결해보려는 잔인한 정책을 동원하지만 국가의 권위로서도 일일이 다 관리할 수 없는 한계에 다다랐다는 것을 알 수 있다.

2. 사칭 양부 소생 면천-종모법 적용

한편 천인의 신분을 가진 노비들은 자기의 자녀들이 신분을 세습하는 법에 대한 저항의 방법으로 딸은 양인을 찾아 출가를 시켜서 종부법의 적용으로 천인 신분을 면해보려고 했으나, 종부법을 역이용하여 공사비가 양인 간부를 내세워 방량의 목적으로 양인의 자라고 칭하여 타인 소생이 자기의 소생이 되기도 하고, 타인의 부가 자기의 아버지로 둔갑하는 현상도 나타났고[157] 양부와 간통

156) 『속대전』「형전」 공천조.
157) 『세종실록』 권45, 11년 7월 ③, 192쪽. "己巳受常參視事 右議政孟思誠啓 公私賤娶良女 則已有定法 獨公私賤嫁良夫 則未有限由是公私婢欲良其者 皆指其奸夫之良者曰 此人實此兒之夫也 以他人之夫爲己之父 他人之子爲己之子…"

하여 출생한 것인 양 위조하여 양부 소생으로 입적하기도 했다.[158] 이에 대해 공사비로 일정한 부 없이 양천 간에 상간으로 출생한 자녀에게는 종부법의 적용에서 제외시키고[159] 또한 부가 양인이 되어도 천시 소생을 종부법에 따라 소급 적용시킬 수 없도록 규정하기도 했다.[160] 또한 『수교율례·율례요람』(1785)에 의하면 "종〔奴〕 아무개 저는 본래 어느 양반집의 대대로 전해오는 노속(奴屬)으로써 저의 모가 다른 곳에 팔려간 후, 감히 종이라는 이름을 모면할 생각을 내어 호적의 이름을 기재하지 아니하고는 속여 양인이라고 일컬었다."는 데 대해 『대전통편』「호전」 호적조에 장 1백을 쳐서 정배의 형으로 처벌했다는 것을 알 수 있다. 이상과 같이 소극적이나마 노비 법제를 벗어나려는 노비들의 저항 방법은 자연법사상에 의해 조선왕조의 실정 노비법을 비판한 것이라고 짐작하는 것이 어렵지 않다.

제2절 적극적 저항

이에는 구두로 하는 비방에서 상전의 비행을 고발·무고하는 것 등과 행동으로 옮기는 상전 모욕·능욕·폭행·상해·살해까지 행한 것을 살펴본다.

---

158) 『세종실록』 권45 11년 9월 ③, 196쪽. "刑曹啓 甲午六月二十八日以後 公私婢嫁良父所生 幷令從父爲良 故公私婢有的實賤夫者 欲以其子爲良. 許稱潛奸良人所生 立証告訴以有夫女之者 指爲奸夫所生 曖昧難辨 請勿聽理 且公私婢一月之內屢更其夫 良賤人瓦相交嫁故聽訟官吏 眩於處決…"

159) 위의 책.

160) 국사편찬위원회 간, 『한국사』 3, 494~495쪽 참조

1. 비폭력적 행위

1) 노비 가장 사대부 비방

『수교정례』의 부례비율조에 의하면 노비가 가장을 비방하면 자손이 조부모·부모를 매리(罵詈)한 율에 비하여 고실형에 처한다고 하여 아무리 억울한 일을 상전인 가장으로부터 당해도 욕설을 하고 인상을 쓰면 목 졸라 죽인다. 『대명률직해』를 보면 "무릇 노비가 가장을 꾸짖고 욕한 자는 교형에 처하고 가장의 기년복친속 및 외조부모를 꾸짖고 욕한 자는 장 80 도 2년, 대공복친속이면 장 80 소공복친속이면 장 70 마복친속이면 장 60의 형에 처한다."[161] 고 하여 노비는 가장에게 절대로 욕설을 못하도록 극형을 규정하고, 기타 상전의 친족에게도 말 한마디 공손히 하지 않고 노비를 금수나 재물 취급을 하여 혹사하도록 한 노비 법제에 대한 저항을 언어를 통해서라도 불만을 나타내면, 엄벌에 처하도록 하였는바 생활 속에서 노비의 신분으로서 가장에게, 상전의 가족 친족에게 저항을 하였기에 법제가 명문화되어 있다는 것을 알 수 있다. 『대전회통』에서는 모든 관리나 품계 없는 사족을 욕하면 장 60에 처하고 심한 경우는 장 60, 도 1년에 처한다[162]고 하여 신분 간의 차별 정신이 여전히 계속되고 있음을 알 수 있다. 또한 영조 51년(1775)에 사사집종〔私奴〕 복성(卜成)이 제상의 성명을 함부로 바로 부르며, 동리 안의 사부를 업신여겨 모욕하고, 혹은 도포를 착용하며, 혹은 생원이라고 자칭하면서 횡포하게 상전을 배반하므로, 본역 그대로 절도에 정배를 하는 사건[163]을 보면 법제상 보호하

161) 법제처, 『대명률직해』 439쪽, 『대명률직해』 권21 「형률」
162) 『대전회통』 「형전」 추단조 "常賤罵有品雜岐官及無品士族者杖六十事理重者杖六十徒一年"

는 신분 차별을 부당하다고 항의하는 저항의식을 짐작하기가 어렵지 않다.

『수교정례』·『율례요람』에 의하면 "종 아무개 저는 종과 상전의 분의를 생각지 않고 저의 형이 상전에게 구타당하여 마침내 치사(致死)하게 되었으므로, 사실을 들어 고발하여 죽은 자의 목숨을 보상받고자 하였다"고 함에 『대명률』 법간명 의조를 적용하여 만약 노비가 가장을 고발한 자는 자손이 부조를 고발한 것과 함께 죄가 같으므로 장 1백, 도 3년의 형에 처한다고 기록되어 있다.164) 『경국대전』「형전」 소원조에는 억울한 것을 고하되 비법(위법)으로 살인한 것은 무죄가 되고 『속대전』에는 제(弟)로서 형을 위하거나 노로서 주를 위하는 기타 지원극통(至冤極痛)한 사정이 있는 것만 신문고를 두들겨 억울함을 고할 수 있다고 한 것을 보면, 노의 신분에는 형제의 억울함을 고해도 오히려 유죄로 엄벌에 처한 것은 이때까지도 노비는 인격 주체가 아닌 객체 취급을 했음을 알 수 있다. 1786년(정조 9년)엔 사노 복덕은 그 아비인 도홍이 별감 이천손에게 척살(踢殺, 발에 짓밟혀 채여 죽음)되었다고 고발해 본조에서 천손을 구금하여 사실을 조사하고 계문한 사건에 대한 판결 속에는 "종과 상전의 분의는 하늘과 땅과 같은 것이므로, 이를 한번 능범한다면 윤리와 강상이 파멸되는 것이므로, 이렇게 되면 사람은 사람의 노릇을 할 수 없고 나라는 나라의 노릇을 할 수 없는 것이며, 우리나라에서는 전혀 명분과 교화를

---

163) 법제처, 『추관지』 제3권 제3편 고율부속조 범분 능욕사부 "英宗五十一年 私奴卜成 斥呼宰相姓命 凌辱洞內士夫 或着道袍 或稱生員 橫判上典 仍本役絶島定配"

164) 법제처, 『수교정례 · 율례요람』, 258쪽. 148 노고가장조 "奴某矣矣身 不有奴主之分義 矣兄被打於上典 竟至致命 故擧實發告 欲爲償命云云 大明律干名犯義條云 若奴婢告家長者 與子孫同罪 杖一百徒三年云云"

숭상하고 강상과 윤리를 부식하는 경사에 있어서는 힘쓰지 아니한 바 없었노라"[165] 하며 종은 사람이 아니고 종의 고발은 윤리와 사회 신분 질서의 파멸을 가져오며, 상전이 사람 노릇하는 데 방해가 되고, 국가가 국가의 기능을 발휘할 수 없다고 하는, 상전과 종의 관계는 하늘과 땅에 비유하는 불평등사상을 법적 정의로 내걸고, 법제가 종의 저항을 강력하게 억누르고 있다는 것을 알 수 있다. 또 한편 춘향전을 통해서 보면 변 사또인 양반 계급을 향하여 범죄 행위를 고발하는 저항 정신을 엿볼 수 있다. 춘향이 "유부녀 겁탈하난 거슨 죄 아니고 무어시오……충효열녀 상하잇오" 하며 충효열녀의 규범을 지키는 데 있어서 상하 계급이 있을 수 없으며, 근본적으로 양반이니 상천(常賤)이니 하면서 인간을 차별하는 지배 의식 자체의 타파를 강조한다.[166] 이에 대해 "사또 딕로(大怒)하야 이연 드러라…… 操弄官長하는 죄난 制書律의 율에 씌여 있고 拒逆官長하난 되는 嚴刑定配하는 이라 죽노라 셔려 마라" 하며 관에서 백성(노비)을 밉게 보고 처벌하겠다는 생각만 먹는다면 무슨 죄목이든지 씌울 수 있었다. 그 때문에 선량한 백성(노비)들이 원통하게도 극형을 당한 끝에 무참히 죽어간 예가 수없이 많았다.[167] 이러한 독재 관료의 그릇된 지배 의식에 맨주먹으로 용감하게 항거한 것이 춘향(천기 소생)이다. 그녀는 계급 차별의 부당성을 용감하게 항의하였다. 법제가 이들을 불평등하게 대하는 것과 동시에 지배 계층의 계급의식 또한 차별적으로 도도하였다. 춘향이 일부종사하겠다고 말하며 사또의 수청을 완강히 거절하면,

165) 법제처 간, 앞의 책, 55~56쪽. "…判付內 奴主之分 截若00 一有凌犯 倫綱0壞 如是也則 人不得爲人 國不得爲國…"
166) 장경학, 앞의 논문, 61쪽.
167) 장경학, 위의 논문, 61쪽.

회계 나리가 "너 갓튼 창기배에게 수절이 무어시며 정졀이 무어신다……너 갓턴 창기배에게 충열이자웨 잇시리" 하며 양반 이외에는 인간이 아니라는 생각, 일부종사라는 유교의 도덕이나 법률이 양반 계급의 독점물이지 천인·서민층에서는 관여할 바가 아니라고 믿었던 것이다. 이에 대해 춘향은 계급의 불평등을 깨닫고 이에 저항하는 의식을 갖게 된 것이다. 이는 오히려 그 시대의 노도와 같은 민중(천인·서민)의 저항의식이 천기의 딸로 하여금 반항을 하게끔 용기를 주었던 것이라 보아야 할 것이다.[168] 춘향이가 사또 앞에서 항쟁한 것은 바로 양반과 천민 사이의 계급의 장벽을 타파한 것이며, 만민 모두 충효열녀의 규범이 적용된다는 것을 주장한 것이다. 그녀는 법 앞의 만민평등을 외친 것이며, 법의 목적은 인간 차별에 있지 않고 인간성의 존중에 있다는 것을 역설한 것이다. 춘향의 생각과 의식법적 사고는 근대화되었음을 뚜렷이 엿볼 수 있다.[169] 반면에 이때까지도 우리의 법제도는 근대화되지 못했으며 동시에 전근대적 법의식이 지배층 관료에게 강하게 남아 있었음을 알 수 있다.

2) 옛 상전 무고

무고(誣告)는 현행법에서도 처벌의 대상이 된다. 이는 노비의 신분을 벗어나 속량(贖良)한 뒤 옛 상전을 무고하는 것인데, 이 행위 또한 노비 신분으로서 억울함을 참고 견디고, 감히 노비로서 상전에 대항하지 못하다가, 양민이 된 후에 드디어 옛 상전의 행위를 무고라는 방법으로나마 고발을 하는 경우이다. 『율례요람』에 의하면 "아무개 저는 이 씨댁 종으로서 전에 이미 속량(贖良)하였

168) 장경학, 앞의 논문, 63쪽.
169) 장경학, 위의 논문, 104쪽.

으나 전답에 관계된 일 때문에 감정을 품고 이미 속량한 종에게 재물을 침탈한다는 것과 선물을 억지로 받아간다는 등의 말을 거짓으로 꾸며서 고소하였읍니다라고 하니 법은 『대명률』의 무고조를 인용 적용하여 아무개는 무고반좌율(誣告反坐律)에 의하여 장 100·유 3천 리의 형에 처해야 한다"고 규정하며 옛 상전의 행위가 진실일 경우 『대전통편』 속량조를 적용, 동등한 벌을 가하고 있다.[170]

3) 노비 상전 능욕

노비의 신분으로 상전의 부당하고 위법한 행위가 있어도 욕설을 하고 상전의 성명을 불손하게 부르거나 비(婢)의 남편인 비부(婢夫, 양인인 경우도 있음)로서 처 상전(妻上典)을 업신여겨 욕을 하면, 두들겨서 엄벌에 처한다고 하나, 당사자로서는 법이 겁이 나서 항상 참고만 있지는 않았다. 『율례요람』에 의하면 "아무개 저는 본래 우매하고 열등한 성질을 가진 자로서 옛 상전에 대한 분의를 생각지 아니하고 조그만 일에 감정을 품고는 성명을 마구 부르며 술 취한 기운을 타서 침욕(侵辱)하기를 여지없이 하였습니다."라고 하자, 법은 『대전통편』의 고존장조(告尊長條)를 적용하여 "옛 노비가 옛 가장을 꾸짖어 욕한 자는 장 1백, 도 3년의 형에 처한다"라고 기재하고 있다.[171] 또한 비의 남편으로서 고가(雇價)를 감액하

---

170) 법제처, 『수교정례·율례요람』, 242~243쪽. "百二十一, 誣告 上典橫侵 某矣矣身分李宅奴子 前已贖良 而含憾於田畓事以已贖奴 侵橫及善物侵徵等說 構捏訴云云 大典通編贖良條云已贖奴婢 稱以物侵徵者 以 良爲賤律論 杖一百流三千里 大明律誣告條云 誣告有罪者 杖一栢流三千里云云 某段 以誣告反坐 杖一百流三千里云云"

171) 법제처, 앞의 책, 243~244쪽. "百二十三, 凌辱上典 某矣矣身 本以迷劣之性 不有舊上典之分義 含憾於微細事 斥呼姓名乘醉 侵辱 無復餘之云云"大典通編告

여 주는 일에 성이 나서 처 상전을 능범 모욕하여 못하는 일이 없었다는 경우엔 사목을 적용하여 장 80, 도 2년의 형에 처한다.[172]

2. 폭력적 행위

1) 구타

『대명률직해』에 의하면 "무릇 노비가 양민을 구타한 자는 일반인이 남을 구타한 죄보다 1등을 가중하며, 양민이 타인의 노비를 구타한 자는 일반인을 구타한 죄에서 1등을 감경하되……만약 복을 입는 가까운 친척이나 소공복친속(小功服親屬, 종조부모, 재종형제, 종질, 종손 등)의 노비를 구타한 것은 절 이상의 상해가 아니면 불문에 붙인다.(基良人 毆傷殺他人 奴婢者 減凡人一等……若毆 痲·小功親奴婢 非折傷物論)"[173]고 하여 노비로서 신분에 가까운 양인과 싸우거나 양인을 구타하면 노비를 가중처벌하고, 양민이 노비를 구타하면 감경 처벌한다. 『속대전』에서는 사족을 구타하면 명백한 경우 장 1백, 도 3년에 처해[174] 노비의 구타행위는 엄하게 처벌하는 등 불평등한 형벌 사상을 나타내고 있음을 알 수 있다. 이리하여 『백헌총요』(정조: 1777~1800: 『대전통편』(1785) 편찬 전후 쯤?)에서도 여전히 『대명률(직해)』「형률」 노비구가장조와 동일한 내용의 규정을 권지삼 구살조에 명문화하면서 친고죄라는 요건만을 첨가하고 있을 뿐이다. 구체적으로 살펴보면 "노비

尊長條云 "奴婢罵家長者杖一百徒三年云云"

172) 법제처, 앞의 책, 242~243쪽. "百二十二凌辱妻上典 某矣矣身以律下婢夫 不知名分 憾怒於雇價減給 凌犯詬辱 罔有紀極云云事目內 率下婢夫 凌辱妻上典者杖八十徒二年云云"

173) 법제처, 「대명률직해」, 「형률」 권제20 투구 양천상시조.

174) 『속대전』, 「형전」 추단조 "當賤毆打士族事情明白者 杖一百徒三年"

가 가장을 구타한 자는 참형에 처하고……가장의 가까운 복을 입는 친척과 외조부모를 구타하면 교형에 처하고…… 가장의 시마친(媤麻親)[175]을 구타하면 장 60, 도 1년의 형에 처하고 소공친(小功親)을 구타한 자는 장 70, 도 1년 반에 처하고, 대공친(大功親)[176]인 경우에는 장 80, 도 2년의 형에 처한다[177]고 하며 노비의 상전인 가장과 가장의 부모형제 자녀 등 가까운 친척 등에게 손을 대면, 목을 쳐서 죽이거나 목 졸라 죽이고, 그 외 가까운 친척 3·4촌 전후에게 손을 대면, 최하 장 60에서 징역 1년, 최고 장 80 징역 2년의 형을 가하여, 노비로서 감히 상전(양반: 사대부 등)에게는 감정과 불만을 나타내지 못하도록 하고 있다. 그러나 참는 데에도 한도가 있는바 불의, 불법 행위에 대해 저항하기도 한다. 『율례요람』에 의하면 "아무개 저는 상전의 지친인(至親人, 부자·형제)이 저의 처와 더불어 희롱하고 있으므로 분통한 생각을 이기지 못하여 그의 집에 마구 뛰어들어가 손으로 때리고 꾸짖어 욕하여 못하는 일이 없었다"고 하니 대명률의 노비구가장조를 적용, 노비가 가장의 대공친속을 구타한 형에 의하여 노에게 장 80, 도 2년의 형을 가한다[178]고 기록하고 있다. 『추관지』(1781 정조 5년)를 보면 서울에 사는 이 소사라는 비가 천첩으로서 가장을 구타하고 정처(正妻, 본처)의 신주(神主)를 향하여 칼을 빼어 들고 꾸짖고 욕하는 경우에는 『대전통편』에 의거하여 결장 100 후에 정배(正配)하였다고 적고 있다.[179]

175) 법제처, 『고법전용어집』, 484쪽.
176) 법제처, 위의 책, 204쪽.
177) 법제처, 『백헌총요』, 270~271쪽. 권3 구살조.
178) 법제처, 『수교정례·율례요람』, 243~244쪽. "百二十四 奴婢毆家長大功 某矣矣身 上典至親人 與矣妻調戲 故不勝憤痛 突入其家 犯手詬辱 罔有紀極云云 大明律 奴婢毆家長條 奴婢毆家長之大功親者 杖八十徒二年云(罵者 杖六十)"

2) 처 상전 살해 음모(미수)

“아무개 저는 남의 집에 고용된 노자(奴子)로서 처를 유인하여 도망하려다가 도리어 사나운 독한 마음을 품고 몰래 날카로운 칼을 가지고 밤을 타서 처의 상전의 침실에 숨어들어갔다가 죄상이 탄로되었다”고 하니 대명률 인명조를 적용, 노비나 고공인(雇工人, 머슴)이 가장의 친속을 살해할 음모를 하여 이미 실행에 착수한 자는 장 1백, 유 3천리의 형에 처한다[180]고 한 사건은 비부로서 처 상전에 대해 살해까지 하려는 생각을 품는 경우인 바, 이에 대해 정조(13년)는 “대저 가장 증오스럽고 가장 해괴한 것은 소위 여종의 남편(婢夫)란 자가 처 상전에게 불공하는 일이로다. 양반집과 여염집을 막론하고 반드시 욕을 당하는 폐가 많거던……비부의 불공함이 어찌 홀로 중재(重宰) 및 유품반호(有品班戶)에게만 있겠느냐. 근일에 도류안(徒流案)을 보건대 당당한 사부의 집에도 이런 일이 없지 아니하고, 미미한 사람으로서는 양반・중인・상인(常人)을 막론하고 알 만한 일이로다.……중한 자는 원률외에 반드시 모두 엄형을 1차 한 후에 법에 비추어 처단하도록 하라”고 한다.[181]

---

179) 법제처『추관지』제3권, 제3편 고율부 감범 구상죄, 462쪽. “毆打家長京居李召史身爲賤妾毆打家長向正妻神主拔劍叱辱依大典通編決杖一百後定配”

180) 법제처,『수교정례・율례요람』, 285~286쪽. “百九十五 謀殺妻上典(傍照)某矣矣身 爲人雇奴誘妻逃亡 被捉之後 反含狼毒 潛懷利刃 乘夜潛跡入 於妻上典之寢所是如何罪狀綻露云云 大明律 人命條云 奴婢及雇工人 謀殺家長之期親已行者杖一百流三千里云云”

181) 법제처,『추관지』제4권, 206쪽. 추관지 제5편 장례부 사천 비부불공조 “大低最可惡最絶骸者 所謂婢夫之不恭於妻上典無論班戶閭閻必多 辱知幣…豈獨在於重宰及有品班戶而近見徒流案無非表表士夫若此則徵徵人毋論兩班.中人.商人可知…事理重者原律外必皆嚴刑一次 然後照勘”

3) 노살주

『대명률』「형전」 모살조부모·부모조에 "만약 노비와 고용인이 자기의 가장 및 가장의 기복친·외조부모 또는 시마복 이상의 친속을 모살한 자는 죄가 그 자손이 한 것과 같다(若奴婢及雇工人謀殺家長及家長之朞服親外祖父母 若緦麻以上親者 罪與子孫同)"고 규정하여 음모 실행에 착수한 자는 모두 참형에 처하고 이미 살해한 자는 모든 능지처사의 형에 처하며 노비구가장조에는 "무릇 노비가 가장을 구타한 자는 모두 참형에 처하고 살해한 자는 모두 능지처사의 형에 처하며 과실로 치사한 자는 교형에 처한다"고 하여 어떠한 경우라도 노비가 가장을 과실이나 고의로 살해하면 절대적 단일형인 극형을 벗어날 길이 없도록 규정하는 철저한 응보형의 사상과 신분 차별 정신을 읽을 수 있다. 『속대전』「형전」 추단조에도 노로서 주인을 시(弑)한 자, 관노로서 관장을 살해한 자는 기·미수(旣未遂)를 불문하고 삼성추국(三省推鞫, 의정부·사헌부·의금부인 삼성에서 임금의 특명에 의해 국문)하도록 규정하고 있다. 또한 위의 규정들이 『대전회통』에도 그대로 실려 있으며, 이들의 죄는 강상죄인이라 하여 결안(結案, 死罪를 결정한 문서) 정법(집행)하여 교·참형이나 능지처사의 극형에 처한 후, 처·자녀는 노로 만들고 파가저택(破家瀦宅, 집을 헐어버리고 웅덩이를 파, 물이 고이게 하는 처벌)하며, 그 읍의 명칭을 깎아내리며 수령은 파직시키고 사형 집행 전에 죽은 자도 함께 처벌한다[182]고 하여 처자식에게까지 보복을 가하고 해당 수령도 파직시키는데 『대전회통』에서는 수령의 파직을 금하고 있다.[183] 이렇듯 실정법이

182) 『속대전』, 「형전」 추단조.
183) 『대전회통』, 「형전」 추단조.

극형을 규정함에도 불구하고 생명을 던져가면서 노비가 가장·상전을 살해하는 사건은 『조선왕조실록』을 보면 조선조 초기부터 후기까지 끊임없이 계속 일어난다. 1467년 세조 12년 9월 형조의 계(啓)를 보면, "사노 대평이 본주 이거물이 자기의 밭과 말을 빼앗음에 원한을 품고 중상을 가하려고 하던 차 하루는 거물이 그의 아들 이산과 대평의 집을 지나감에 그의 사위 노 덕지와 망을 보며 몽둥이를 휘둘러 말을 타고 천천히 쫓아 거물의 어깨를 치니 거물은 뻘구덩이 속에 빠져 박존의 집으로 숨어 도망갔다. 대평이 존의 집에 도달하여 그 사위 덕지로 하여금 파수를 보게 하며 찾았으나 거물이 도망을 하여 찾을 수 없었다. 거물은 관가에 고소를 하니 그 행위가 모살에 이르므로 전과 같이 용서하여 놔둬서는 안 되므로 법에 의해 참(斬)하기를 청하니 세조가 이에 따른다.[184] 1470년 성종 원년 경인 2월 형조의 삼복계를 보면, 영안도 경성의 죄수 사노 성충·비 연화·합대·비부 맹득연·김치명과 지간금 등 6명이 그들의 주인 신을부 등을 모살한 6명의 죄는 법률에 의하면 능지처사에 해당하는 바 김치명의 처자는 유 삼천리에 처하고 재산을 죽은 자의 집에 단부(斷府)해주고 지간금 등 모두를 참하기를 청하니 성종이 이에 따른다.[185] 『추관지』에 의하면, 인조 8년(1630) 의금부에서 다음과 같이 상주하였다. "사노

184) 『세조실록』 권39 ⑧-38 "戊辰 刑曹啓 咸從囚私奴大平怨本主李巨勿, 奪田與馬常欲中傷 一日巨物與其子 李山行過大平家 大平望見與其 奴德只 各操白棒馬奇馬遲逐杖巨勿肩 巨勿走入泥中 投匿朴存家 大平尋到存家 使德只把守其門 搜之未得巨勿脫走告官 某謀害情迹 甚於謀殺 不可赦以散前而不治 請依律處斬 從之"

185) 『성종실록』, 권3, 성종 원년 2월 "刑曹三覆啓 永安道 鏡城囚私奴成忠, 婢廷花合臺 婢夫孟得運金致明, 與池干金等, 謀殺其主辛乙富等六人罪 律該凌遲處死, 金致明妻子, 流三千里 財産斷付死者之家 池干金等皆斬"

몽이는 초사에서 '그 어미 낙령이가 사람의 뼈를 얻어와서 저에게 이것을 부수어 그 상전이 잠자는 방의 안팎·벽의 사이에 나누어 주고 저주하며 상전을 모살한 것이 사실'이라고 하였고, 사비 낙금이는 초사에서 '그 아들 몽이가 늘 몽둥이로 맞는 것에 성이 나서 저주하려 하므로 과연 몽이와 함께 집 뒤 산속으로 가서 사람의 뼈를 얻어다가 상전집의 구둘 밑에 두고, 함께 주인을 모살한 것이 사실'이라고 말하였으니 법률에 의하여 처단할 것을 청합니다" 하니 인조가 윤허를 한다. 계속해서 또 다음과 같이 상주를 한다. "주인을 시해한 몽이·낙금이 등은 이미 집행하였으니 그 읍호를 강하하고, 그 수령을 파직하고 그 집을 파가저택하고 그 자녀를 속공하고 하는 일을 예에 따라 거행함이 어떠하겠습니까" 하니 인조가 허락을 한다.[186] 또한 효종 10년(1659)의 사건을 보면 형조의 계목에서는 다음과 같이 말한다. "죄인 사비 연향이는 이렇게 말하였다. 즉 '정유년 9월에 상전 홍준래가 그의 집에 와서 그 아들을 때려죽인 뒤 또 그의 머리를 때려 상처를 내고 또 그 집에 가서 품속에 있는 젖먹이를 빼앗아 거꾸로 들고 마구 휘두르고 때렸으므로 아들을 도로 빼앗고 삼노[麻索]로 힘껏 목을 졸라 죽이고서는 집 뒤 산의 동굴에 파묻은 것이 사실'이라고 하였습니다.

『대명률』 모살조부모부모조에 조부모·부모를 포살한 경우에는 모두 능지처사하고 노비로서 가장을 모살한 경우에는 죄가 자손이

186) 법제처, 『추관지』 권1, 229~230쪽. 제2편 윤상 노살주조 "仁祖八年禁府啓曰, 私奴夢伊招內, 其母洛今得人骨教渠破碎分置干其上典寢房內外壁間, 以爲詛呪, 謀殺上典的實, 私婢洛今招內, 其子夢伊, 每以被杖爲怒, 欲爲詛呪, 故果與夢伊往家後山中拾得人骨藏置上典家房上突, 同謀殺主, 的實, 請依(處斷, 依允, 又啓曰弑主罪人夢伊洛今等, 已爲正刑, 降其邑號, 破其守令, 破家瀦澤, 子女屬公事, 依例擧行何如, 依允"

한 것과 같다고 하였으며 동률(同律)의 사인복 대보조에 '그 가운데 십악의 죄를 범하여 사형하여야 할 경우에는 부대시로 집행한다'고 하였으니 이 법률에 의하여 처단하기를 청합니다" 하니, 효종이 허락을 하였다.[187] 현종 5년(1664)엔 은율의 사노 건충·유립이 그 주인을 찌르고 살해하여 노비와 주인의 의리를 끊었으며 파주의 사노 충헌이 이 사족의 처녀를 훔쳐 그의 아내로 만들려고 한 사실이 발각될까 두려워 죽인 바 곧 형을 가하니 이에 대해 식자는 깊은 근심을 한다는 내용을 볼 수 있고[188] 숙종 8년(1682) 금천 손여술의 비부 귀복은 그의 처가 사역당하는 것이 싫어서 처가의 식구 수십 인을 데리고 밤에 도망갔는데, 잡으러오는 것이 두려워 고개를 넘고 나서는 총을 쏘아 여술이를 죽이려 하였다. 애향·성룡이는 여술의 아우 여조의 노비인데, 상전을 해하려고 꾀한다는 말을 듣고도 즉시 고발을 하지 아니하고 도리어 귀복이의 사주를 따랐다. 이에 대해 관찰사 홍만종의 계본에 인한 형조의 계목에 인한 형조의 계목에서는 다음과 같이 말하였다. 『대명률』의 모살인조에 "살인을 계획하고 이미 행동하였으되, 상해하지 아니한 경우에는 장 1백, 도 3년에 처한다"고 되어 있으나, 이는 일반인으로서 살인을 계획하고 이미 행동하였으되 상해를 입

187) 법제처, 『추관지』 권1, 229~230쪽. 제2편 논상노살주조 "孝宗十年本曹啓目罪人私婢香招內, 丁酉九月上典洪俊來到其家, 打殺其兒子後, 叉打傷其頭腦後, 叉到其家, 奪取懷中乳兒, 倒執揮撲, 故不忍坐視, 與其夫乭無赤, 還奪兒子, 以麻索並力縊殺, 仍埋於家後山洞, 的實, 大明律謀殺祖父母父母條云, 謀殺祖父母父母者, 皆凌遲處死, 若奴婢謀殺家長者, 罪與子孫同, 律死囚覆奏待報條云其犯十惡之罪應死者, 決不待時, 請依律處斷, 依允"

188) 『현종실록』 권8, 5년 2월 36)-398 "殷栗私奴檢忠劉立 刺殺其主 以滅奴主之義 坡州私奴 忠獻劫掠士族處女 欲作其婦 恐事覺 遂況江以殺之…皆疑服就刑識者深以爲憂"

히지 아니한 경우를 말하는 것이고, 고공이나 비부의 신분으로서 그렇게 한 것을 가리키는 것이 아닙니다. "조부모·부모 및 기복친의 손위에 대해 살해를 계획하고, 이미 행동한 것은 모두 노비·고공이 가장을 계획·살해한 경우와 죄가 같다"고 하고 있다.[189] 또한 숙종 5년(1679) 본조(刑曹)의 계목에서는 다음과 같이 말하고 있다. "사노 유정이 백주에 칼[劍]을 뽑아 처 상전 계향을 마구 찍어 당일에 치사케 하였으니 그 죄는 강도보다 심한 것이나 당해조에는 근거할 조문이 없으니 상복하여 시행할 것을 청합니다"고 하자 형방 승지 박○가 다음과 같이 상주한다. "대낮에 큰 도회지에서 인명을 마구 찍었다는 것은 극히 흉악한 일로서 단순히 예에 따라 처리할 수 없는 일이니, 부대시(不待時)로 참형에 처하고 앞으로도 영원히 법으로 삼도록 할 것을 청합니다"[190]라고 극형을 내려 위하(威嚇)를 보이려고 한다. 이외에도 상전을 살해하는 숱한 사건이 끊이지 않고 일어났다는 것을 미루어 알 수 있다.

노비는 이렇듯 법적 불평등의 신분적 처우에 대해 이성으로서 참을 수 없는 한도에까지 이르면 그들은 개인적으로 목숨을 내걸고 그들의 상전과 지배층에 대해 저항을 하였다. 노비의 신분에

---

189) 법제처, 『추관지』(권1), 230~231쪽. 제2편 논상노살주조 "肅宗八年金川孫汝逑婢夫貴福, 厭其妻之抑役,率妻黨數十口, 乘夜逃去, 恐其追蹤, 踰嶺之後, 欲放砲殺汝逑, 愛香·成龍則以汝逑弟汝曹之奴婢 謀害上典之語, 而不卽發告, 反從貴福之指嗾, 因道臣洪萬鐘啓本, 本曹啓目大明律謀殺人條, 謀而已行,未曾殺人者杖一百徒三年, 此則凡人之謀殺, 而已行未曾傷人者, 非指雇工與婢夫而言也, 謀殺祖父母父母及期親尊長已行者皆與奴婢雇工謀殺家長者罪同云"

190) 앞의 책, 동조, "肅宗五年 本曹啓目 私奴有貞 白晝拔劍亂斫妻上典柱香, 卽日致死, 其罪甚於强盜, 而該曹無可拋之文, 講詳覆施行 刑房承旨朴 啓曰, 自晝大都之中亂斫人命. 循極凶寧, 不可循例處置, 請不待時處斬, 自令以後 永爲令甲"

대한 법적 지위를 볼 때 지배층은 이들을 자신들의 법익 고수를 위해 재물화하고 천시하였다. 상전·사대부 등 상층 계급에 대한 불공은 강상죄라고 하여 극형을 서슴지 않고 집행하는 것을 앞에서 보았으며, 그들의 불만은 자라서는 안 될 땅의 잡초라 생각하듯 철저하게 말소해버리려고 조선왕조의 실정법제는 노비에 대한 처벌규정을 완화해주기는커녕 일벌백계의 응보형을 제도화하려고 하는 경우를 살펴보았다. 서양의 형벌 제도사를 보아도 응보형인 신체형이나 극형이 있어 그러한 죄에 해당하는 범죄 행위가 감소되지 않았듯이 우리의 노비제도에서도 오늘날에는 모욕죄에도 해당하지 않을 불만 표시의 언행을 극형에 해당하는 범죄행위로 다 법제화하였다. 그러나 오히려 상대적으로 경한 범죄 행위보다 중한 범죄인 상전 살해 행위가 부단히 발생하는 것을 알 수 있다. 이러한 법제에 대한 불만은 왕권 체제 하에서 서구의 상공 시민들과 같이 지배층과 타협을 초래할 정도로 부를 축적해 강력하고 조직적으로 저항하지 못했고 일찍이 산발적인 반란으로 나타난 적은 있다. 참고 삼아 노비신분으로서 일으킨 집단적인 행위를 살펴보자. 가장 유명한 고려 신종 원년(1198) 5월, 개경의 북산에서 사노(사동) 만적, 미조이, 연복, 성복, 소삼, 효삼 등 6명이 나무를 하다가 다른 공사노들을 불러놓고 "장수와 정승이 어찌 씨[종자]가 있으랴, 시기가 오면 누구나 할 수 있다. 우리들은 육체가 고되게 일만 하면서도 채찍 밑에 곤욕을 당할 수만 있느냐" 하니 여러 종들이 모두 그렇게 여겼다.[191]는 기록이 있다. 이 집단 행위는

---

191) 『고려사절요』 권14, 신종 청효대왕 무오조 "私僮滿積. 味助伊, 廷福, 成福, 小三, 孝三等六人 樵于北山, 招集公私奴隷謀曰, 國家 自庚發以來, 朱紫多起於賤隷, 將相 寧有種乎,時來則 可爲也, 吾輩安能勞筋苦骨 困於箠楚之下 謀奴皆然之"

동료의 밀고에 의해 실패했지만 그들이 주장하는 내용은 인간평등 사상이며 천부인권사상과도 다르지 않다. 공무 담임권도 노비의 신분에게 부여되어야 한다는 주장이다. 여기에 찬성을 하는 종들의 숫자는 "누런 빛깔의 종이[紙] 수천 장을 오려서 정자(丁字)를 만들어 표시를 삼고……최충헌을 죽이고 그 주인을 쳐서 죽이고 천인의 문적을 불살라버리면 공향(公鄕)·장상을 모두 할 수 있을 것이다"[192]고 했는데, 수천 명의 노들의 집단적이고 조직적인 저항 정신을 엿볼 수 있으며, 지배층과 상전과 천인문적이 인간을 불평등하게 하며, 공무 담임권을 박탈하는 요소임을 알 수 있다.

조선왕조에 들어와서도 노비들이 집단적으로 저항했다. 임진왜란 때(선조 25, 1592) 왜군이 도성에 침입하기 직전 선조와 그 일행이 돈의문(서대문)을 나서자마자 무섭게 노비 문서가 보관되어 있는 장례원과 형조를 불사르고 공사 노비 지적을 소각하였으며 내고에 난입하여 금전 재물을 헤치고 경복궁·창덕궁·창경궁에 불을 놓았는데, 역대의 보기와 홍문관의 서적, 춘추관의 역대실록, 타고 소장의 전조(前朝) 사초, 승정원일기 등이 모두 회진되었으며 서울은 왜군의 서울 입성 이전에는 표현하지는 못하다가 법을 만든 주체세력이 허약할 때엔 서슴지 않고 본심을 나타내는 것을 알 수 있다. 기록상으로는 이들의 집단 행위에 대한 것은 잘 나타나지 않지만, 고려 때의 노비 법제가 조선왕조에 들어와서도 완화되지 않았으며 천자수모법으로 신분이 세전되었으므로 불만은 쌓여갔다. 그러므로 임란 이후 신분 질서가 해이되고 평등사상이 고조되면서 많은 농민의 반란 속에 노비가 동조하여 집단적 저항

---

192) 앞의 책, 동조 "乃剪黃紙數千 皆銀丁字爲識 約以甲寅 聚興國寺 同時鼓噪 趣毬庭作亂 內外相應 山殺崔忠獻 等 仍格殺其主 焚其賤籍 則公鄉將相 皆可得矣"

을 하였으리라 생각된다.

1646년(인조 24) 노비 반란, 음모 사건에 대한 형문안과 1688년(숙종 14)에 민중에 기만하던 죄인 사노 박업귀에 대한 추안[193]이 추안 및 국안[194]에 실려 있는 것을 보면 노비 반란이란 집단적 저항이 성공하지 못하고 실행에 착수하기 전에 발각되었으나 법제와 신분 질서 체제에 도전한 노비들의 저항 사상의 표현이라고 볼 수 있으며, 사노 박업귀 역시 민중을 기만했다고 하는 것은 또한 집단을 향한 의사 표시와 함께 행동을 시도한 것이 아닌가 생각된다.

또한 순조 즉위년(1800) 8월 15일, 경상도 인동부에서 장시경 등 60여 명의 농민이 관아를 급습하였고[195], 순조 11년(1811) 12월 18일부터 다음해 4월 19일까지 만 4개월간의 홍경래난, 철종 13년(1862), 의주농민봉기에 이르기까지 약 반세기 동안 전국 각지에서 지배층에 대한 여러 형태의 집단적 저항 행위가 연이어 일어나고,[196] 농민층의 일부는 노비이었으리라 짐작되며, 제주 농어민의 봉기(1862년 9, 10, 11월)는 세 차례에 수만 명의 인원이 동원되었으며,[197] 이 해에 일어난 대동소이한 봉기 상황은 전국적으로 일어나 농민 봉기 지역이 모두 35개 처로 호남 전역에서만 115,000명에 이르렀으므로 경상·전라·충청의 삼남 중심의 인원수는 대략 수십만 명은 되었으리라 본다.[198] 이러한 농민 봉기의

193) 진단학회,『한국사 근세 전기편』(서울 : 을유문화사), 610쪽.
194) 정광호「해제 추안급국안」,『민족문화』, 창간호(서울: 민족문화추진회, 1975) 122, 124쪽
195) 국사편찬위원회,『한국사』17, 110쪽 참조.
196) 위의 책, 111쪽 참조.
197) 위의 책, 123쪽 참조.
198) 한우근,「동학농민군의 제2차 봉기」,『한국사』17(국사편찬위 : 1977. 2. 20), 148~151쪽 참조

목적은 지식 수준의 향상으로 경제적 의식이 높아지고 스스로의 권익을 보호하기 위해 지배층의 수탈과 인간 이하의 대우에 대한 평등사상과 전통적 신분 체제의 부인을 주장하기 위한 것이었다.[199] 구체적으로 1894~1895년의 동학농민봉기를 통해 농민군이 제시한 폐정개혁안 12개 조목을 보면, 그중에 "노비 문서를 소각할사, 칠반천인의 대우는 개선하고……"[200] 하는 조문이 있다. 종의 굴레를 씌우는 노비 문서를 불태워 영원히 합법적으로 인간을 지배하는 근거를 없애버리며, 인간 차별의 개선과 함께 신분 질서의 타파를 주장한다는 것을 알 수 있다. 왜냐하면 1801년, 약 1세기쯤 전후에 왕명으로 내수사, 각 관방 노비 36,974명과 사노비(각 아문 노비) 29,093명에 대해 노비 문서가 소각되었으나 모두 궁방·관아 관노비의 그것은 불태워지지 않았다. 또한 그들이 모구 실제로 노비 신분에 벗어나 당장 양민이 될 수 있다는 것을 보증하는 것은 아니었으며, 사노비에 대해서는 아무런 조치도 없었다.[201] 따라서 관노비의 일부와 사노비 문서의 소각을 주장하며 실질적인 차별 대우를 없애달라는 내용으로 이해할 수 있을 것이다. 전국적인 농민봉기였던 동학농민군의 신분 구성은 "상·천이 아닌 것이 없으며, 사노, 관속의 하예·반종의 패가랑자들이라"[202] 고 하므로 적지 않은 수의 구성원이 노비 신분이었음을 추측하기가 어렵지 않다. 이렇게 노비 신분의 불평등·비인간적 법제에 대

199) 국사편찬위원회, 『한국사』 17, 65쪽.

200) 위의 책, 127쪽 참조. ; 『동학사』 권2.

201) 『순조실록』 권2 원년 정월 2기㊼-362, 4월 신해 ㊼ -380 참조, 앞의 책, 65쪽 참조.

202) 일본공사관 기록, 「1894 동학당에 관한 건」, 갑오 10월 16일 일본 공사에 보낸 김윤식의 서한. ; 한우근, 「19세기말 한국의 사회상황」, 『한국사』 17(국사편찬위원회), 66쪽 참조(주27 재인용).

한 불만과 관료·상전·지배층의 부정부패·불의에 집단적인 저항을 했음을 알 수 있다.

제4장 노비 신분의 해방에 관한 법제와 사상

노비의 신분 해방은 고난의 가시밭길을 걸어왔다. 공천에 대해서는 부분적으로 의무 부담을 감경·면제해주고, 노비 신분을 당대에만 한정하고 2세부터는 해방시켜주었다. 그러나 완전한 신분해방은 실정법상으로는 한정적이었다. 극히 예외적인 사례에만 개별적으로 노비 신분을 해방시켜주었는데, 그 사례는 다음과 같다. 국가의 내란을 진압한 공로, 또는 도망 노비의 체포·고발 또는 적을 참수하면 그 공로로 면천시키고, 적 2명 이상을 귀순시키거나, 적전 지출입 장소를 상세히 정탐·보고하면 면천시키고, 전쟁물자를 바치든지 전사한 노비가 있으면 그 아들 1명을 면천시키고, 시녀로 중국에 가게 되면 그 부모를 면천시키기도 하고, 북경역관의 공로로 본인 혹은 친척을 면천시키고, 흉년이 들 때 농우를 바치는 자를 면천시켰다. 사천인 사노비는 개별적으로 해방되기도 했는데, 상전이 노비 문서를 내어주거나 불사른 뒤 관에 신고해야 했다.

이상의 경우들은 특정의 노비만 특별히 면천시킨 것이고 국가의 노비법제는 그대로 존속했다. 그러다가 1801년 대부분의 공노비 문서를 불태운 후 집단적으로 면천시켰고, 1894년(고종 31), 갑오경장 시에는 사노비 법제도까지 완전히 폐지한다. 이렇듯이 완전해방의 과정을 밟는 동안 숱한 내외적 저항을 받기도 했지만 신분해방을 지지하는 사상을 바탕으로 해서 노비에 관한 실정법제가 붕괴·소멸된 것이다.

제1절 부분적 해방

1. 신분에 따른 의무의 감경·면제

노비의 나이가 연소·연로하면 공역을 면제하거나 중환자나, 난치·불구자로서 그 자식이 3명 이상 공역을 하면 면제시켜주어 그 어버이를 봉량하게 하는 시정귀양제, 노비의 소생 6명이 실역자(입역과 실공 포함)면 공천의 아들 1명을 면제하고, 서울의 노가 만 50이면 낙적에서 제거해서 공역을 면제하고, 임산(해산에 임박)한 때에 산전 후 휴가를 본인과 그 남편에게 주는 등 의무의 면제는 감경보다는 개별적이고 특정한 법규정에 의해서 시행되는 경우가 대부분이었고, 감경의 경우는 면제보다는 가벼운 것이었으므로 보다 많은 공사노비에게 일률적으로 수시로 시행되었고, 법규정 이외의 실농·천재 등의 경우에는 더 광범하고 빈번히 시행되었다.

2. 시정귀양법

『경국대전』「형전」 공천조에는 "奴婢年十五以下六十以上者 篤疾者廢疾者所生三口以上貢役者免貢役 所生五口以上貢役及 年七十以上者而所生三口以上貢役者 並免一口 八十以上又給侍 丁一口 九十以上全給侍 丁父母 雖非公賤亦給"이라 하여 연령을 참작하여 특히 노동을 할 수 없는 나이와 경로사상 등이 혼합되어 면공역 및 시정을 급여해주고 있으며, 동전 동조에서 "京奴年滿五十 除樂籍免貢役·奉足侍丁免貢役 奴婢每三年 推刷改給入案"이라 하여 봉족·시정에게도 공역을 면제하고, 『속대전』「형전」 공천조에선 부모의 나이가 많은 경우가 아닌, 노비로서 실역을 하는 자식이 많으면 그 자식 중에 1명에게 특혜(면공역~공역)를 주는 규정을 명문화하고 있다. 즉 노비의 소생 6명이 실역을 하는 자(입역과 실공도 같다)이고 그 부모가 공천이면 1인을 면제하고, 3명이 실역을 하면 그의 부모에게는 공을 면제하고, 비록 부모가 죽은 뒤라도 동생 5명이 실역을 하면 1인을 면책시키며 10인 실역의 경우 2명을 면공한다.

이렇게 면역·면공을 해주는 이면에는 앞서 율곡의 선상노의 역이 이렇게 침해와 괴로움이 지극하여 대신 베로써 역의 대가를 치러 지금에는 다만 베를 징수할 뿐이요 한 사람도 와서 구실을 서는 자가 없다고 선조에게 주장하는 것을 미루어보면, 노동력 제공의무가 얼마나 괴로웠기에 패가함을 감수하고도 면역을 하려고 했는지 짐작할 수 있다. 그러나 이런 것은 실정법의 규정을 벗어난 탈법 행위에 속한다.[203] 그래서 이러한 탈법행위가 관행이 되어 역을 공으로 대납하게 하고 공이 심하면 감공·면공의 방향으로 법이 변화되어간다.[204] 1469년(예종 원년 9월)에 선종·교종 및 쟁업권·경거 노비에게 일체의 잡역을 면하게 하며 성종 즉위년) 엔 평안도 관찰사 어세겸이 "본도의 제 사노비 중 빈궁한 자는 금년의 실농으로 그 신공을 쉽게 내지 못하므로 청컨대 전례에 의해 반으로 감해서 받도록 해주십시오"라고 하니 호조에선 이 계에 의거, "제사 노비 신공은 가벼이 고칠 수가 없이 여전히 그대로 함이 어떻냐"고 하니 승정원에선 "이 도는 해를 연이어 실농하고 백성의 가난이 극심함으로 관찰사의 계에 따라주실 것을 청합니다"라고 하니 성종이 이에 신공 감액을 승낙한다.[205] 또한 1661년(현

203) 한장경 역, 앞의 책, 430~431쪽.; 유형원, 앞의 책, 속편 하 노비조
204) 한장경 역, 위의 책, 431쪽.; 유형원, 앞의 책, 속편 하 노비조

종 2)엔 우의정 원두표가 노비 신공을 감해주고 그 대신 모자라는 것을 호조·상평·선혜·사복 각 사에서 보충함이 어떻냐고 하니 현종이 이에 따른다.[206] 앞의 『속대전』「형전」 공천조의 규정이 효종 8년 정유의 왕명임을 1698년 간행된 『수교집록』에 명문화되어 있다. 또한 1755년(영조 31)에 내사의 노비의 공납 수량을 감하여 옛 제도에서는 16세부터 공납을 내고 61세에 이르면 노년이기 때문에 면제하였는데, 노(남종) 1명에 무명 2필을 수납하고 비(여종)는 한 필 반을 수납하였으며, 현종 정미년(1667)에 옥당 단만하의 소청으로 인하여 절반을 감하였으며, 1740년(영조 25)에 호조판서 박문수의 상달에 의하여 특별히 그 윤수가공하는 수량을 감하였던 것인데 이때에 와서는 또 각 공납을 절반씩 감하는 법을 정하기도 했다.[207] 1760년(영조 36)에 『영조실록』에는 제주목사의 장계에서 노비의 공미와 균역미를 1두로 감해주기를 앙청하는 기록이 보인다. "上特召大臣備堂 右議政閔百祥以齊州牧使狀本 仰請奴婢貢米 均役米感一斗"이라 하여 『대전회통』「호전」 요부조에선 노비공을 폐지하고 있다.

---

205) 『성종실록』, 성종 즉위년 12월 ⑧-444 "本道諸司奴婢貧窮者 因今年失農 其身貢 未易備納 請依前例 減半收之 戶曹據此啓 諸司奴婢之貢 曾巳定數 錄于貢案 不可經改 仍舊何如 承政院議啓曰 此 道連年失農 民貧尤甚 請依觀察使所啓 從之"

206) 『현종실록』 권4 37 36-307 "右議政元斗杓請減 災邑之奴婢身貢 軍人番布 出戶曹常平宣惠司僕寺 各司所儲 以充厥數從之"

207) 『연려실기술』, 별집 권13 노비조 "三十一年乙亥 命減內寺奴婢貢納數 舊制奴婢自十六歲出貢 至六十一歲老除 而每奴收木綿二疋半 婢收一疋半 顯宗了未 因玉堂 李端夏疏請減半 英宗己巳 因戶判朴文秀陳達 特減其 閏數加貢之數 至是又定各貢減半之法"

제2절 완전 해방

노비 신분의 완전해방의 방법에는 여러 종류가 있다. 여기에서는 ① 국가에 공을 세워서 공신으로서나 군공으로서 면천되는 경우와 ② 범죄인을 체포·고발하면 면천이 되고 ③ 국가에 필요한 재물을 기증함으로써 신분이 양인으로 되는 납속면천 ④ 무과에 급제하거나 사노가 계속해서 군역에 복무하면 면천이 되는 경우와 ⑤ 종모종부법의 적용으로 허량이 되는 경우로 종친의 천첩 자녀 삼품 이상 사대부의 첩 자손·대소원인의 첩 자손의 일정한 경우의 대구속신의 경우와 ⑥ 천부양모의 자녀가 종모법의 적용으로, 양부천모의 소생이 종부법의 적용으로, 천부 천모의 소생이 노비 신분의 세습 정지 법제에 의한 경우 및 ⑧ 노비법 폐지로 인한 양인으로 신분이 해방되는 경우 등으로 나누어볼 수 있다.

1. 공으로 인한 위량

1) 공신의 허량

『경국대전』「형전」에 보면 "凡奴婢因事功爲良 以公賤充給"이라고 하여 노비가 일의 공로로 인해 양민이 되는 경우를 규정해 놓았다. 『경국대전』 편찬 전의 예를 보면, 세조 2년(1456) 정월에 세조는 정난의 공을 세운 공신 조득림의 아버지가 노예를 면하지 않으면 안 되므로 이에 특별히 영구히 방면하여 양인으로 삼는다[208] 하고 1455년(단종 3) 2월에는 단종이 자기를 젖 먹여 기

208) 『세조실록』 권3, 2년 정월 ⑦-112 "御札敎趙萬曰 爾子得琳 自幼從子 順承無違 効積旣多 乃服勞萬里之外 與幾靖難之功 克參佐翼之列 同盟於上帝 鳴佩於縉紳 予之報功 豈有紀極 但爾以功臣之父 不宜未免奴隷 玆特永放爾爲良"

른 유모인 봉보부인의 형제인 원효, 말동, 김질동과 봉보부인의 누이동생인 가야지 그리고 상궁 박 씨의 형처인 파독 등의 종량을 허락하는 전지를 병조와 형조에 내린다.[209]

또한 1456년(세조 2)에도 형조에 전지(임금의 명령서)를 내려 이제 원종공신(작은 공이 있는 사람에게 주는 칭호)이 된 관노 약 20여 명을 노적에서 그 이름을 삭제하고 영구히 양민이 되도록 허락하며, 이어서 병조판서 신숙주의 사노 양질동이와 이조판서 권남)의 사노 김파지, 진무진선의 사노 개동 등도 원종공신으로 하고 영구히 양인 됨을 허락하고 나이가 비슷한 공천을 보충해준다.[210] 성종 3년(1472)에는 형조에 교지를 내려 전 절도사 어유소가 국가에 공훈이 있어 의당 상을 내려야 함에 그의 첩인 사비 진주를 영허위량한다[211]고 하여 『경국대전』이 제정되기 전에 공을 세운 관노비와 주인 공으로 인해 공을 세우는 데 힘을 쓴 사노에게 예외적으로 신분을 해방시켜준 것이 『경국대전』 속에 명문화되었음을 알 수 있다. 그러나 하위지(1387 고려 우왕 13~456 세조 21)는 노비 허량에 대해 "하늘이 사람을 낼 때에는 양인과 천인의 분별이 없었지만 윗사람이 아랫사람을 부리는 데 있어서는 반드시 존비 등의 차등이 있게 마련"이라고 하며 실정법상으로 신분의 차별이 합리적이고 타당하다고 주장하고 "노비는 비록 하늘이 낸 백성이기는 하나 진실로 노비를 변경시켜 양민이 되어 주인과 서로 대항하게 할 수는 없는 일이다[212]"고 하며 주인과 종은 현실에 있어서 대등한 인격 주체가 되어서는 안 된다며 노비 신분

---

209) 『단종실록』 권13 ⑦-14.
210) 『세조실록』 권5, 2년 8월 ⑦-147.
211) 『세종실록』 권23 3년 7월 ⑧-670.
212) 이익긍, 『연려실기술』 별집 권10 삼정교전고노비조.

의 해방을 반대한다. 특히 그의 문집인 『눌제집』에선 "여·주(女主)의 분(分)은 군신과 같고"213) "노·주(奴主)의 분은 백세토록 바꾸어서는 안 된다"214)고 하며, "따라서 노비가 양인이 되거나 주인을 배신 능욕하거나 하는 것은 군신의 윤리를 배반하는 적신과 다름이 없다"215)며 절대적으로 노비 신분의 해방을 해서는 안 된다고 하며 노비의 법제는 군신의 윤리를 지키기 위해 필요한 듯 노비 제도를 옹호하고 당연하게 생각한다. 그러므로 노비 제도를 지지하는 사상이나 법제는 되도록 노비의 신분 해방은 까다롭고 어렵고 예외적인 경우에 국한시키도록 규제하고 있다. 예를 들면 군공 1등인 경우에만 양인이 되도록 하고 본인에게만 한하는 것이 원칙이므로 그 외의 사람에겐 혜택을 줄 수 없다. 또한 왕이라도 함부로 노비를 양민으로 해방시킬 수 없도록 엄격히 정했다. 사은(私恩)으로 4촌까지 종량을 허락하는 예외도 있지만, 서산군의 경우엔 상관 조 씨의 조카와 그의 유모인 봉보부인의 5·6촌까지 종량을 허락하지만 신하들의 강력한 반대에 부딪쳐 철회한다.

다음은 연산군 때의 사례인데 왕과 신하들이 신분 해방에 대한 사상이 어떻게 다른지 읽어볼 수 있는 좋은 예이다. 종량에 대해 왕명을 내린 후 마침내 철회하기까지의 과정을 더듬어보기로 한다.

연산군 원년(1495) 5월 11일에 연산군이 전교하기를 "상궁 조씨가 공이 있으니 상을 주어야 하겠다. 그 조카딸 취양비(醉楊妃)와 조카 조복중은 영구히 양민이 될 것을 허락한다" 하매, 원상 정괄 및 승지 권 경우 등이 아뢰기를 "천인이 양민이 되는 것은 원래 중한 일이므로 군공이 아니면 허락하지 않았습니다. 부득이 상

---

213) 하위지, 『눌제집』, 권2 편의사사.
214) 하위지, 『눌제집』, 권4 북방비어 삼소사책.
215) 하위지, 『눌제집』 권2 편의사사.

을 주시려면 제 자신에 한하여 천인의 부역에서 해면하소서" 하니 전교하기를 "조 씨는 선왕조 때부터 공이 있었다. 그러므로 들어주지 않는다" 하였다. 12일(갑오)에는 지평 최보(崔溥)와 이자견(李自堅)이 아뢰는 말 중에 "또 듣자오니 상궁 조 씨를 복호(復戶, 조세나 국가 부역 등 면제 : 의무 면제)한다고 하는데, 전하의 하시는 일을 모르겠습니다. 그 조카 조복중이 사천인데도 양민이 되는 것을 허락하시니, 법에 방해가 되는 점이 있습니다" 하니, 보가 또 아뢰기를 "상궁 조 씨는 공이 있기 때문이다" 하매, 보가 또 아뢰기를 "상궁 조 씨에 관한 사소한 일은 상에 번거로이 여쭐 것이 못 되오나, 이런 것이 한번 시작되면 관인들의 복호하는 일이 싹틀까 염려됩니다" 하였다. 보 들이 또 아뢰기를 "조 씨의 공이 있는지 없는지는 알지 못하겠습니다마는 공이 있는 것으로 말하면 궁중의 사람만이 아니라 외간에도 있으니 역시 모두 복호할 것입니까! 또 족속들로 모두 양민이 되게 한다는 것은 더울 불가합니다. 이런 일들은 모두 전하께 잘못하시는 일이오니 개정하소서[216] 하니, 전교하기를 "그 외의 것은 모두 들어주지 않는다" 하였다. 대간이 아뢰기를 "조 씨는 오랫동안 선조를 모셨는데 그때에는 어찌 공로가 없었겠습니까? 선왕께서는 끝내 은전(恩典)을 외간에 보인 것이 없었습니다. 그런데 전하께서 즉위하신 지 반년도 못 되어 갑자기 무슨 공이 있었기에 복호하고 그 족속을 양민으로 하는 것입니까" 하니, 전교하기를 "조 씨는 선왕조에 역시 공이 있으므로 혹은 각사의 노비를 하사하시고 혹은 그 아들에게 벼슬을 주어 녹을 받게 하였는데, 이번에도 공이 있으므로 그렇게 하였다"

---

216) 『연산군일기』, 권5 원년 5월 계사; 민족문화추진회, 『국역 연산군일기』, 229~232쪽.

하매, 대간이 또 아뢰기를 "맹자가 이르기를 '내가 먼저 사심을 없앤다' 하였습니다. 신들의 생각으로는 전하께서는 공평정대하게 마음을 가지시어 편당의 사사가 없게 하기 위하여 반복해서 아뢰는 것입니다.……조 씨가 만일 실지 공로가 있다면 때로 의식을 주어서 그 공을 갚을 따름입니다. 전하께서 만일 조정을 존경하는 마음이 계시다면 궁중의 사소한 일을 가지고 외간에 내어보이시지 않아야 합니다" 하니, 전교하기를 "조 씨의 조카 복중은 종량하지 말게 하라" 하였다.217) 이렇듯 왕이라도 법규정에 없는 과도한 종량인 신분 해방에 관한 조치는 함부로 허락되지 않고, 왕명도 철회하는 것을 볼 수 있는 바 15세기 말의 신분 해방은 참으로 어려웠다는 것을 알 수 있다.

또한 연산군 2년(1496) 3월 2일 봉보부인(奉保夫人, 임금의 유모 종1품)의 친척들을 양인으로 허량을 하는 사건에 대해서 살펴보자. "봉보부인의 원근 족친 62명을 허량하고 방역(양역을 면제함)하였다. 이들은 모두 공사천인데 사천이 많았다. 이에 대해 승지들이 아뢰기를 "『대전』의 천첩자녀조에 이르기를 '외성인 소공친의 천첩의 자녀는 종량하되 속신(몸값을 바치고 양역을 면함)하거나 입역(신역을 대신할 사람을 세움)하지 않는다' 하였으니, 미루어보면 대비(大妃) 동생의 아들밖에 중관의 족속붙이는 다 참여 못합니다. 지금 봉보부인이 비록 공이 있다고 할지라도 이미 자신이 1품이 되었고 또 그 남편을 추작(죽은 뒤 벼슬을 줌)하였으니, 은혜를 입은 것이 지극하다 하겠사온데, 또 어찌 법 밖의 사은을 지나치게 베풀 수 있습니까? 지금 봉보부인이 감히 육칠촌 되는 먼 족속을 청한 것은 심히 불가합니다" 하니, 전교하기를 "예종(睿

217) 『연산군일기』, 권5 5월 -49 ; 민족문화추진회, 『국역 연산군일기』, 232~233쪽.

宗)의 봉보부인의 예를 상고해서 아뢰라" 하였다.

3월 3일, 형조가 아뢰기를 "예종조에 봉보부인의 족친으로 종량된 자가 27명입니다" 하니 승정원에 하문하기를 "예전에도 역시 그러하니 지금 봉보부인의 족속을 다 양인이 되게 허락하는 것도 가하지 않으랴?" 하매, 승지들이 아뢰기를 "예종조에서는 비록 한때의 특은이었을지라도 외람되었음을 면할 수 없습니다. 성종께서는 단지 두 사람만 허락하셨으니 어찌 요량하지 않으셨겠습니까? 전하께서 즉위하신 처음에 있어 모든 일이 지극히 공정한 데서 나와야 하오며 사은을 보여서는 안 되니 성종을 본받으소서" 하니[218] 전교하기를 "경들이 만약 불가하게 여긴다면 내가 감히 강행하지 않겠으나 만약 봉보의 공이 아니었다면 내가 어찌 오늘에 이르렀겠는가? 일이 의(義)에 해가됨이 없을 것 같으면 비록 그렇게 하더라도 되지 않겠는가?" 하였다. 3월 7일(을유)에 승정원에 전교하기를 "예종조에서도 봉보부인의 족속이 역시 많이 종신되었거니와, 지금 봉보의 족속으로 종량의 예에 드는 자가 6인이고 포공(신역을 면제하고 그 대신 포를 바치는 것)을 할 자가 30인이다" 하매, 승지들이 아뢰기를 "예종조에서는 특별히 사촌까지를 종량하게 하였고, 성종께서는 단지 동생만을 종량하게 하셨는데, 지금 봉보의 오륙촌의 족속까지 종량하게 하는 것은 너무 지나친 듯합니다. 만약 명령을 내리신다면, 외인이 놀라워서 반드시 전하께서 사은(私恩)을 남용하신다고 할 것입니다." 하니, 전교하기를 "그렇다면 봉보는 공이 없다는 것이니 그 족친을 종량하는 것을 허하지 말아야 할 것인가?" 하매, 승지들이 아뢰기를 "신들이 봉보가 공이 없다 이르는 것이 아니오라 다만 사은을 남용하시면 성덕

---

218) 민족문화추진회, 『국역 연산군일기』 2, 184~186쪽.

에 누가 될까 염려 하는 것입니다" 하니 전교하기를 "봉보의 공을 위한 것이니, 비록 정부나 대간이 말할지라도 들어줄 수 없으니, 모두 종량하는 것이 가하다. 또 지금의 형세를 보니 으레 내 명령을 중지시키려고만 한다. 성종조에서 단지 동생만을 종량하게 한 것은 그 족속이 없었기 때문이다" 하였다.[219] 그 뒤 또 전교하기를 "성종의 봉보부인의 족친의 포공에 대한 전례를 상고해서 아뢰라" 한다. 3월 9일(정해)에 보면, 명하여 봉보부인의 족친 여섯 사람을 종량하는 것과 30여 명을 포공하게 하는 것을 허락하였으며, 이에 대해 대사헌 이집 대사간 이인형 등이 아뢰는 말 중에 "봉보부인의 공·사천 족친을 명하여 혹은 종량 또는 포공하도록 한 것이 무릇 40인인데 만약 동산(同産)이나 백숙(伯叔)이라면 오히려 가하거니와, 권족까지 다 참여하였으니 이는 너무나도 불가합니다" 하니 전교하기를 "이 일은 경일이 말할 바가 아니다. 봉보가 공이 있고 또 전례가 있기 때문이다. 비록 말하더라도 들어줄 수 없으니 이후로는 다시 말하지 말라"고 한다. 그런데 또 3월 12일에 의정부에서 또 들고 나온다. "봉보부인의 족친 공·사천에게 혹 종량을 허하고 혹은 공포를 받도록 한 것은 무릇 40인인데, 전이나 지금이나 왕후의 절친이 아니거나 군공이 아니면 종량하는 예가 없으니, 이와 같이 지나치게 하는 것은 불가합니다" 하니, 전교하기를 "경들의 말은 잘못이다. 젖이 없으면 자라나지 못하고 자라나지 못하면 대를 잇지 못하는데, 대를 잇지 못하면 종묘사직이 보전될 수 있겠는가? 노산(단종) 예종조에도 다 이런 전례가 있으니 들어줄 수 없다"고 한다. 이튿날 3월 13일(신묘), 홍문관 직제학 표연말 등이 차자(箚子)를 올려 말하기를 "엎드려 듣자옵건대, 전하께

219) 앞의 책, 186, 199, 200쪽.

서 봉보부인에게 노비 7구를, 보모에게 노비 6구를 하사하시고, 또 명하여 봉보부인의 족친 6촌까지 천인이 양인으로 된 자가 여섯이고, 사천으로 공천이 될 자가 스물넷이고, 공천으로 포공을 바치게 한 자가 열이라 하오니 신들은 놀라움을 이기지 못합니다. 이 어찌 전하께서 사은을 남용하십니까?……전하께서 너무 후하시어 사가 절도가 없으시니,……반드시 교만 방자하고……못할 짓이 없어 날로 나라일이 날로 글러져갈 것이니 어찌 깊이 두렵지 않으리까?……바라옵건대 전하께서 깊이 살피시고 경계하시어 빨리 성명을 거두소서"220) 하니 전교하기를 "내가 유모의 공이 아니었다면 오늘에 이를 수 없었다……예종·성종께서도 일찍이 종량을 허하셨으나 끝내 교만 방종한 후환이 없었다……무릇 듣지 못할 일은 비록 대간이 말한다 할지라도 의당 듣지 않을 터인데 하물며 유모에 관한 말임에랴?" 하니 연말 등이 글을 써올리기를 "……유모의 작은 노고가 어찌 털끝만큼이라도 종묘사직에 관계가 있겠습니까……전하의 잘못이 이보다 큰 것이 없사오니 살피고 반성하시어 속히 고쳐주시면 다행이겠습니다……" 하니 연산은 "그대들이 반드시 내가 사람들의 말을 듣고서 하는 것이라 이를 것이다. 명색이 임금이란 것이 이와 같으니 어진 선비가 어찌 반드시 직에 있겠느냐? 각기 짐작해서 하라. 임금의 권도를 쓰지 못하면, 신하들이 장차 마음대로 하여 권한이 위에 있지 않게 될 것이다. 그대들이 비록 반복하여 말할지라도 결코 들을 수 없다"고 하였다.

이튿날 3월 14일 표연말 등이 차자를 올리며 아뢰기를 "……국가의 제도를 보면 외성으로 종량하는 자는 단지 소공에 한하는데, 지금 유모의 족친으로 양인이 된 자는 멀리 6촌에 미쳤으니 이는

---

220) 앞의 책, 201~204쪽.

전하께서 유모의 족속을 대우하심에 도리어 선후의 족친보다 후함이 있는 것입니다.……엎드려 바라옵건대 다시 성념을 더하시어 빨리 성명을 거두소서" 하였으나 듣지 않으니, 이어 글로써 아뢰기를 "신하들의 실망됨이 갈수록 더하오니 다시 세 번 생각하시어 빨리 성명을 거두소서" 하였으나 듣지 않으니 다시 아뢰기를, "온 나라의 공론에 따라 다시 성념을 더하시어 전하의 잘못을 고집하지 마시고 선뜻 고치소서" 하니, 전교하기를 "만약 들어주지 못할 일이라면 비록 대신·대간이 반복하여 말한다 할지라도 어찌 들을 수 있겠는가?"221) 하였다.

이튿날 3월 15일, 3월 16일에도 왕과 신하 간에 철회를 요구하고 거절하는 말들이 오고간다. 3월 18일에는 대간이 『경국대전』과 성종조의 예를 들고 여알(女謁, 여자의 알랑거림)의 폐단을 말하며 "신들은 전하를 이해하지 못하겠다"고까지 말하니, "여알을 듣는 임금 밑에서 신하 노릇하는 것을 부끄럽게 여길 것이니 물러가는 것이 마땅하다"고 하면, 대간이 "전하의 이 하교는 거의 실수하신 것 같습니다" 하니, 전교하기를 "……안에서 결단할 일이다" 하니, 또 대간이 "전하께서 어떻게 봉보(俸保)의 족친을 아셔서 열명(列名)하여 내리셨겠습니까? 이 때문에 봉보가 중간에서 계청하였음을 알고 여알이라고 생각하는 것입니다.……커지기 전에 미리 막으소서" 하니, 전교하기를 "나는 위를 능멸하는 풍습도 다스리지 못하면서 어찌 조종의 고사를 변경할 수 있겠는가" 하였다. 대간이 아뢰기를 "지금 하교에 능히 위를 능멸하는 풍습을 다스리지 못한다 하셨으니 신들은 전하의 하교의 뜻을 모르겠습니다" 하니, 전교하기를 "내가 한 일은 곧 전례를 따를 것인데 경들이 따지므로 위

221) 앞의 책, 204~209쪽 참조.

를 능멸한다고 이른 것이다. 어찌하여 모른다 하는가?" 하매, 대간이 서계(書啓)하기를 "봉보가 은혜를 믿고서 전횡하여 노비를 사급(賜給)하고 족친을 종량하는 등의 일을 제멋대로 아뢰어 욕망을 채우니 지금 징계하지 않으면 신들은 뒷날 조정의 정사가 다 유모의 집에서 나올 것이 염려됩니다." 이에 승지들도 "대간이 보고서 논핵하는 것은 국가에 이익이 있고 손해가 없으니 명하여 보이소서" 하였다.

3월 19일에 또 대간이 "봉보부인의 족친이 종량하는 일은 전례가 있을지라도, 만약 사체에 해로우면 고쳐야 하는데, 지금 사천이 그 주인을 배반하고 남에게 간다는 것은 풍교에 관계되오니 빨리 성명을 거두소서" 한다.[222] 전교하기를 "……종량하는 일은 봉보가 함부로 아뢴 것이 아니라 내가 은혜를 베풀고자 하여 적어 오게 한 것이니 경들이 봉보부인을 문초하겠다고 하는 것은 바로 나를 문초하겠다는 것이다. 임금으로서 한때 특은도 시행할 수 없는가? 만약 반드시 일마다 막는다면, 장차 임금으로 하여금 아무 일도 못하게 하고 신하들이 스스로 하자는 것이니라" 하니, 대간이 다시 아뢰기를 "유모의 족친의 종량 등의 일은 비록 전하의 뜻에서 나오신 것이라 할지라도 유사로 하여금 정과 법을 참작하여 자세히 의논해서 아뢰게 하시지 않으시고 유모라 하여금 임의로 써서 아뢰어 사욕을 부리게 하셨으니 전하의 명령이 본디 잘못된 것입니다. 유모가 은혜와 사랑을 믿고 국법을 생각하지 않고서 오륙촌까지 일체 써서 아뢰어 여알의 문을 열어 놓았으니 이것이 과연 죄가 없습니까" 하고 드디어는 왕에게 종량을 철회하지 않으니 임금의 잘못된 명령을 철회하기를 요구하고, 듣지 않으니 유모를 위

222) 앞의 책, 213~215쪽.

법행위를 한 것이라고 하며 처벌하려고 한다. 3월 20일에도 대간이 봉보부인에 대해 논계(論啓)하고 이어 차자(箚子)를 올려 "신들은 눈물을 흘리며 통고할 따름이옵니다. 전하께서는 다시 세 번 생각을 다하소서" 하니 받아들이지 않는다. 3월 22일, 23일에도 대간이 봉보부인의 일을 논계하였으나 두 번 다 듣지 않았다. 3월 24일에 또 대간이 논계하였으나 듣지 않으매, 서계(書啓)하니 전교하기를 "봉보부인의 일도 은명(恩命)이 이미 내렸는데 지금 갑자기 환수하는 것은 불가하다. 그러나 경들이 만약 굳이 청하여 마지않는다면 성종·예종조의 일을 참작하여 절충해서 처리하겠다. 그러나 졸지에 할 수는 없다. 임금은 신하가 이기기를 힘쓴다 하고 신하는 임금이 이기기를 힘쓴다 하니 누가 능히 구별하랴?" 하였다.223) 이리하여 신하들의 주장에 하는 수 없이 왕이 물러선다. 3월 25일(계묘)에 전교하기를 "봉보부인의 족친 가운데 여덟 사람은 본역으로 환원시켰다. 이렇게 하여도 경들이 또다시 청하겠는가" 하니, 대간이 아뢰기를 "봉보부인의 일은 신들이 단지 명수가 외람하고 촌수가 멀다는 이유로 논청한 것이오며 그 다소에 있어서는 위의 재량에 달렸을 따름입니다" 하며 신하들도 약간 양보를 한다. 그러나 홍문관 직제학 표연말 등이 상소하기를 "봉보부인 등의 일은 대신과 더불어 의논하여 한결같이 공도(公道)에 따르소서" 하니, 전교하기를 "사정을 둔다 하는데 그대들에게 유모가 있다면 어찌 사정이 없겠는가 또 궁금(宮禁)의 일은 모두 대신과 의논하라는데 만약 그렇다면 음식에 관한 일일지라도 다 의논할 것인가?……그대들이 어찌 이와 같이 말하는가?" 하였다. 3월 26일(갑진)에는 홍문관이 아뢰기를 "사정을 두신다고 한 것은 봉보

223) 앞의 책, 216~222쪽.

부인이 1품을 받았으니 은혜와 영광이 이미 지극하므로 지나치게 사은을 해서는 안 되기 때문에 말씀드리는 것입니다.……다시 성찰하소서" 하고 또 대간이 봉보부인의 일을 논계하였으나 듣지 않고 전교하기를 "봉보부인 족친 등의 일은 들을 수 없다. 또 사천의 일은 경들의 말이 본 주인의 청을 듣고서 하는 말 같다" 하매, 대간이 서계하기를 "종과 주인의 분의(分義)는 임금과 신하의 분의와 같아서 명분이 이미 정해져 있는 것이니 문란하게 해서는 안 됩니다. 그러므로 본 주인을 배반하고 딴 사람에게 가면 나라에서 처단하는 상법(常法)이 있는데 이것을 경솔히 무너뜨려서는 안 됩니다. 지금 유모의 족친은 사천이 반수가 넘는데 전하께서 한결같이 아뢴 바에 따라 양인으로 만들고 포공으로 하여, 그 하고 싶은 대로 맡겨두신다면 저들이 누구나 본 주인을 선뜻 배반하고 유모에게 따라붙고자 하지 않겠습니까? 이는 종이 본 주인을 배반하는 풍습이 이로 말미암아 일어나게 하는 것이니 이는 국가의 큰 변고입니다.……"라고 하니,[224] 전교하기를 "봉보부인 족친 등의 일은 들을 수 없다" 한다. 한 며칠 잠잠하다가 윤3월 2일(기유), 대간이 아뢰기를 "봉보부인 일에 대하여는 '사은(私恩)으로서 공의를 폐해서는 안 된다' 하셨는데 그 감한 것은 다만 사천 10명뿐이요 나머지는 다 전과 같아서 전번 하교의 사연과 다르오며 또 사천이 주인을 배반하려는 것은 풍교(風敎)에 관계가 있으니 길을 열어주어서는 불가합니다" 하니, 전교하기를 "봉보부인의 일에 대하여는 경들이 전일에 명수가 외람하다고 말했기 때문에 많이 감한 것이다" 하매, 다시 아뢰기를 "봉보부인의 일에 대하여는 사천이 주인을 배반하는 것이므로 관계되는 바 가볍지 않으니 전번의 하교대로 하

---

224) 앞의 책, 228, 235, 236쪽

소서" 하니 들어주지 않고. 이어 전교하기를 "봉보부인의 일에 대하여는 지금 경들의 말을 살펴보니 본주의 말을 듣고 하는 말인 듯하다" 하매 대간이 다시 아뢰기를 "종과 주인의 사이는 임금과 신하의 분의 와 같으니 명분이 이미 정해져서 위배할 수 없으므로 신들이 논집하여 여러 번 아뢴 것은 바로 이를 위함인데, 전하께서는 도리어 신들이 본주의 말을 듣고서 아뢴 것이라 하시니 신들은 놀라움을 이기지 못하옵니다. 군신의 사이는 정지(淸志)가 서로 맞아야 하며 의심해서는 안 되오니 더욱 그 수효를 줄이소서" 하니, 전교하기를 "봉보부인의 일에 대하여는 또한 들어줄 수 없다 하였다.225)

이렇듯 더 이상의 양보는 하지 않으며 신하들을 나무라니 신하들은 종과 주인의 신분 차별 사상을 주장하며 종량을 참으로 어렵고 힘들게 하고 있다는 것을 알 수 있다. 4월 25일(임인) 승정원에 전교하기를, "예로부터 유모가 전권(專權)하여 나라를 그르친 일이 흔하거니와 지금 봉보부인은 봉보(奉保)의 공으로 이미 벼슬과 녹(祿)을 누렸고 또 그 족친들을 양인으로 만들었으니 근신하고 경계하여 스스로 지켜나가야 할 것인데, 지금 곧 은혜와 사랑을 믿고 중간에 들어서 용사(用事)하여 국용(國用)의 물건을 함부로 사용하고 있으니 내가 매우 밉게 여긴다. 그 작첩(爵牒)을 거두고 또 녹도 주지 말며 아울러 족친들의 종량하는 사패(賜牌)도 거두어서 나의 후일 명령이 있을 때까지 기다려라" 하며 나라의 공물인 재물을 함부로 사용함에 임금이 밉게 여기고 환천(還賤)을 결정한다. 4월 27일(갑진)에 또 아뢰기를 봉보부인의 직첩을 거둔 것은 전하의 밝은 결단이신 것이요 신도 역시 전하를 위하여 쾌하

225) 앞의 책, 249~251쪽.

게 여기는 바입니다라고 한다. 4월 28일(을사)에는 승정원에 전교하기를 "봉보부인 족친들의 사패는 이미 환수하게 하였으나 족친들의 죄가 아니다" 하며, 공·사천은 본역으로 되돌리지 말도록 명을 한다. 그러나 승지들은 "근일에 봉보부인에게 죄가 있다 하여 작첩 및 족친들의 사패를 거두도록 명하시매, 중외의 듣는 자가 모두 전하의 결단에 감복하였는데, 며칠 안 되어 다시 이 명이 계시니 신들은 의혹되거니와, 이미 봉보부인에게 죄가 있다 하여 그 족친들을 모두 본역에 환속(환천)하게 하였는데 얼마 안 되어 다시 이와 같이 명하시면 봉보부인이 더욱 교만 방종하여 꺼리는 바가 없을 것이며 또한 호령이 이처럼 어지러이 고쳐져서는 안 됩니다" 하니, 전교하기를 "말한 바가 과연 옳다 정지하라" 하였다.[226]

이상에서 3월 2일부터 5월 15일까지 약 100일 이상 봉보부인의 족친들의 종량, 즉 신분 해방에 대한 입법 절차[王命下敎]를 살펴보았다. 일방적이고 관계 기관인 유사(有司)의 정과 법을 참작하여 자세히 의논하지 않은 왕명을 신하들이 강력히 반대하여 철회한다. 신하들은 법치주의를 내세우고 신분적 계급 질서를 철저하게 지키려고 하며 종량은 종과 주인의 분의를 문란시키고, 본주인을 배반하는 풍속이고, 국가의 큰 변고이며 풍교에 관계되므로 불가하다고 주장한다. 이는 인권불평등사상과 그들의 권익을 보장해주는 실정법을 고수하려는 준법정신과 인권불평등사상을 읽을 수가 있으며, 왕명이라 할지라도 법조문과 전 왕대의 전례가 없으면 타당성을 부여하지 않으려는 사상을 엿볼 수 있다. 이처럼 신분해방이란 노비에게 있어선 거의 불가능에 가깝고 지난한 문제임을 알 수 있고, 양인으로 된다는 것은 거의 하늘의 별 따기만큼

226) 앞의 책, 312~313쪽.

이나 어렵고 예외적인 경우라는 것을 알 수 있다. 그러나 5월 14일(경신)의 기록을 보면 연산군(1496)은 다시 봉보부인에게 직첩을 도로 내주고, 홍문관 부제학 박처륜(朴處倫) 등과 지평 이윤, 정언 권균의 직접 반환의 불가함의 주장을 듣게 되나 결국 들어주지는 않는다.

2) 군공 면천

명종 9년(1544)에 군공 면천을 한다고 하면[227] 이 소식을 들은 노비들은 먼저 군대에 응모하려고 싸우기까지 했다.[228] 그러나 그 후 약속을 어기고 군공이 현저한 자에게만 면천을 허락해서 노비들은 정부를 원망하기도 했다. 임진왜란이 일어나면 군공사목(軍功事目)을 만들어 적 2~4명을 참(斬)하면 참1급에 준하고[229] 공사천으로 적 1급을 참하면 면천하고[230] 단지 전사한 노비의 아들 1명을 면천시키기도 하고[231] 임란 중에 반란을 토평(討平)한 공으로 면천을 시키기도 했다.[232] 또한 인조 2년(1624)에 이괄의 난을 토평하는 데 공을 세운 공사천을 면천시키기도 하고[233] 인조 5년(1627) 정묘호란과 인조 14년(1636) 병자호란 때엔 임란 이후 가장 많은 군공수직자(軍功受職者)가 나온다. 『승정원일기』에 의하면, 이때엔 적 수급(首級) 하나를 참하면 면천시키고[234]

227) 『명종실록』 권16, 9년 6월.
228) 『명종실록』 권19, 10년 6월.
229) 『선조실록』 권36, 26년 3월.
230) 『선조실록』 권51, 27년 5, 6월.
231) 『선조실록』 권55, 27년 9월.
232) 『선조실록』 권77, 29년 7월. ; 국사편찬위원회, 『한국사』 13, 509쪽.
233) 『비변사등록』 제2책, 인조 2년 3월 7일. ; 국사편찬위원회, 위의 책, 509쪽.
234) 『승정원일기』 제54책, 인조 14년 12월 21일조. ; 국사편찬위원회, 앞의 책, 509쪽 참조.

인조 24년엔 역적을 잡는 역적취포사목(逆賊就捕事目)을 정해, 반역자인 역적을 참수하면 공사천 본인의 면천은 물론 당상직(정3품 이상)을 제수받고 그 자녀를 면천시켜 주고, 2명 이상을 귀순시키면 면천 후 미포곡을 급여하고 적의 진지 출입 장소를 상세히 정탐·보고하면 종량을 허가했다.[235]

3) 시녀·역관의 본인, 부모 혹은 친척의 면천

인조 16년(1638)엔 심양 시녀를 보낼 때 입선(入選)된 관비, 비 또는 기녀의 부모를 면천시켜주었으며 효종 때에도 북경에 시녀 입선된 그 부모에게 면천시켜주고, 북경 역관을 공로로 본인 혹은 친척이 면천되기도 했다.[236]

이상과 같이 나라가 어려울 때는 노비들의 공으로 인해 예외적인 경우이긴 하나 적지 않게 면천이 되었다. 이에 대해 선조 34년(1601) 10월, 주역 시독관이었던 조수익의 진언에 의하면, 사천지법(私賤之法)은 다만 우리나라에만 있고 하늘이 백성을 낼 때엔 반드시 평등하였으나 낙지지시(落地之時)엔 귀천으로 나누었는 바이는 심히 말할 수 없다. 우리나라의 법은 너무 고루할 뿐이다 .……나라가 일촉즉발의 위험에 처해 오직 노비에 관해선 감히 말하지 않는다. 중국의 법을 따라 재상 이하에 나누어준 사천 등을 영구 폐지하여 군인으로 만드는 것이 옳다고 하며 국가 안녕을 위해 백 번 생각해도 모자라는 이런 때에 노비법을 고수함은 옳지 않으며 전일의 잘못된 법이라고 하며 사노비 혁파를 주장한다.[237]

---

235) 『비변사등록』 제10책, 인조 24년 4월 1일.

236) 『한국사연구』 3(1969).; 국사편찬위원회, 『한국사』 3, 517쪽, 주 70 참조.

237) 『선조실록』 권 142, 34년 10월 23일, 24-308.; 이종하, 앞의 책, 18쪽 재인용 "小臣愚見 私賤之法 只在我國 天生蒸民 賦與必均 落地之時已分貴賤 此甚無謂 我國之規 雖甚庸陋者 祖先稍有奴婢 則安坐而享公候之樂 安有此理…令國

이에 반해서 임란 후의 명신인 이수광(1563 명종 18~1628 인조 6)은 면천이 되면 뒷날의 우환은 말할 수 없을 것 같다며 다음과 같이 그 이유를 주장한다. "우리 동방에서는 원래 명분을 중히 여겼는데 임진년 난리에 온 나라가 호해(互解)되었지만 세족·대가에서 의병을 일으켜 적을 토멸하여 지금 나라가 회복되었으니, 대개 그 (명분을 중히 여기는) 효과였다"고 말하며 "노비법은 신라 때에 시작되었는데 전란 후로는 혹은 전공으로써 혹은 곡식을 바친 것으로써 갑자기 천민의 신분을 면하게 되니 허위 사실이 많아지며, 과거에 급제하여 옥관자(玉貫子)를 붙인 자도 간혹 있었다. 그러므로 사족을 멸시하고 그 주인을 업신여기며 배반하고 살해하는 변고까지 생기게 되었으니 아마 뒷날의 우환을 말 할 수 없을 것 같다."[238] 노비 신분의 해방으로 초래할, 특권 계급인 지배층의 특권 상실과 차별적 신분 질서의 붕괴에 따르는 변화를 우려하며 부정적인 면으로 단점만을 열거하고 있다. 1746년(영조 22)의 『속대전』에는 공로로써 임금의 뜻을 받들어 면천함을 자원한 자는 부모·기(己)·처·형제·자녀·부(婦)·서(婿) 이외에는 후보로 정하지 못하고 이를 위반하여 발각되면 환천당하고 해당 관리를 엄중 처벌한다[239]고 규정하고 있다.

勢一髮 雖有奴婢者 亦不敢言 須以中原之法 宰相以下 量給所率家丁私賤永爲革罷 爲軍可也…今則國運向泰 百度 惟新之日 不可固守前日謬規也"

238) 민족문화추진회 간, 『국역 연려실기술』 10, 598~599쪽. 별집 권13 노비조 "我東方 重名分 壬辰之變 擧國瓦解 而世族大家 拳義討賊 迄今恢復 盖其效也 奴婢之法 始於新羅 而亂後或以軍功 或以納粟 輒許免賤 冒僞滋多 以至登科頂玉者比比故蔑視士族 凌侮其主 至有叛弑之變 日後之患 恐不可言者 "

239) 『속대전』「형전」 공천조.

2. 범죄자 고발 면천

1) 노비 진고 면천

『경국대전』에서 도망·누락된 노비를 고발하면 매 4구에 상을 주는 것으로 끝나고, 『대전속록』(1492, 성종 23)에는 5명 이상을 고발한 자가 역리나 공천이면 자신에 한하여 면역시키고 『전록통고』(1706, 숙종 32)에 의하면, 공천으로서 누락된 실공 노비 9명 이상을 고발하였을 때에는 진고인(陳告人)의 속량을 허락한다는 조항이 효종 6년(순치 을미)부터 시행되어 왔다고 규정되어 있다. 도망간 관노비가 노비 30명 이상을 고발하면 속량을 허락한다는 규정은 숙종 4년(1678)부터 시행되어 왔고, 동전(同典) 「형전」에 『신보수교집록』(1711, 숙종 37)의 내용을 기재한 것을 보면, 백성을 구하려는 방책으로 관노비의 속량을 허락했는데 그 뒤 남잡한 폐단이 많아 시행하지 아니한다고 하며 이 규정은 숙종 29년(1703)부터 공노비의 속량을 중지시킨다. 그 이후 『속대전』「형전」 공천조(1746, 영조 22)엔 공사천이 30명 이상의 노비를 고발하면 면천한다.(三十口以上則公賤免賤 私賤以公賤代給免賤)는 규정이 다시 명문화된다.

2) 범법자 체포 고발 면천

① 『속대전』「형전」 포도조에 보면 "명화적(횃불을 들고 습격하던 도적떼) 5명 이상을 체포하여 자백을 받은 것을 문서로 보고하면 사형과 사형이 아님을 묻지 아니하고 체포한 사람의 신분이……공사천"이면 면천시키고 향리와 역리이면 면역을 하고 면천·면역·수상은 원하는 대로 해준다"(捕明火賊五名以上承 啓聞

則勿論正刑未正形指示捕捉 人出身…公私賤免賤鄕吏驛吏免役其免賤免役與受賞從自願)고 하여 명화적의 행위는 노비 신분의 해방보다 더 위험하고 가해한 것으로 보고 있음을 알 수 있고 ② 동전(同典) 금제조엔 "연경에 가는 사람으로서……먼저 금은을 만상(灣上, 평안북도 의주만의 강상)에 몰래 둔 자와 몰래 받은 자와 이를 알고도 신고하지 아니한 자를……체포하여, 고발한 자는 향리·역리이면 면역하고 천인은 면천한다"고 하여 금은의 밀수를 금하기 위하여 이에 관여한 자를 체포하는 행위에 대해 신분을 해방시켜주는 것을 알 수 있다.

3) 납속 면천(납전·납미·납마·납우)

면천이라는 것은 흉년이나 난리 때에 국가에 곡식을 바쳐 양인이 되는 것을 말하는바, 이런 예는 성종조대에서부터 나타나고 명종대에 와서는 납속책이 정식으로 거론되어 정책에 반영된 일도 있었지만 보편화되지는 않았는데, 선조 25년의 임진왜란을 계기로 해서 그 후 빈번히 실시되었다.[240] 임란 중에는 납속자 이외엔 전쟁에 필요한 물자를 국가에 증여하는 자에게도 면천이 허용되었다. 이정(1541 종중 36~1600 선조 33)의 『퇴우집』에 보면 "임란 이후로 납속자가 면천되고 말·철을 바치는 자도 면천이 되니 돈 많은 노복(奴僕)들이 잇달아 서로 주인을 배반하고 모두 천인을 면하여 양인이 되려고 시역(弑逆)의 사건이 곳곳에서 일어나니 신하들은 이런 비상의 변고를 두려워하여 지금 이후로 종군(從軍)하여 적의 목을 참한 공이 현저한 경우 이외에는 일체 종량을 허락하지 않고 공사 상하 간에 각기 그의 분수에 편안하게 하니 반역

240) 국사편찬위원회 편, 『한국사』 13, 516쪽.

살해의 변은 이후 다시 일어나지 않아 윤리 기강과 나라에 심히 다행스럽다"[241]고 하고 있다. 또한 효종 10년 (1659) 3월에는 전라감사 서필원의 계청으로 호남 지방에 흉년이 들어 농우를 팔아 생계를 이어 나가다 막상 농사철이 되어 소가 없어 속수무책이라 농사를 짓지 못하는 일이 생기자 소를 바치면 공천을 해방시켜주자고 하니 효종이 이에 따르기도 한다.[242] 이리하여 『속대전』「형전」에 새로 속량조를 두어 속양가를 명문화하고 있다. 공장대급노(工匠代給奴)의 속량가는 전문(錢文) 백 냥을 넘지 못하고 남징한 자는 사불이실죄(詐不以實罪)로 처벌하며 사노비의 속량가도 이와 동일하게 규정하고 있다. 속량가의 백 냥은 당시의 면포(綿布) 50필의 가격에 해당하며, 이 시기에 군포 납부액은 연(年) 면포 2필이며 전으로써는 4냥, 미(米)로써는 12두(즉, 면포 1필은 전 2냥 미 6두)이므로 속량가 백 냥은 면포 2필을 25년간 납부하는 것과 동일한 가액임을 알 수 있다.[243] 이외에도 선조 33년, 노예 신분이 포·속(布粟)을 내고 공명첩(空名帖)을 발급받아 첨지의 칭호를 갖기도 했다.[244]

4) 도시 몰기 수석자 면천

도시(都試)는 해마다 봄가을에 병조(兵曹) 훈련원의 당상관 또

---

241) 국사편찬위원회, 『한국사』 13, 516쪽. 주 68 재인용. "變生以來 納粟者免賤 納馬者免賤 納0者免賤 豪奴悍僕 相率而背主皆免爲良 弑逆之變… "

242) 『효종실록』 권21. "許令公賤納牛贖身 全羅道凶荒 飢民盡賣農牛而食之 及其農節 民皆束手 監司 徐必遠 許令公賤納牛贖身從之"; 앞의 책, 517쪽 주 69 재인용.

243) 이종하, 앞의 책, 21쪽.

244) 『선조실록』 권130, 33년 10월 "…以募布粟 奴隷下賤 皆帶僉知之號"; 국사편찬위원회, 『한국사』 13, 447쪽 재인용.

는 지방의 관찰사, 병마절도사가 무사를 선발하는 시험으로서 『속대전』「병전」 시취조를 보면, "함경도의 관찰사와 절도사가 매년 4회를 시취(試取)하여 상주(上奏)하되 몰기(沒技)한 자(화살의 수를 다 맞히는 만점자) 및 1위 성적자 중 한량은 바로 전시에 응시케 하고 처음 벼슬에 나오는 자는 변장(辺將)에 임명하고 관노(官奴)와 사노(寺奴)는 양민으로 만들고 그 다음 성적자는 각 본영에서 상을 준다고 규정하고 있다. 이와 같은 규정을 둔 배경을 살펴보면, 임진란을 당하여 기존 체제로는 도저히 국란을 타개할 수 없게 되자 선조 26년(1593, 임란 1년 뒤) 6월에 선조는 "우리나라는 병력이 약하며 공사천의 수가 군정(軍丁)보다 많으므로, 그 인원을 활용하여 무력을 떨쳐 난국을 수습하게 하기 위해 무과를 통해 합격하면 공천은 우림위(羽林衛)에 소속시키고, 사천인 경우엔 그 상전이 유생이면 제직(除職)하고 서얼이면 허통(許通)하여 공사천을 면천시키는 것이 어떠하겠느냐" 하면[245] 비변사의 회계(回啓)에서 국속(國俗)으로 오래 내려오던 관례를 갑자기 변경하기 어려운 점이 있으나……시행할 도리밖에 없으므로, 합격 후 바로 입속시킬 것이 아니라 법규가 무겁지 않으면 폐가 있으므로, 법을 엄하게 해서 진출할 길을 가급적 막으려고 하니[246] 이에 대해 선조는 무엇을 꺼려 시행하지 않는가……권무방비(勸武防備)의

245) 『선조실록』 권43, 선조 26년 6월 정유 22-10. ; 앞의 책, 511~512쪽 참조.
"上教政院日, 我國自未, 武略不競 兵力單弱, 蓋公私賤人, 其數必過於軍丁而名不登簽兵之籍. 然公賤則猶能役於公家, 至於私賤 則有司不敢問, 爲國內一種人, 此古今天下之所無也. 然今無可爲, 但予有一言公私賤設科, 如三醫司雜科之例, 定其額數, 試以武材, 其入格者, 卽爲良, 屬羽林衛 私賤則其主儒生卽除職 庶孼則許通, 公賤竝爲良"

246) 앞의 책, 同條 "我國士族之家藏獲以千百數而官兵則日就削弱此雖國 俗流傳之旧難可卒變"

계(計)를 세운다면 이러한 규정을 버리고 어찌하려는가? 이 일만은 당연코 행하는 것이 옳다[247]고 한다. 이렇듯 왕과 신하들 간에 상당히 다른 찬반의 논의를[248] 거친 결과로 공사천무과를 『속대전』에도 명문화하고 그 동안에 면천의 길을 제도화했음을 알 수 있다.

5) 대구 속신

대구 속신(代口贖身)은 속량하려는 자가 자기소유의 노비를 자기 또는 가족 대신으로 국가에 납부함으로써 양민이 되는 것을 말하며 『경국대전』「형전」 천첩조에 의하면, 관비나 사비가 첩이 되어 그의 자녀가 2품 이상의 고급 공무원이 되면 자기의 비(婢)로서 장례원에 신고하여(納付) 속신하게 하되 나이가 서로 비슷한 자를 대역(代役)하며, 또한 대역하게 된 그 노비가 도망가서 살아있으면 대신 입역자(入役者)를 보충하고 그럴 수 없으면 다시 천(賤)으로 되돌린다고 하며, 사천을 대신 입역시킬 때에는 본 주인의 원하는 바에 따라 해주고 대구 속신을 할 수 있도록 하고 있다. 『속대전』「형전」 속량조를 보면, 공천이 대구 속신을 하려면 대역할 노비의 누식년 호적(累式年戶籍)을 서로 대조하여 확인한 후에 나이가 서로 비슷한 자를 그 숫자만큼 노(奴)는 노로서, 비(婢)는 비로서 대역하게 하고 만약 허위가 탄로되면 감독관·담당자 등은 장 1백, 유 3천 리에 처하고 수령은 삭직시키고 관찰사는

247) 『선조실록』 권43, 선조 26년 10월 계사조 22-108. ; 앞의 책, 512~513쪽 참조. "曰生進初試 試武才事及公私賤設科事, 何憚而不爲擧行乎 欲如前日專忘武備則已 如欲爲勸武防備之計 則捨此規何以哉 此事斷然行之可也"

248) 『선조실록』 권58. 선조 27년 12월 무진조 ; 앞의 책, 513쪽 참조.

파직시킨다. 또한 속신 후 10년 이내에 대납한 노비가 사망하면 도로 환천시킨다고 규정하고 있다. 또한 『속대전』 「형전」 천처첩 자녀조에 의하면, 대왕(大王, 先王)의 손으로 7대에서 9대까지는 타 노비를 차출하여 대구 속신하고, 외손은 6대까지만 대구 속신할 수 있으며, 동전 「형전」 동조에서는, 동서반 3품 정직의 자손(군인직 첨사의 종류는 예외)과 일찍이 이조·병조·사간원·사헌부·홍문관·도총부·선전관의 자손으로서 공천에 장가들어 낳은 자녀는 대구 속신을 허락하고, 사족과 조정의 관리의 자손으로서 본처에게 자손이 없으면, 공천의 자손을 조상의 제사를 받드는 상주로 삼아 대구속신을 허락한다. 그러나 인구 정책상 함경도와 평안도의 공천은 법에 의하여 허락하지 않으면서도, 대왕의 후손이면 대구속신을 허가한다(而西北公賤依法勿許雖是西北公賤大王姓孫則許贖)고 하여 왕손이라는 특별 계급을 우대한다는 것을 엿볼 수 있다. 이리하여 『대전통편』 동조에서는 또 다 같은 왕손이라도 적·서·외손으로 구분하여 차별 대우를 하고 있다. 즉 적손은 무한정 대수(代數)를 제한하지 않고, 서손은 9대까지, 외손은 7대까지만 공사천을 막론하고 타 노비를 차출하여 대구 속신할 수 있도록 규정하고 있다.

6) 종부종모법에 의한 면천(종량)

원래 노비에겐 ① 종모법을 원칙적으로 적용하지만 종부법을 적용한다고 단서를 두고 있다. 양모의 신분이 양인이므로 비록 부(父)가 천인이라도 노비의 신분을 벗어날 수 있는데, 종부법을 적용하도록 되어 있어 부나 모 중 한쪽이 노비 신분이면 영원히 종이 되어야 한다는 법제를 앞에서 살펴보았다.[249] 그러나 『수교집록』(1698)에 의하면, 현종 10년(1669) 이후 공사천이 양처를 취하여 소생(所生)한 것은 어머니를 따라 양인으로 허락하되, 1백일 안에 증명 문서를 만들지 않은 것과 입적되지 못한 것을 환천한다고 하였으나, 그 후부터는 그 어머니가 양인이면 입안의 유무를 막론하고 그 어머니를 따라 양인으로 허락한다[250]고 하는 바, 이 조치는 현종 5년인 1664년부터 실시된 것을 알 수 있다. 이후 『속대전』「형전」 공천조에도 "公私賤聚良妻所生男女並從母役"이라 하며 종량이 허락되고, 동전 「형전」 천처첩자녀조에 첩비를 취하여 소생(所生)한 자녀를 『경국대전』 처비소생례에 의하면 속신함이 없이 양민이 된다고 하고, 『신보수교집록』「형전」 속량조에도 공사천을 막론하고 양처에 장가가는 자에 대하여는, 영조 7년 신해년(1731) 정월 1일 자시로부터 이후에 소생된 것이면 모두 모역(母役)을 좇고 종량을 허락함을 알 수 있다. 이를 보면 『경국대전』(1485) 이후 약 180년이 지난 후에 그리도 비판받던 악법이 종부법의 이중 적용을 회피함으로써, 일면적이나마 천인이 노를 어버지로 하여 태어난 자식은 어머니가 양인이기 때문에 신분이 해방되는 것을 알 수 있다. 그리고 앞에서도 살펴보았듯이 종모법을 적용하는 것이 하루아침에 전면적으로 완전히 실시되지는 못하고, 현종 기유년(1669)부터 종량을 명했고, 6년 뒤인 숙종 1년(1675)엔 도로 환천을 했다가, 다시 6년 뒤 숙종 7년(1681)에 다시 종량을 하고, 8년 뒤인 숙종 15년(1689)에 다시 환천하여 이미 양역에 속한 자는 논하지 않았으며, 41년 뒤 영조 6년(1730)에 또 명하기를, 내년(1731) 정월 초일일 자시를 기해 소생은 모두 모역을 좇게 한다[251]는 규정을 보면, 노비 신분 해방을 위한

249) 본 논문 제3장 참조.
250) 「형전」 속량조.
251) 『속대전』 형전 공천조.

종모법의 실시가 얼마나 어려운지 짐작할 수 있다. 그러나 종모법의 적용에도 예외는 있어 모든 노비에게 다 적용되지는 않았다는 것을 『속대전』「형전」을 보면 알 수 있다. 성균관, 사학(四學), 향교, 봉상시(奉常寺)의 노비는 면천을 허락하지 않고, 비록 면천할 공로가 있어도 다른 상을 주는 것으로 대신한다고 하며, 함경도의 사천으로서 타 도에서 옮겨 온 자는 속량을 허가하지 않는다고 하는 것은 인구 정책으로 금지하는 규정인 듯하다. 또한 ② 종부법의 적용이 예외적인 경우로는 비록 모가 천비이더라도 부가 특정의 신분의 경우 그 자녀는 노비의 신분에서 해방된다. 『경국대전』「형전」에 보면 종친·시마 이상과 외성 소공 이상 친(親)의 천첩 자녀는 모두 양민이 되게 하고 속신과 입역을 면해주며, 또한 친히 공을 세워 녹훈이 된 공신의 천첩 자녀도 이와 같다고 하여 왕의 친가·외가와 일정한 혈연관계가 있으면 신분 해방이 되었고, 아버지가 공신이면 천비인 어머니가 첩이 되어도 그 자녀는 종부법의 적용에 의해 노비의 신분이 해방된다. 앞의 대구 속신의 경우도 종부법에 의한 노비 신분이 해방된 경우임을 알 수 있다. 『수교집록』「형전」 공천조에도 향리가 공천에게 출가하여 낳은 자녀는 곧 양인으로 허가한다는 규정도 이에 해당한다.

7) 천부 천모의 자녀 면천

부가 노이고 모가 비이면 그 소생 자녀는 종부법과 종모법이 적용되어 어떤 경우에도 조선왕조의 실정법에서는 신분이 해방될 수가 없다. 즉 부모가 노비이면 그 자녀는 반드시 노비가 되는 것이 원칙이다. 그러나 『대전회통』「형전」 공천조에 의하면 관비는 다만 자신만 역사(役使)하고 소생에게는 침범하지 않음으로써, 노비의 신분 세습이 당대에 끝나게 되어 2대부터는 모역인 노비의 신분에서 벗어날 수가 있다.

8) 노비법 폐지

노비법의 폐지로 인해 완전히 당대와 그 자녀, 후손들은 종(노비)의 굴레를 완전히 벗어날 수가 있다. 『대전회통』 「형전」 공천조를 보면 1801년 순조 원년에 내노비와 사노비는 일시에 혁파한다고 하며, 법제상으로 관노비의 대부분을 소멸시키는 규정을 명문화한다. 이에 앞서 1797년 정조 30년 보현현감 윤동제의 소를 참조해보면 "노라는 명칭을 혁파하여 양민으로 삼든지 아니면 모조모사(某曹某司)의 노라는 명칭을 버리고 보인·역인이라는 것이 옳지 않겠느냐"[252]는 의견이 나온 뒤 약 4년 만에 관노비 중 그 일부가 적혀 있는 노비안 도합 1369권을 돈화문 밖에서 불태워버린다. 『순조실록』을 보면 내노비(내수사·각 궁방 노비) 36,974명과 사노비(각 아문 노비) 29,093명 포함 총 66,974명의 노비를 양인으로 해방시킴에 앞서, 순조 1년 1월 "귀천도 내외도 없음에 모두 자를 노와 비로 구별함에 이 어찌 한 동포로 볼 수 있느냐"고 하며, 승정원에 명하여 노비안을 모아 돈화문 밖에 불사르게 함으로써[253] 노비의 신분에서 양민으로 된 사람들이 북치고 춤추며 기뻐서 내는 환성이 우레와 같다[254] 하며 이때에는 이 조치를 흠모하고 우러러보지 않은 자가 없다고 하는바, 이 조치는 이때에 와서는 노비법의 혁파가 당연하였다는 것을 법제에 불만 부당하다고 느끼던 노비 신분층과 그 외 모든 사람들이 지지했음을 미루어

---

252) 국사편찬위원회, 『한국사』 13, 521쪽. ; 이상백, 「천자수모고」 (1964).

253) 『순조실록』 권2, 원년 1월 을사 47-362

254) 『순조실록』 권2, 원년 4월 신해 47-380 "殿下特罷內司奴婢燒其官籍 永爲良民嗚呼 先大王惻怛如傷矯革未究之事 而殿下初云發政 首先行之 達近鼓舞歡聲若雷 聖孝之繼述 孰不欽仰"李鍾河 앞의 책, 22쪽 재인용.

알 수 있다. 그러나 위의 경우는 관노비의 일부와 사노비를 제외하고 대부분의 관노비를 해방시킨 경우이다. 이리하여 공사 노비법을 완전히 폐지하는 것은 1894년 6,7개월간에 걸친 갑오개혁에 의해 이루어지고, 인신매매의 금지도 이때에 이루어진다. 또한 문무 존비의 차별을 폐지하고, 문벌과 양반·상민 등의 신분 계급을 타파하고, 귀천을 불문하고 인재를 뽑아 쓰게 한다. 이로써 조선왕조의 실정법에서 인간 차별적 신분 제도와 노비의 신분을 가진 사람이 없어지게 되며, 평등한 인격의 주체로서의 법적 지위를 보장받게 된다.

제5장 결론

이상으로서 우리는 조선왕조 약 500여 년간의 노비법에 관한 법제도와 이를 지지, 비판하는 법사상을 살펴보았다. 이를 통해 보면 첫째 노비의 법적 지위는 불완전하나마 생명권·신체권만은 실정법으로 보장해주고, 혼인은 노비 상호간에만 가능했고, 재산도 소유할 수 있었으며 공무 담임권도 극히 제한적이나마 인정했다는 것을 알 수 있고, 고소·고발권도 극히 예외적으로 신분 해방·모반 행위에 관한 것만 인정되었다. 그러나 노비는 권리의 객체로서 소유권자인 상전은 과실 수취권을 행사하듯 노비의 후손을 대대로 강제 노역시키고, 매매하고, 소나 말 값의 1/2~1/3도 못되는 값으로 취급한 경우도 있으며, 부의 척도로 상속의 대상으로 하였으며, 잔인한 사형(私刑)을 감행하여 함부로 남살해도 과실치사는 불벌하고, 노비가 가장을 구타하면 능지처사에 처하는 등 차별적 처벌 규정을 설치하였다가, 『속대전』(영조 22, 1746)에서야 잔혹한 신체형이 대대적으로 폐지된다.

둘째, 신분 세습법은 노비가 국가와 개인·상전의 중요한 재산이자 살아 있는 기계이므로, 부의 확대를 위한 것과 같이 일천즉천(一賤卽賤)의 노비법을 만들었는데 원칙적으로 종모법을 두었지만 단서 조항으로 종부법을 둔 천하의 악법이다. 이에 대해 노비의 신분을 가진 당사자들은 소극적이거나 적극적인 방법으로 악법 조항의 적용에서 벗어나려고 도망·호적 누락·허위 기재 등의 탈법행위를 도모하여, 가장·상전·지배 계급을 비방·무고·모욕을 가하기도 하고 상전을 폭력·구타·살상하는 방법도 서슴지 않고 감행한다, 법제는 억압·처벌을 규정하나, 집단적인 노비 반란, 농민 반란 등으로 악법의 폐지를 주장하는 것에 다소 영향을 받아 서서히 개정·변경되어 감을 알 수 있다. 이에는 노비 신분 자체의 저항과 일부 지배층의 각성, 국가적 필요에 의해 의무를 감경·면제시켜주다가, 임란 전에는 공신 군공 등에 혜택을 주고, 국가적 법익을 위해 범죄자를 체포, 고발하거나 무예가 뛰어난 노비를 해방시키고, 재물을 헌납한 자에게 극히 제한된 범위에서 면천을 시키기도 하고 드디어는 종모·종부법의 한쪽만 적용하여 신분해방을 시키다가 마침내 1894년에 노비법을 완전히 폐지시킨다는 것을 알 수 있다.

셋째, 이상의 노비법의 변천과정을 살펴본 바, 우연히 노비법이 외세에 의한 갑오개혁으로 폐지되는 것이 아니고, 조선왕조 초기부터 왕과 중신·학자·사상가 등 우리의 선각자들이 노비법의 개정· 폐지를 주장하고, 서민들과 노비 자신들의 저항 의식의 행동화의 점증으로 필연적으로 불평등하고 전근대적 법제인 노비법이 개정·폐지되는 것을 알 수 있었다. 특히 노비법을 지지, 반대하는 사상을 보면, ① 노비법의 필요성을 주장하는 사상의 특징은 국가적 필요에서 상전의 권익을 보장하려는 입장에서, 불평등한 신분차별을 보장하는 노비법은 종과 상전의 신분 차이를 내세우는 근거를 하늘과 땅에 비유하고, 신분 계급 질서를 가장 중요한 보호법익으로 내세운다. 비록 하늘이 백성을 낼 때에 양천 구별이 없지만 위에서 아래를 부리는 데는 반드시 차별을 두어야 한다, 진실로 노비를 양민이 되게 해선 안 된다, 먼저 귀천을 구별하여 정한 분수가 있어야 되며 하루아침에 고쳐서는 불가하다는 등의 주장을 하며, 신분상의 이익을 고수하려고, 노비법인 실정법을 조종성헌으로 성현의 이상적인 법이라고 한다. 또한 철저한 법치주의를 내세우고, 사면을 베풀어 노비 신분을 해방하려는 왕명이라도 실정법 규정과 전왕의 전례를 일종의 관습법인 법원으로 내세우며 강력히 거부하는 신하들의 실정법 존중 정신을 살펴볼 수 있었다. 이는 『경국대전』(1471)의 명문 규정이 일 자(一字)도 어김없이 『대전회통』(1865)에 기재되어 효력을 발생하고 있는 것이 이를 뒷받침해준다. 그러나 이런 준법정신·법치주의·실정법 우선주의·법적 안정성 우선주의·신분 질서 존중사상을 들고 나오는 지배층은 상대적으로 악법인 노비법을 존속시킴으로써 누리는 권익을 빼앗기지 않으려고 한사코 왕명까지도 철회시키게 하는 경우도 살펴보았다.

그러나 ② 노비법의 폐지를 주장하는 사상을 보면, 천부인권·인간평등사상·자연법사상 등에 근거하여 법적 안정성보다는 구체적 타당성을 주장하며, 전왕의 성법이라도 악법이면 즉시 고쳐야 한다고 주장한다.

끝으로 우리의 노비 법제가 우연히 개정·폐지되는 것이 아니고, 악법인 실정법을 비판하는 이러한 훌륭한 자연법사상이 조선왕조 초기 그 이전부터 존재해왔으며, 우주·대자연의 법칙에 맞는 자연법, 천부인권·인간평등사상을 주장하는 위대한 정신이 우리 민족의 맥박 속에 뛰고 있었고, 오늘날까지 우리들의 정신 속에 끊이지 않고 이어져 내려오는 것을 볼 때, 우리의 법률 문화 속에서도 훌륭한 조상의 정신문화가 계승되고 있다는 것을 알 수 있다.

조선왕조의 **수목** 및 **동산 거래 계약서**고

제1장 서

본 논문은 필자가 그동안 전답·가사(家舍)·노비 등의 조선왕조의 사인 간(私人間) 계약서 등을 연구해오던 중에 과목(果木)·수목(樹木) 및 각종의 동산 거래 계약서를 드물게 발견하여 노비 및 전답·가사(家舍)·산 등 부동산에 대한 계약서를 제외한 수목[果木] 및 동산의 매매·환퇴(還退)·전당(典當) 및 교환에 관한 명문만을 분류하여 정리해본 것이다. 규장각, 국립중앙도서관의 소장 자료 및 각종 활자화된 고문서(정신문화연구원 간·이수건 편저 등) 및 필자가 수집, 소장하고 있는 고문서 등 극히 한정된 일부의 자료를 가지고 분석해본 것으로서, 대부분 조선왕조 후기인 1800년 이후 1910년 전후까지의 것이다. 앞으로 더욱더 많은 자료를 수집하여 보완·수정하기로 하겠다.

본 논문에 인용되지 않고 발견되지 않은 수목 및 기타의 동산 거래 계약서가 숱하게 많을 것이지만, 우선 극히 일부분의 계약서만 분석한다. 이를 통해 일제시대 이전에 조상들의 법률 문화가 어떠했는지 일편이나마 알 수 있을 것이다. 법사회학적으로나 민사법적으로나 객체를 중심으로 매매, 담보, 교환의 측면에서 그 대강을 살펴보고자 한다.

본 논문은 크게 나누어서 집단적 매매 수목 및 개개 수목(1~10주 전후)의 매매와 동산의 매매, 수목의 환퇴 및 전당과 동산의 환퇴 및 전당, 그리고 교환의 순서로 서술해보기로 한다.

① 조선왕조의 수목 거래는 집단적으로 산을 거래의 객체로 하여 매매하는 경우가 대부분이고 드물게는 과목(果木)·원림(園林) 수백 주(柱)를 전(田), 초가와 함께 한 장의 계약서에 기재하여 매매하는 경우가 있으며,

② 개개의 수목을 매매·담보의 독립된 객체로서 계약서(명문)상에 나타나는 경우를 보면, ㉠ '가(家)+전(田)+목(木)'의 방매, ㉡ '전(田)+답(畓)+목(木)'의 방매, ㉢ '전(田)+목(木)'의 방매, ㉣ '산(山)+목(木)'의 방매, ㉤ 그리고 '(과)목'만의 방매(放賣) 계약서로 나누어볼 수 있다.

③ 그리고 일반 동산의 방매는 염분(鹽盆), 신조 선척(新造船隻), 침대(砧碓), 수옹(溲甕, 물항아리), 저구(杵臼, 돌절구, 절굿공이) 등이 계약서상에 나타난다.

④ 그리고 환퇴의 경우를 보면, ㉠ '전답(田畓)+목(木)'의 환퇴와 '전답(田畓)+초가(草家)+목(木)'의 환퇴가 있으며, 목(木) 이외의 동산으로는 ㉡ '전(田)+두주(斗柱), 부정(釜鼎)'의 환퇴와 우마(牛馬)의 환퇴에 관한 명문이 보이며,

⑤ 전당의 경우로는 '전(田)+식정(食井)+부정(釜鼎)+궤(几)+가사(家舍)'의 전당(典當)과 '우 1척(牛一隻)', '답(畓)+화곡(禾穀)', '답(畓)+가(家)+과목(果木)+가산지물(家産持物)', '전(田)+과목(果木)+가사(家舍)+부정(釜鼎)', '가사(家舍)+우(牛)' 등의 전당 명문이 보이며,

⑥ 교환(대물 변제)의 경우를 보면, 장리(長利) 5석(石) 9두

(斗), 조가(租價)로 7년생 대우(大牛) 1수(壹首)와 교환하는 경우와 제주마 1필(一匹)과 답(畓) 3두락지(三斗落只)를 영영(永永) 상환하는 경우 및 답(畓) 5두락지, 태전(太田) 8두락지(捌斗落只)에 대해 미(米) 4석(捨石)·마(馬) 1필(壹匹)을 받고 영영방매하는 경우는 물물 교환에 해당할 것이다.

또한 가난하여 산소자리를 백미(白米) 5두(五斗)로 바꾸는 계약서도 보인다.

제2장 수목의 매매

1. 집단적 매매

수목을 집단적으로 매매할 때는 수목이 집단적으로 자라고 있는 '산'을 객체로 하여 거래를 하는 경우가 이에 해당되며, 그 예를 보면 "1873년 3월 27일에는 필요가 있어 산 일경(山一境)과 소나무, 가래나무와 해송(海松) 두 그루와 밤나무를 함께 77냥을 받고 영영방매한다……양산 주(養山主) 유학(幼學) 손(孫)……"[1]이라고 하고, "1891년 7월 2일에는 필요가 있어 자기가 구입한 양산(養山) 조익등 1편지(趙翼嶝一片地)를 40냥 받고 영영방매하고……추기(追記)에는 해송 두 그루와 밤나무 여섯 그루, 송추(松楸)를 함께 준다"[2]고 기재하여 산과, 산의 나무 집단과 특히 과일

1) 규장각 소장 고문서, 219928번 ; 필자 소장 고문서, 1-園林田-13.
2) 필자 소장 고문서, 1-山木-13.

나무나 소나무 등을 몇 그루 명시하여 거래하고 있는 경우가 있다. 이외에 정원수림을 통틀어서 매매하는 경우가 발견된다.[3])

먼저 원림과 잡목을 밭과 함께 매매하는 경우를 보면

> 건륭 57년 임자 2월 12일 유학(幼學) 임양군 앞 명문
>
> 우명문의 일은 필요가 있어 조상 전래의 밭, 동일(東一), 물흔리(物欣里)에 있는 종자(種子)의 밭 6복 8속의 곳과 또 터 위 은행나무까지의 경계로 한 동자(字)의 묵은 밭 2복 4속곳과 또 협자(字)의 묵은 밭 9복 9속과 앞뒤 좌우의 과수원나무 잡목을 함께 값을 질러 엽전 25냥에 셈하여 바꾸어 바치고 본문기 장과 함께 오른쪽의 사람(林養祚 : 매수인)에게 영원히 매도하거오니 오늘 이후로 자손 중에 잡담이 있거든 이 문서를 관가에 가지고 가 알려 바른 것을 가릴 일.
>
> 정원수림, 묵은 밭 주인 유학 강 욱 수결
>
> 증필 유학 장 석춘 수결[4])

1718년 2월 12일의 경우로 밭[田]과 원림 잡목, 즉 나무 집단을 거래의 객체로 밝히고 있음을 알 수 있다. 이외의 경우로는 '과목 원림 수백 주'를 전답과 땔나무 산·집터·초가와 함께 거래의 객체로 하는 경우가 있다. 연대는 조선왕조 후기 1800년 후기에 해당하는 것으로서 "우 수기는 경주 왕류면 3리에 있는 거자 답(巨字畓) 1섬 6마지기와 밭 4일갈이와 집터, 땔나무 산록과 과일나무, 원림 수백 주 및 초가 11간의 곳을 값을 650냥 받고 수기(手記)를 다시 써 준다……"[5])는 수기가 있다.

---

3) 필자 소장 고문서, 1-山木-12.

4) 필자 소장 고문서, 1-園林, 田-1.

5) 규장각 소장 고문서, 219928번.

2. 개별적 수목의 매매

1) '가(家)+전(田)+목(木)'의 매매

① 1870년, 1886년과 1894년, 1911년과 1912년의 명문을 보면, 계약서의 본문이나 추기(追記)에 과목(果木)·시목(柿木)·율목(栗木)을 가사(家舍)와 함께 매매의 객체로 명기하고 있는 것이 발견된다.

필자가 조사한 18매의 가옥 매매 계약서(1400년대 1매, 1500년대 1매, 1800년대 16매) 속에서는 나무를 집과 함께 매매한다는 기록은 없으나, 1800년대 3매, 1911년, 1912년 각각 1매씩 5매는 '가+전(답)+(垈)+과목'의 매매 계약서가 있다. 먼저 일반적인 가사 매매를 보면 1498년 8월 30일에 기와 45칸 반짜리 집을 오승목면(五升木綿) 35동(同)을 받고 매도하는 경우, 기와 45칸 반은 대저택인데 나무(과일나무) 한 그루 없을 리가 없으나 나무는 가사의 일부로서 계약서에 기재하지 않고 있음을 알 수 있다.[6)]

② 그러나 1870년 2월 9일에는 "기와집 8칸 구실(舊室) 6칸, 초가(草家) 2칸과 답(畓)·두락지기와 개울가의 과일나무, 뽕나무를 함께 150냥 받고 영영 매도하고",[7)] 1886년 9월 18일에는 이사 가기 위해 "정침 4칸, 행랑 4칸, 기지(基地) 3두락과, 감나무 5주, 소목(召木) 5주……전(田)……등을 105냥 받고 매도하고",[8)] 1894년 5월 15일에는 "간절한 필요가 있어 살던 정침 3칸, 행랑 1칸, 대밭과 과일나무 1주 터 1두락……을 19냥 받고 영영방매하고……추기에는 큰 대밭 뒤의 감나무 1그루도 함께 준다"[9)]고 기

---

6) 이수건 편저, 『경북지방 고문서 집성』 313번. 가사 매매 명문.
7) 이수건, 앞의 책, 698번 전답 매매 명문.
8) 필자 소장 고문서, 1-一家田木-5.

재하고, 1911년 3월 25일에도 "필요가 있어……집터, 체사(體舍) 3칸, 감나무 6주와 대지를……4냥에 매도하고"10) 1912년 11월 19일에는 "상환(相換)의 뜻으로 정침 초가 3칸과 전(田)……을 290냥을 쓰고 영영방매하거온……추기에 감나무 2주와 밤나무 1주도 함께 넣음"이라고 하여11) 3,4칸의 초가집을 매도할 경우라도 감나무, 밤나무, 뽕나무 등 과일나무를 본문이나 추기문에 부가하여 거래의 객체로 명기하여 매매함을 알 수 있다.

2) '전(田)+답(畓)+목(木)'의 매매

밭과 논과 과일나무의 매매 계약서는 1800년대의 것 4매가 수집되어 있고 '전+목'의 경우보다는 그 예가 드문 편이다.

먼저 1806년에는 조상 전래의 집과 집터를 빈한한 소치로 수리하여 쓰고자 전답과 배나무 9그루, 사과나무 1그루를 매도하는 경우12)와 1868년 8월 18일의 명문은 거의 댁에 필요가 있어서 논 1두락과 밭 12두락을 13냥을 값을 질러 바꾸어 받고, 매수인인 서 생원 댁노 팔십이에게 감나무[柿木]와 대추나무[棗木], 구문기장을 영영방매하는 경우로서13) 나무의 숫자를 밝히지 않는 경우이고, 1886년 정월 11일에는 "필요가 있어 자기가 구입했던 밭과 논 4두락을 14냥을 받고 영영방매하고……추기에서 감나무 한 그루, 등목(燈木) 두 그루도 함께 줄 일"14)이라 하여 추기에 감나무와 등나무를 1,2그루 매매함을 밝히고 있다. 같은 해 1월 8일에도

---

9) 필자 소장 고문서.
10) 필자 소장 고문서, 1-家木-56.
11) 필자 소장 고문서, 1-19.
12) 소장처 미상(규장각? 국립중앙도서관?).
13) 필자 소장 고문서, 1-一田畓木-23.
14) 필자 소장 고문서, 1-木-7.

이사 가기 위해 논 2두락과 밭 12두락 등을 120냥 받고 영영방매하고 추기에 등나무 2주라고 기재하고 있다.[15] 또 1888년 8월 6일에는 전 4두락과 답 4야미(夜味)를 6냥에 영영방매한다는 본문 뒤에 추기로서 정목(灯木) 4주, 감나무 2그루, 호두나무 1그루, 대추나무 1그루, 밤나무 5그루 등 도합 5종류의 나무 13그루를 매매하는 경우가 보인다.[16]

3) '전(田)+목(木)' 매매

밭과 밭에 있는 과일 등의 유실수를 매매하는 경우로서 8매(1700년대 1매, 1800년대 7매)가 있으며 이 중에서 2매는 본문 속에서 밝히고 있고, 나머지 6매는 계약서 끝에 추기로서 기재하고 있다.

먼저 1783년 12월 18일에 필요가 있어서 상인(喪人)인 매도인이 감나무, 밤나무, 뽕나무를 숫자를 기재하지 않고 그냥 밭 3두락지와 함께 9냥 5전에 영영방매하는 경우와[17] 1871년 10월 17일에 필요가 있어 자기가 구입한 밭 4두락지기와 감나무 1그루를 25냥을 받고 영영방매하는 경우[18]는 계약서의 본문에서 명시하고 있다. 특히, 감나무 1그루를 밝히는 경우는 감나무에 대한 가치를 많이 부여하는 경우에 해당되므로 가난하든지 아마도 익은 감이 주렁주렁 달린 큰 감나무인 것 같다.

그리고 본문이 끝난 뒤 추기로 계약서의 끝에 기재하는 경우를 보자면 1881년 11월 19일, "상주(喪主)로서 필요가 있어 전래로

---

15) 필자 소장 고문서, 1-木-8.
16) 필자 소장 고문서, 1-田木-2.
17) 필자 소장 고문서, 1-木-1.
18) 필자 소장 고문서, 1-田木-14.

지어먹던 밭 6두락지기를 27냥 받고 영영방매하고……추기에 이 중에 감나무 1그루도 함께 준다."[19] 1884년 7월 초7일, "필요가 있어 전래로 지어먹던 밭 1두락을 4냥을 받고 매도하고……추기에 뽕나무 2그루 또 감나무 2그루, 또 감나무 1그루, 등나무 1그루도 함께 준다",[20] 1885년 1월 11일에는 "필요가 있어 자기가 산 밭 4두락지기를 14냥에 팔고 추기에 등목(燈木) 3주도 함께 준다"[21]고 기록하고, 1886년 8월 17일에는 "필요가 있어 밭 2두락을 7냥 받고 매도하고 계약서 끝에 추기로서 감나무 1그루, 등나무 2그루, 구문기와 함께 줄 일",[22] 그리고 1893년 3월 12일에 "다 필요가 있어 기지(基地) 전 2두락지를 10냥에 영위 매도하고 계약서 끝에 추기 속에 또 감나무 한 그루도 함께 준다"[23]고 기재하고 있다.

그리고 참고로 특기할 것은 일제시대인 1926년 10월 3일의 토지 매매 계약서[24]를 보면 전 3필(筆)과 율목 10주와 조목 2주를 25원에 매매한다고 기재하고 있고, 1927년 3월 3일의 토지 매도증서에도 '전(田)+대(垈)'의 매매와 함께 추기로 등나무와 뽕나무와 과일나무도 함께 준다[25]고 명시하므로, 과목은 조선시대부터 특별히 거래의 독립된 객체로서 재산적 가치가 있기에 계약서상에서 그 종류와 숫자 등을 명시하여 부동산인 전답, 가사 등과 함께 거래해 오던 관행을 부분적으로 엿볼 수 있다.

---

19) 필자 소장 고문서, 1-田木-11.
20) 필자 소장 고문서, 1-田木-3.
21) 필자 소장 고문서, 1-田木-1.
22) 필자 소장 고문서, 1-田木-4.
23) 필자 소장 고문서, 1-木-10.
24) 필자 소장 고문서, 1-田木-22.
25) 필자 소장 고문서, 1-垈田木-25.

4) '과목' 만의 매매

예가 흔하지는 않으나 1800년대 후기의 계약서 2매가 발견된다. 1885년 7월의 계약서에는

> 광서 11년 을유 7월 말일. 남노(男奴)○○앞 명문.
>
> 오른쪽의 명문은 뒷날을 생각하여 필요가 있어 대방리 앞에 심어진 감나무 두 그루와 밤나무 두 그루, 대추나무 한 그루를 함께 값을 질러 엽전 1냥 5전에 셈하여 받아 쓰고 매수인 앞으로 영원히 매도하오니 오늘 이후에 만약 잡담이 있거든 이 문서로 참고에 증빙할 일.
>
> 나무 주인 한량 장 차철 수결[26]

위 계약서에는 오직 감나무 2그루, 밤나무 2그루, 대추나무 1그루 도합 5그루의 과일나무를 매매하기 위해 작성된 계약서이며, 1886년 4월 3일에는 감나무 2그루를 매매하는 계약서가 발견된다. 그 내용을 살펴보면

> 광서 12년 병술 4월 초 3일 앞 밝히는 글.
>
> 오른쪽의 글을 밝힘은 뒷일을 생각해서 필요가 있어 '감나무 두 그루' 감물원 대방 북쪽 땅에 있는 것으로서, 값은 전문 3냥에 질러 셈하여 받아 쓰고 우 댁에 영원히 매도하오니 오늘 이후에 만약 잡담이 있거든 이 문서로 참고할 일.
>
> 감나무주인 김 재진 수결
>
> 증 필 황 재현 수결[27]

로서 오직 필요가 있어 감나무 2그루를 3냥에 매도하고 매수인의

26) 필자 소장 고문서, 1-木-2.
27) 필자 소장 고문서, 1-木-6.

이름은 기재하지 않았으나, 매도인은 나무 주인이라고 밝힌 것이 아닌 '감나무 주인'이라고 특정물의 소유주를 명시하고 있다. 극히 드물게 수집·발견되는 문서이나, 위와 같이 과일나무 1,2그루씩, 그것도 유실수 중에서 제사와 보약, 식용에 긴요하게 쓰이는 영양가도 풍부한 감나무, 대추나무, 밤나무 등만을 독립된 거래의 객체로서 계약서 본문 중에 기재되어 거래되는 흔하지는 않은 예를 발견할 수 있다.

제3장 동산의 매매

1. '가사(家舍)+동산', '동산'의 매매

드물게 보이나 동산만의 매매는 염분(鹽盆, 염전)에 관계되는 거래 문서가 보이고[28] 또한 새로 건조한 배[新造船隻]의 값을 옷감[常木], 쌀, 벼 등으로 지급하는 거래 문서가 발견된다. 연대는 1800년대 후기에 속하는 것들이다.[29]

이외의 동산으로는 돌 절구통, 물 항아리, 절굿공이와 절구통 등이 가사와 함께 매매되는 경우가 4매 정도(1858, 1886, 1878, 1890년) 발견되며, 일제시대인 1919년에는 가사·대지(垈地)·식정(食鼎)·분뇨통[糞桶]·거름·죽통(竹筒) 등 일체 세간을 매매하는 문서가 발견되며, 1924년에는 가옥 매매 계약서 속에 가옥 6

28) 한국정신문화연구원 간, 『고문서집성』 3, 368쪽.
29) 위의 책, 368쪽.

칸·초가 1동과 가옥에 대한 부속품·퇴비·기타 제반 비료·재·화목(火木) 15그루이고, 밤나무 4그루, 대추나무 6그루, 기타 잡목 전부, 또 절구 1개·큰항아리 1개 등이 기록된 것이 발견된다.

먼저 가사와 함께 매도되는 동산 매매 계약서를 보면, 1858년 12월초 4일에는 이사를 가기 위해 정침 4칸과 행랑 2칸 ○랑(廊) 3칸, 텃밭 3두락과 '침대(砧碓)' 종이(種二, 돌절구, 돌로 만든 그릇?)을 함께 47냥을 받고 매도하고,30) 1886년 11월 22일에는 이사 가기 위해 정침 2칸과 행랑 4칸, '침구(砧臼, 돌 절구통)', 대밭[竹田]을 함께 28냥을 받고 매도하고,31) 1878년 2월 13일에는 어려운 춘궁기에 세금으로 바칠 쌀을 구할 길이 없어 살던 집 정침 3칸과 익랑 1칸과 '수옹(溲甕, 물항아리)' 1좌(座), 호초(蒿草)를 함께 7냥 1전을 받고 영영 매도하는 경우와,32) 1890년에는 옮겨 팔기 위해서 자기 집터 등……정침 3간, 용실(舂室) 2칸, 1890년에는 '저구(杵臼, 절굿공이, 절구통)'와 기타 2두락, 집 뒤, 삼밭과 감·대추나무를 함께 26냥 받고 영영방매하는 경우가 있다.33)

제4장 수목 및 동산의 담보

조선왕조에서 담보는 크게 매매 형식의 매도 담보인 환퇴 제도

30) 필자 소장 고문서, 1-家-4.
31) 필자 소장 고문서, 1-一家砧臼-2.
32) 필자 소장 고문서, 1-家溲甕-3
33) 필자 소장 고문서, 1-家木-1

와 임대 형식의 양도 담보인 전당 제도가 있다. 환퇴는 1년 이상 10년 이내의 장기 물적 담보인 경우에 '매매+재매매 예약부(해제조건부) 매매' 형식을 통해 안정된 시기에 많이 활용되고, 전당은 '대차+물적 담보(채무불이행+목적물의 소유권 이전)'의 형태로서 1년 이하 단기 담보 제도로 전쟁 등 불안한 시기 전후에 주로 많이 사용되는 담보 제도의 하나이다.[34)]

그러므로 본 논문은 과목의 환퇴와 동산의 환퇴에 대해 살펴보고, 과목의 전당과 동산의 전당에 대해 순차적으로 서술하고 끝으로 교환의 경우를 살펴보기로 한다.

1. '수목 및 동산'의 환퇴

환퇴는 매매 형식에 의한 담보 제도로서 재매매 예약부 매매 또는 해제 조건부 매매라고도 하나, 이는 조선왕조의 『경국대전』에서부터 유사한 기능을 하는 규정이 있었고,[35)] 『속대전』 「호전」 매매한조에서는 "奴婢賣買後逃亡者 二周年定限 過限則勿許還退"라고 하는 규정이 있는데, 이는 중종조에 반석평이 노비 환퇴를 금지하기 위해 건의하여 만들어진 경우로서[36)] 보통은 1년 이상 10년 이내에 매매한 후 다시 재매매할 수 있는 일종의 담보 제도에 속하고 이는 오늘날의 매도 담보 형식에 해당된다.

이런 환퇴는 부동산 전지 가사 및 노비의 매도 담보에 이용되나 본 논문의 경우엔 과목도 환퇴의 목적이 되는 경우와 과목 이외의

---

34) 김재문, 「조선왕조의 담보 제도 연구」, 동국대학교 법학박사 학위논문, 1983.
35) 『경국대전』 「호전」 매매한조.
36) 김재문, 위의 논문 참조.

우마(牛馬) · 두주(斗柱) · 부정(釜鼎) 등의 동산 환퇴가 있다.

1) '전+답+가+목'의 환퇴

나무를 전답과 함께 훗날 다시 재매입하기로 하고 기한 내 재매입하지 못하면 소유권이 영원히 이전되는 것으로 하고 매매 형식을 취하는 경우로서 1800년대에 3장의 명문이 발견된다.

먼저 1838년에는 필요가 있어 전답과 함께 대추나무 10그루를 110냥을 받고 문기 8장 · 패지 1장을 3년에 환퇴할 뜻으로 매매하되, 만약 이 기한을 넘기면 영원히 방매한다는 계약서가 있다.[37] 그리고 1884년 12월에는 필요가 있어 전답과 가사(초가 4칸)와 시목(柿木) 2주를 15냥……또 전(田) 등 합 49냥을 받고 일후에 환퇴지의(還退之意)로 성문(成文)하는 계약서가 있다.[38] 뒤의 것은 환퇴할 기한이 없는 경우로, 대략 1년 이상 10년 이내에는 본가 49냥을 주고 언제든지 전답 초가와 시목 2그루의 소유권을 되찾아올 수 있다는 것을 알 수 있다.

1894년 3월 11일의 경우를 살펴보면 필요가 있어 전래해오던 밭 6두락과 감나무 8주를 60냥 받고 기한은 3년으로 환퇴할 뜻으로 구문기 1장을 매수인에게 방매하는 경우[39]로서 전과 감나무 8주가 3년 내에 다시 재매입할 수 있는 뜻으로 매도의 객체가 됨을 알 수 있다.

2) '전 · 가사 · 우마 · 두주 · 부정'의 환퇴

1838년의 명문에는 전과 가사와 두주(豆柱, 쌀통)과 솥(가마솥)

---

37) 규장각 고문서, 84525번.
38) 규장각 고문서, 204064번.
39) 규장각 고문서, 204221번.

이 환퇴의 객체로 명기되고 있다. 그 내용을 살펴보면 "1838년 3월 3일 이 생원 댁 만식이 앞 명문으로서 우 명문은 필요가 있어……논 7두락지기, 전 2일 반갈이의 곳과 전 4일갈이의 곳과 가사 10간과 두주 2형(쌀통 2개), 부정 2좌(가마솥, 솥 2개)를 함께 57냥을 받고 본문기를 영원히 매매하니, 기한은 3년으로 환퇴할 수 있다고 하며, 家舍 田畓 主 金萬儀 手決, 證筆 丁孝宗 手決"[40]의 명문이다. 솥은 특히 가좌표(家坐表) 등에 보면 우마와 함께 철정(鐵鼎)이 재산 목록으로 과세의 객체로 기록되고 있다.[41]

8월 10일의 경우에는 쌀 1석 반을 빌려 먹고 그 후 빌려 먹은 사람이 파산하여 갚을 길이 없어 8월 초 10일에 김천시에서 돈 20냥과 식정 1좌를 환퇴하는 기록도 보인다.[42]

3) 마(馬)의 환퇴

1666년 11월 23일의 명문을 보면, 역마용으로 사용하기 위해 5년생 황적색 말을 5동(五同) 40필(四十疋)로 값을 논하여 드리며 구입하고, 이후에 환퇴해 달라는 폐단이 있거든 큰 말 값과 삯을 하루하루 계산해서 드리고 차후에 잡담이 있으면 관가에 이 문서를 가지고 가서 바름을 가릴 일[43]이라 하여 말 1필을 환퇴 금지하는 계약서를 작성하되, 만약 환퇴 시에는 말 값을 돌려줌은 물론이고, 되돌려주는 동안은 하루하루 말을 빌린 삯으로 계산해서 환퇴할 수 있는 것으로 명시한 것 같다.

---

40) 규장각 고문서, 84527번.
41) 필자 소장 가좌표(家座表) "泉所洞家座人口姓名成冊 乙亥六月日"
42) 국립중앙도서관 고문서, 한51-다128번.
43) 한국정신문화연구원 간, 앞의 책, 367~368쪽.

2. 수목 및 동산의 전당

전당은 대차 형식으로 금전을 차용하고 기한 내 갚지 못하면 목적물의 소유권을 이전시킬 것을 약정하는 물적 담보 제도의 하나로서, 1년 이하의 단기 담보 제도로 양도 담보 형태에 해당한다. 이에도 부동산이 전지 가사의 전당도 있지만 노비 및 과목, 우마, 부정, 화곡, 가산집물(家産什物) 등을 전당하는 경우가 있으므로 부동산을 제외한 과목 및 일반 동산의 전당에 대해 살펴보기로 한다. 필자가 수집한 계약서는 7매 정도 있고 1800년대 후기의 것들이다.

1) 과목의 전당

이에는 2매가 있으며 1887년 1월 29일의 것에는 답, 가(家), 대지, 과목, 몰수(沒數) 가산지(집)물을 통틀어서 3개월 내에 100냥을 갚지 못하면 영영방매하겠다는 수기가 있다.[44] 과목을 전부 다 전당하게 됨을 알 수 있다. 또한 1889년경으로 추정되는 수기를 보면, 봄에 생활할 길이 없어 우댁에 사먹은 값 87냥 5전 중 22냥 5전은 갚았으나 나머지 65냥은 갚을 길이 없으므로, 대전(垈田) 2두락과 추목 1그루 · 감나무 1그루로 가사 3간과 주목 3주와 부정 2개를 우선 우댁에 전당하고, 말월 20일까지 기한을 넘기면 영영 차지할 뜻으로 수기를 만드는 일이라 하고, 수기 주인이 수결을 그려 작성하는 것이 있다. 여기에는 나무의 종류가 추목, 시목, 주목 등이고 개수는 5그루임을 알 수 있고, 8개월 뒤에 못 갚으면 소유권이 영원히 채권자에게 넘어가는 경우이다.[45]

---

44) 필자 소장.

2) 전·식정·부·궤·우·화곡의 전당

1873년 11월 15일의 수기에는 정 서방 댁의 돈 30냥을 5리로 빌려 쓰고 매년 동짓달까지 기한으로 월곡산의 전 15두락과 밥솥[食鼎] 2개·가마솥 1개·안석[几] 1개를 우선 전당하고 만약 기한을 넘기면 영영 드릴 뜻으로 수기를 만들어오는 일[46]이라 하여 밥솥, 가마솥, 안석 도합 4종을 전당하고 있다. 1875년 12월 7일에는 부정 2개를 가사와 함께 전당하고[47] 1882년 11월 초10일에는 전래 답을 여러 해 지어먹다가 필요가 있어 답 2두락지, 전을 33냥에 전당 중 우(牛, 소) 1척 포함하여 값을 정하거오니 신문기 1장 영원히 전당함이라 하여 소 1마리도 전당하는 경우라 볼 수 있고, 1847년(또는 1907년)에 해당하는 수기의 경우는 장사 차 유판서 댁 돈 280냥을 빌려 쓰고 이자는 매냥(1냥)에 3분으로 하고, 답전과 저의 형제 내외의 가사 16간과 소 1마리를 함께 전당하니 기한은 명년 12월을 만약 넘기면 전답 가사는 완전히 파는 것으로 한다는 내용이다.[48]

그리고 논의 곡식[禾穀]을 전당하는 경우로는 1884년 2월 초 7일 흉년에 사창미를 낼 길이 없어 할 수 없이 답의 화곡을 전당하고, 기한은 9월 망(望)까지 만약 넘기면, 이 답을 드리기로 함[49]이라 하여 논과 논의 벼를 포함하여 전당하는 경우로 볼 수 있다.

---

45) 규장각 고문서, 182583번.
46) 규장각 고문서, 182612번.
47) 규장각 고문서, ???번.
48) 규장각 고문서, 163954번.
49) 필자 소장 고문서, "標 右標事…"

제5장 교환

벼 5섬 9두와 7년생 소 한 마리와, 제주말 한 마리와 논 5두락지기와 쌀 10섬과 말 1필과, 쌀 5말과 산을 교환하는 경우도 있다.

먼저 1550년 3월 13일에는 이 몸이 빈한하여 손충위 댁에 장리조 5석(伍石) 9두(玖斗)의 값을 황소 7년생 1마리와 교역하여 드리므로 일종의 대물 변제에 해당할 수도 있다.[50] 또한 1558년 7월 19일에는 서울로 가기 위해 손 진사 댁의 제주말 1필을 경주에 있는 5두락지의 논과 영원히 상환한다는 경우도 있고[51] 1907년 1월 6일에는 빈한한 소치로 선영이 있는 옥녀봉의 땅을 백미 5두로 값을 쳐서 교환한다는 계약서도 있다.[52]

제6장 결어

이상은 조선왕조의 수목의 거래와 동산 거래 계약서를 필자가 수집한 극히 일부분의 조선 후기 자료를 중심으로 분석해본 것이다.

이에 의하면 토지의 일부분 내지는 가옥의 일부분인 부합물(附合物) 내지는 종물(從物)로 처리될 수목 및 과목의 매매에 있어 집단적으로 매도할 경우에는 특정의 수목을 명기하여 산이나 원림과 함께 매매되는 경우도 있고, 이는 입목(立木)에 관한 명인방법(明認方法)이란 제목으로 자료를 더 수집하여 연구를 해야 하며,

---

50) 앞의 책, 434번.
51) 이수건, 앞의 책, 376 장리 상환 명문.
52) 필자 소장 고문서, 1.38.

개별적으로 수목을 매매할 때에는 1,2그루의 과목(감나무 2그루, 대추나무 2그루, 밤나무 2그루 등)을 대상으로 계약서를 작성하여 거래하던 관행도 없지는 않았고, 그 외에는 부동산인 가(家)와 전과 답과 함께 매매의 객체로서 특정하여 계약서에 명기하는 경우도 있다.

특히, 가사의 매도에 당연히 수목, 과목 1~10주 미만이 종물처럼 거래되는 것만은 아니고 가사와 별도로, 전답과 구별하여 거래의 객체로 명시되며, 그 수종을 살펴보면 주로 과목으로서 감나무[柿木]·밤나무[栗木]·대추나무[棗木]·호두나무[胡桃]·사과나무[檎木]·뽕나무[桑木] 및 드물게는 배나무[梨木] 등이 나타나며, 적게는 1,2그루 많아도 10그루 이하가 대부분임을 알 수 있고, 특수한 용재의 수목으로는 등목(燈木), 주목(朱木), 추목(楸木) 등이 나타나고 있다. 따라서 우리 조상들은 위와 같은 나무를 재산으로서 중히 여겼으며,[53] 오늘날도 이런 나무의 과일은 가장 널리 애용되는 약용·식용의 용도로 쓰이고 있음을 알 수 있고 지금도 전국 곳곳에는 이런 종류의 나이 많은 과일나무가 동네에 집단적으로 길러지고 있는 것을 보아도 알 수 있다.

또한 수목과 과목 이외의 매매 대상이 된 동산으로는 우마, 절굿공이, 절구통, 밥솥, 가마솥, 두주(쌀통), 물항아리, 기타 가산지물로 통칭하고 화곡(禾穀)도 포함되며, 이들 또한 농경 사회의 중

---

53) 동은 김기선 선생님께서는 "부동산인 초가집 1채보다는 수십 년 된 감나무, 대추나무 몇 그루에서 나오는 소득이 클 경우이기 때문에 특히 과일나무 등을 계약서에 따로 명기하여 거래의 객체로 하게 된다"는 말씀을 제10회 한국재산법학술대회에서 해주셨음. 오늘날에도 시골에서는 수십 년 된 대추나무 1그루에서 딴 대추를 팔아 고등학교에 다니는 자식의 학비를 보태고도 남는 경우도 있다고 함.

요한 생활 용구로서 동산 중에는 가장 보편적인 재산으로 매매되었음을 알 수 있다.

또한 담보의 객체로는 환퇴와 전당에 공히 과목 등의 나무가 포함되며, 수종으로는 시목(柿木, 2주, 8주) 등과 추목 1그루, 주목 3그루 등도 전당의 객체가 되고, 이때도 전답 가사와 함께 수목이 전당 환퇴됨을 알 수 있다. 그리고 말은 환퇴의 객체로 1마리를 단독으로 취급하는 경우도 있고, 그 외는 전과 가사와 합쳐서 함께 우마·두주·부정 등이 환퇴되고, 전당의 경우에는 전과 함께 식정·부·궤·우·화곡 등이 나타난다. 특히, 부정은 철정으로서 가좌표 등에 전답, 가사, 우마와 함께 중요한 재산으로 기록되고 있다.

교환의 경우는 상환이나 교환이라는 용어로 표현되기도 하나, 벼 5섬 9말과 7년생 소 1마리와 교환되거나, 제주 말 1마리와 논 5두락지기, 혹은 쌀 5말과 산의 일부와 교환되는 경우도 극히 드문 경우이나 실증적인 계약서를 통해서 알 수 있었다.

이상으로서 필자가 분석한 자료가 조선왕조 전 시대를 통해 극히 일부분에 지나지 않은 극소수의 것이므로 논리의 비약은 충분하나 앞으로 더욱 수집하여 보완, 수정하기로 하고, 미미하나마 말로만 듣던 조상의 법률생활의 한 단면을 실증적 자료를 통하여 음미할 수 있다는 점에서 우선 본 논문의 의의를 찾고자 한다.

조선왕조의 **환퇴(매도담보) 계약서**에 관한 연구

I. 서

본 논문은 우리 현행 민법 조문에는 없는 관습상·판례상·학설상 인정하는 비전형(非典型) 담보 내지는 변칙 담보, 양도 담보라는 범주 속에 넣어서 취급하는 담보 제도가 관습적으로만 존재하고, 판례로만 인정된 존재이냐 하는 점에서 필자는 적지 않은 의문과 약간의 불만을 가져 왔다. 왜냐하면 그 관습이 언제부터 어디에서 어떤 경우에 주로 활용되었나 하는 점 등과 언제부터 왜 판례가 이를 법적인 존재로 인정해 왔는가 하는 점들이 불투명하기 때문이다.

또한 현행 민법은 서구 계수법인 일본 민법이 조선민사령에 의해 강제로 시행된 결과인데, 적어도 누백 년의 민족 문화 내지는 법문화가 최소한도로 1910년 이후 40여 년 가까이 내지는 오늘날까지도 타의에 의해, 강압적으로 전통법이 폐지되어 단절된 결과로 우리의 현행 민법 거의 대부분이 우리의 전통 문화 생활에 기초한 법이 아닌 서구 및 외래의 문화에 기반을 둔 법이라는 데 이러한 의문이 더욱 강하게 생긴다.

특히 필자가 살펴본 바에 의하면, 우리의 전통 법제와 법조문 속에는 엄연히 양도 담보 등 비전형 담보 등이 전형적인 법제상

담보로 존재했고, 변칙 담보가 아닌 원칙적인 담보 제도이다. 관습상의 담보만이 아닌 법제도상의 명문 규정에 의거해서 우리 조상들이 만들어 쓰던 '환퇴(還退)' 또는 '전당(典當)' 형식으로 존재했다. 1539년 10월 15일의 왕명에 의하여 환퇴라는 제도가 만들어진 후 구한말까지 애용되어 오던 제도인데 조선민사령이 시행된 이후에는 일본인들이 서구 계수법을 번역하여 환퇴는 매려(賣戾),[1] 환매(還買) 등의 용어로 대치되고 사몰(死沒)되며 관습화된다.

따라서 필자는 조선왕조 500여 년간 우리 조상들이 즐겨 쓰던 담보 제도(擔保制度)인 매매 형태에 의한 환퇴와 대차 형태(貸借形態)에 의한 전당 중에 지면과 연구, 시간을 고려하여 먼저 환퇴에 관해 필자가 틈틈이 수집해온 환퇴 계약서(明文, 不忘記 등) 약 160매(1500년대 4매, 1600년대 1매, 1700년대 27매, 1800년대 123매, 1910년 전후 6매 등) 정도를 분석하여 일차적으로 환퇴에 관한 실정법 제도 및 그 배경과 환퇴 사유, 주체, 객체, 기간,

---

1) 조선총독부 간, 『민사관습조사보고서』, 1913년, 227~228쪽. "물건의 매매에 있어서 매도인은 매려의 권리를 유보함을 부(附)하는 것은 오래 이전부터 존재하는 관습으로서 이것을 환퇴(還退) 또는 권매(權賣)라 칭하고, 평안북도 강계, 용천 등의 지방에서는 매려 특약부의 경우에는 고위매매(姑爲賣買) 또는 고위방매(姑爲放賣)라 칭한다. 주로 토지, 가옥 또는 선박의 매매에 부(附)해서 행하는 동산의 매매에 있어서 그 예를 본다.(영동, 경주, 울산, 옥구, 공주 등의 지방에서는 동산에 있어서도 드물게 이 특약을 하는 것이 있다고 한다. 그러나 의문이 있다.) 또, 함경도 회령, 경흥, 함경남도 갑산 지방에서는 그런 관습이 없다고 한다. 따라서 매려를 할 수 있는 기간은 반드시 이를 밝히고 관습상의 제한은 있지 않다. 그러나 실제에는 10년 이상의 기간을 약속하는 것은 전혀 없다. 1년 내지 5년이 됨을 보통으로 하고, 또 때로는 매도인이 자력을 회복할 때에 매려를 하는 뜻을 약속하는 것이 있어 대서력 환퇴(待徐力還退)라 한다. 또 소작료의 환퇴 매매에 대해서는 『속대전』에 (중략) 있고, 단 현재에 있어서는 이 점에 관한 관습은 없다……"

가격, 귀속 여부 등을 간단히 살펴보고, 이런 환퇴가 언제부터 매도담보와 어떤 정도의 동일성이 있었는지 살펴보고자 한 것이다.

그러나 이런 시도는 박병호 박사의 『한국법제사고』, 장경학 박사의 『신물권법 총론』 및 『신물권법 각론』 등 외에는 기존의 연구가 빈약하고, 특히 시대별로 다양한 계약서를 총망라해서 분석한 결과가 아니고, 오히려 극소수의 자료만을 1800년대에 집중하여 수집해서 분석한 것이기 때문에, 앞으로 더 많은 시간을 들이고 더 많은 자료를 모아서 연구하여 분석하여야 할 것이다. 그러므로 필자 논문의 결론의 객관성이 다소 부족한 점을 먼저 밝혀둔다.

그리고 '환퇴(還退)=매도담보(賣渡換保)'라고 하는 정의를 망설이는 이유는 위와 같은 원인도 있으나, 일본인들이 번역·이론화한 서구 계수법상의 제도, 법규정 및 용어와 그 이후의 판례상·이론상 매도담보에 대한 개념의 정의가 다소 변화를 보이기 때문에, 우선 환퇴 제도의 실체를 계약서 자체를 통하여 알아보고, 그 후에 매도담보의 실체를 판례와 그 유형을 통해 살펴보면, 이 두 개념의 내용이 어떤 면에서 어느 점이 같고 다른지를 알 수 있으므로 먼저 환퇴 계약서 분석을 서술하고 매도담보와의 관계는 차후의 연구로 미루어둔다. 현행법과의 대비도 좀 더 많은 자료를 다각도로 수집·분석·연구한 후에 정확히 말할 수 있을 것으로 본다.

II. 환퇴

1. 법규정

1) 1543년에 편찬된 『대전후속록』을 보면 "노비나 (부동산인) 논(밭)·가옥의 가격이 전(매매 계약 체결 시)에 비하여 2배나 되자 환퇴하려고 스스로 원고가 되어 거짓으로 승부를 조작하여 그 이익을 나눈 자는 모두 현재의 시가에 준하여 가격을 되돌려준다"(奴婢田宅 價値倍前 故謀欲還退 自作元隻 佯僞勝負 以分其利者 一切准今價 還退)[2]라는 규정이 1539년 10월 15일의 왕명에 의해 만들어졌음을 기록하고 있으며,[3] 『대전회통』에까지 그대로 규정되어 있다.

2) 1698년에 편찬된 『수교집록』를 보면 "노비가 매매된 후에, 그 노비가 도망하면 2년을 기한으로 정하고, 매입한 사람이 혹시 사환(使喚)으로 하거나, 신공을 받은 경우, 만 2년이 지나면 환퇴할 수 없고, 본래의 주인도 침범하지 못한다"(奴婢賣買後 逃亡者 以二周年定限 買得之人 或使喚 或收貢者 滿二周年 則勿許還退 勿侵本主 康熙辛酉 承傳)[4]는 규정이 1681년의 왕명으로 나오게 된다.

3) 『속대전』(1746) 「호전」 매매한조를 보면 "역마의 매매는 3

---

2) 가정 18년 10월 15일 승전, 同『사송유취』「호전」 매매한조, 『속대전』「형전」 청리조, 『전율통보』, 『대전통편』, 『대전회통』 同條

3) 同, 『백헌총요』 매매조

4) 『수교집록』「호전」 매매조

개월을 기한으로 하되, 기한이 지나면 환퇴를 허락하지 않는다"(驛馬賣買 以三朔爲限 過限則 勿許還退)[5]고 규정하여 『대전통편』(1785), 『대전회통』(1865)에도 동일하게 규정되어 있다.

4) 끝으로 퇴도지 매매(退賭地賣買)의 환퇴에 대해서 『속대전』에는 "도지(賭地)를 환퇴하는 매매는 10년을 기한으로 만 10년이 되면 무가(無價)로 환퇴하고 5년 이상 그 이후에는 반가로 환퇴하고, 만약 본가에 준하는 경우는 비록 1년 또는 2년이라도 역시 환퇴를 허락 한다"(退賭地賣買 以十年爲限 滿十年則 無價還退 五年以上後 則半價還退 若準本價 則一二年 亦許還退)[6]고 규정되어 있다.

따라서 환퇴는 1543년 편찬된 『대전후속록』이라는 조선왕조의 법전상의 법제로서 명문화되어 나타나고 그 목적물인 환퇴의 객체는 노비(奴婢)·전택(田宅)·역마(驛馬)·도지(賭地)를 열거하고 『대전회통』(1865)인 법전에도 동일하게 규정되어 있는 것임을 알 수 있다.

그러나 『경국대전』「호전」(1460년 신묘)의 매매한조의 "전지(田地)·가사(家舍)의 매매는 15일이 지나면 변경하지 못하며, 아울러 100일 이내에 관청에 신고하여 증명을 받아야 한다. 노비도 같다. 소나 말은 5일이 지나면 고치지 못한다"(田地家舍 賣買限十五日勿改並於百日內告官受立案, 奴婢同, 牛馬則限五日勿改)[7]는 규정은 비록 환퇴라는 용어가 보이지 않으나 '개(改)'는 매매 계약의 해제나 취소로 이해한다면 결국은 환퇴한 결과와 같은 효과가 발

5) 同, 『백헌총요』 매매조, 『대전통편』, 『대전회통』「호전」 매매한조
6) 『속대전』「호전」 매매한조, 同 『백헌요집(지)』 전답조, 『대전통편』「호전」 매매한조, 『대전통편』「호전」 同條
7) 『경국대전』, 『사송유취』「호전」 매매일한조, 『대전통편』, 『대전회통』 同條에 동일하게 규정되어 있는 조선왕조의 전 기간에 적용된 법규정임.

생하므로[8] 환퇴 제도라 볼 수도 있을 것이다. 이렇게 보면 환퇴 제도는 『경국대전』 이후부터 조선왕조 전 기간 동안 우리 법제상 만들어진 법조문상의 제도라고도 말할 수 있다.

2. 입법 취지

1) 『경국대전』 「호전」 매매한조의 규정을 박병호 박사는 취소 기한이자 소송 기한(訴訟期限)으로 보며, 세종 8년(1426년) 정월 갑인조의 "刑曹據漢城府所啓雜訟決絶可行條件 與議政府諸曹同議 啓…家舍馬匹交易後 十日已過者 勿許還退…"의 10일의 환퇴 기한 이후에 『경국대전』 이래의 모든 법전의 「호전」 매매한조의 규정 "田地家舍賣買 限十五日勿改…"에 의해 15일로 연장되었다고 보고 있다.[9]

2) 전지와 가옥(家屋)의 환퇴의 경우는 1548년 4월 27일의 왕명에서 "전지와 가사를 사고판 뒤에 환퇴를 하겠다는 소장(訴狀)을 비록 100일 이내에 제출했더라고, 매수인이 가사를 깨끗이 수리(修理)를 다해놓았을 때, 그리고 전답(田畓)인 경우엔 흙을 잘 골라놓은 뒤에, 슬그머니 전날에 제출한 고소장을 들추어내며 소송을 일으켜서 환퇴하는 것은 매우 옳지 못하니, 오늘 이후로는 30일까지 송정(訟庭)에 나오지 않으면, 일체 접수하여 처리해주지 않는다"[10]는 법규정을 보면 부정한 방법으로 재산의 증대를 도모

8) 박병호, 『한국법제사고』, 법문사, 1974, 446~447쪽 참조 ; 김재문, 「조선왕조의 담보제도에 관한 연구」, 동국대학교 박사학위 논문, 1984. 2, 126~130쪽 참조.
9) 박병호, 앞의 책, 22~29쪽 참조.
10) 同 『사송유취』, 『백헌총요』 매매조.

하는 방법으로도 이용하였기에, 1543년의 『대전속록』에서 노비나 논밭, 가옥 등의 부동산을 매도한 후 값이 두 배나 뛰었기에, 허위 문서를 만들어 환퇴 소송을 하려는 경우와, 1548년의 논밭, 가옥 등 부동산을 매매한 후에 즉 목적물을 완전히 인도한 후 목적물의 가치가 증대되었을 때에 환퇴하려는 행위를 금지하려는 규정임을 알 수 있다.

3) 도지의 환퇴는 1674년의 왕명으로 "퇴(退)한 도지에 대하여는 그 가액(價額)을 대강 받고, 타인에게 경식(耕食)을 허용하고, 햇수가 상당히 오래된 뒤에 본래 값대로 반환하면 그 농토를 돌려주고, 바로 원래의 값을 돌려주지 않으면, 영원히 자기의 소유로 만드는 그 폐단이 적지 않으므로, 10년을 한도로 하여 10년 이내이면, 처음에 받았던 값의 절반을 주고 도로 물릴 수 있고, 10년 뒤면 비록 그 값을 다 주고 갚을 능력이 없더라도 땅주인에게 돌려준다"[11]는 규정이 나온 뒤에 만들어진 내용이다.

3. 입법 과정

실정법상으로는 1539년 10월 15일의 입법은, 그날 저녁 석강(夕講)에 특진관(特進官) 반석평(潘碩枰)이 임금께 아뢰기를 "요사이 사람의 마음이 교사(巧詐)하여, (민사)소송을 진행할 때에 불법한 일이 너무 많사옵니다. 무릇 노비와 전택 등을 사고판 시

11) 『신보수교집록』 「형전」 청리조. "還賭地 略捧其價 許人耕食 年久之後 准價則 還給其田 不還價則 永作己物 其弊不貲 以十年爲限 十年之內 卽當初所受其價 折半 備給以還退 十年之後則 雖不能備償其價 還給本主"(康熙 甲寅 承傳)

기가 이미 오래된 자가 훔쳐서 팔았다고 사칭(詐稱)을 하며 스스로 원고·피고가 되어 거짓으로 승부를 만들어 요즈음의 가격을 받고 이익을 나누려고 합니다. 이런 일들이 (민사)소송에서 그치지 않습니다. 이에 계(啓)를 올리므로 세상을 구제하는 정책이로니 부중(府中)에서 이 뜻을 공사(公事)로 하여, 만약 특명으로 거행한다면, 간사한 풍습이 그치게 되겠습니다"라고 하니 중종이 말하기를 "이 말은 지극히 옳다. 그러나 만약 시행한다면 새로운 예가 됨이 두려우며, 또한 폐단도 있을 것이므로, 당연히 대신들에게 물어서 처리하라"고 하니 영의정·좌의정·우의정이 의논해서 계를 올려 아뢰기를 "무릇 노비와 전택의 값을 살펴보니 전날의 10배이므로, 간사한 무리들이 사고판 것이 오래된 자는 간혹 훔쳐서 판 것이라 하고, 혹은 상속 재산을 아직 나누지 않은 것이라 하여 안으로는 음흉하게 스스로 원·피고가 되고, 밖으로는 승부를 만들어 현재의 시가를 받으려고, 꾸며서 그 이익을 나누는 이런 간사한 거짓이 날로 심해가니, 소장은 구름같이 쌓이고, 폐단은 구제할 수 없으므로 상감의 특별 명령을 받들어 행함으로써 간사한 근원을 끊음이 어떠하겠습니까"라고 아뢰니 중종이 "알았다"고 말한다.[12)]

12) 『중종실록』 권92, 34년 10월 무인조, 김재문, 앞의 논문, 138쪽 주 195 재인용. "御夕講特進官潘碩枰曰 近來人心巧詐 詞訟之間 不法之事頗多 凡奴婢田宅等賣買已久者 詐稱盜賣 而自作元隻 佯爲勝負 以收今時之價 欲分其利 此所以詞訟不止也 頃者成世英輪對所啓 乃救世之權策也 府中欲以此意爲公事也 然若特命擧行 則奸濫之風庶乎息矣 上曰此言至當 然若施行則 恐其爲新例而 亦有弊也 然當問於大臣而處之 三公議啓曰 凡奴婢田宅之價 視田日十倍故 奸濫之徒賣買已久者 或稱盜賣 或稱未分 陰爲符比 自作元隻 陽爲勝負 謀收今價 以分其利 以此奸爲 日滋訴牒雲委 弊不可救 依輪對辭緣別令擧行 以杜奸濫之源何如 答曰知道"

이로써 환퇴라는 제도가 실정법상에 최초로 명문화되고 유명한 노비 출신의 고급 공무원이 공교롭게도 노비 매매에 관한 법의 제정을 건의하고 여기에 임금과 삼정승이 찬성을 하여 입법이 되는, 즉 전문가에 의해 입법이 되는 경우라 볼 수 있다.

III. 환퇴 명문(매매+재매매 예약 계약서)[13)]

환퇴 계약서(명문)는 입법이 1539년 10월 15일이므로 이후부터 발견되고 그 이전의 것은 있어도 거의 없을 정도로 희귀할 것으로 짐작된다. 필자가 틈틈이 수집한 환퇴 자료 160매 정도에 의하여 그 대략을 살펴보기로 한다.

법조문과 계약서, 판결문 기타 각종의 관계 자료를 풍부하고 많이 연구 분석해야 하나 그렇지 못한 점은 후일로 미루고 일차적으로 필자가 수집한 한도 내에서의 제약된 자료를 통해 분석해보기로 한다.

1. 계약서 형식

일반적으로 조선왕조의 환퇴 및 퇴급 계약서(退給契約書)의 형식은 대체적으로 정형화되어 있다. 그 최초나 초기의 형식은 차후로 조사해보기로 하고 그 일반적인 형태를 살펴보기로 한다.

먼저 광서(光緖) 3년 10월 12일의 환퇴 명문을 보면 다음의 〈사진1〉[14)]과 같다.

---

13) 환퇴를 반드시 재매매 예약부 매매(再賣買豫約附賣買)라고 단정하는 것은 아니고, 이해의 편의상 잠정적으로 본 것이며, 매매, 매려, 계약 해제부 매매 등 다양하게 표현할 수 있다. 그러나 이에 대한 비교는 전통법제와 서구 계수법과의 비교이므로 좀 더 많은 자료를 수집, 연구한 뒤에 하기로 한다. 장경학, 『신물권각론(하)』, 793쪽 참조.

14) 〈사진 1〉, 필자 소장 고문서 1-환-403.

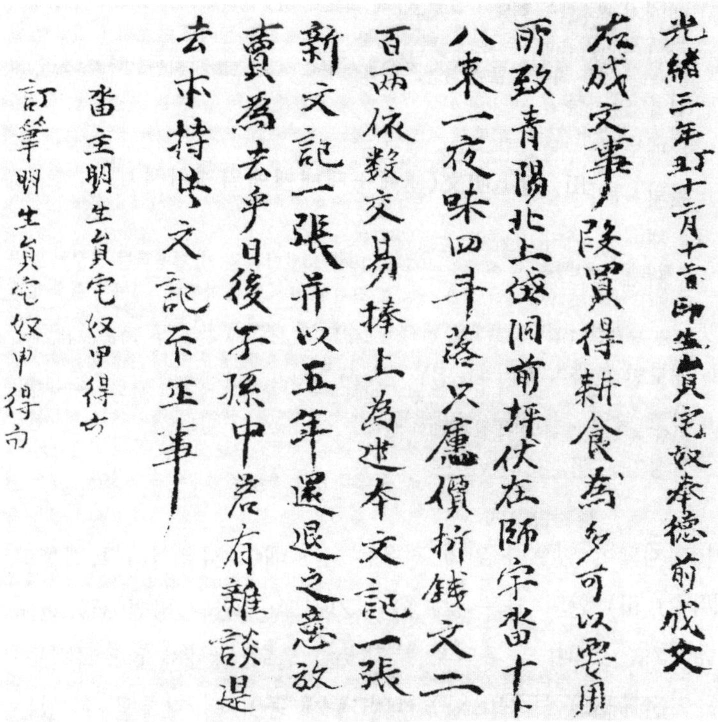

光緒三年丁丑十二月十一日印生員宅奴奉德前成文
右成文事段 買得耕食爲多可以要用
所致青陽北上坐洞前坪伏在師字畓十卜
八束一夜味四斗落只廛價折錢文二
百兩依數交易捧上爲遣本文記一張
新文記一張并以五年還退之意故
賣爲去乎日後子孫中若有雜談是
去本持此文記下正事
畓主明生員宅奴甲得
訂筆明生員宅奴甲得

〈사진 1〉

위의 실재 계약서에 나타난 내용만을 대략 분석해보면

① 거래일(계약서 작성 연월일) : 광서 3년 정축 12월 11일

② 매수인 : 印生員(宅奴奉德)

③ 매도 사유 : 買得耕食爲多可 要用所致

④ 목적물 : 토지(부동산) : 畓

㉠ 소재지 : 青陽 北上 坐洞 前坪 伏在

㉡ 지번 : 師字畓

㉢ 지목 : 畓

㉣ 면적 : 十卜 八束 一夜味 四斗落只

⑤ 매매가 : 價折錢文 二百兩

⑥ 대금 지불 방법 : 依數交易奉上爲遣

⑦ 점유 이전물

㉠ 매도인 : 本文記 一張, 新文記 一張

⑧ 환퇴 특약

㉠ 재매매 예약 : 還退之意放賣爲去乎

㉡ 기한 : 五年

⑨ 담보 문언(擔保文言) : 日後子孫中 若有雜談是去等 持此文記卞正事

⑩ 매도인 : 畓主 明生員(宅奴 甲得)

⑪ 참고 증인 : 明生員宅奴甲得

⑫ 작성자 : 明生員宅奴甲得

등이 기재되어 있으나 위의 경우는 ⅰ) 매수 사유 ⅱ) 목적물의 위치(四標) ⅲ) 환퇴 사유 ⅳ) 환퇴 가격 ⅴ) 환퇴 방법 ⅵ) 환퇴 기한 ⅶ) 기간 경과 후 유담보 특약 ⅷ) 환퇴 당사자 ⅸ) 목적물 ⅹ) 점유 이전물 ⅺ) 보증인 ⅻ) 특약 부기 등이 더 기록될 수 있는 계약서이다.

한편 실제 재매매(퇴급) 시에 작성하는 계약서의 예를 들어 살펴보면, 다음의 〈사진2〉[15]와 같으므로 이 퇴급 계약서의 요소를 분석해본다.

① 작성일(퇴급 계약서) : 咸豊七年六月二十七日

② 매수인 : 幼學 李龍喆

③ 퇴급(환매 사유 : 재매도 사유) : 石人(李龍喆) 柴場給價 參兩買得 刈取是如可官錢備納次 欲爲還賣則 石人請買故

④ 목적물 : 柴場

15) 〈사진 2〉, 필자 소장 고문서 1-환-401.

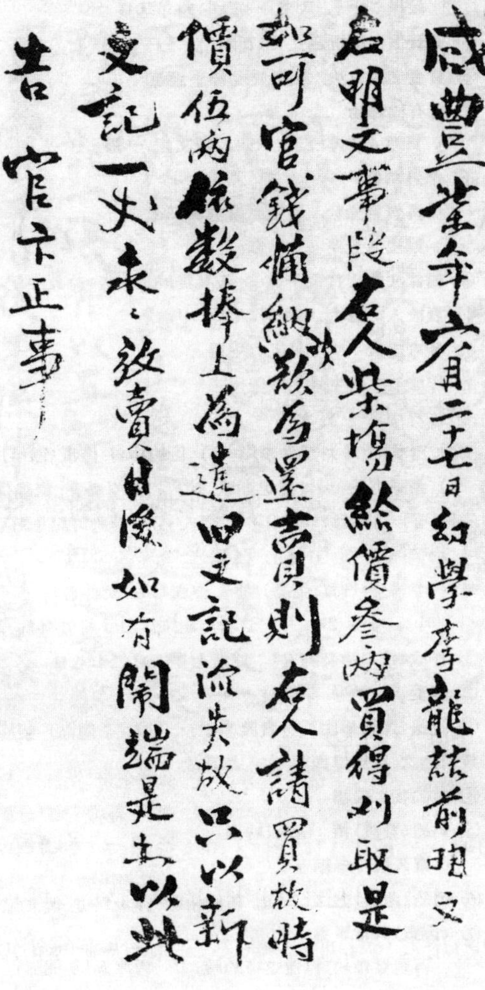

咸豐三年六月二十七日 幼學 李龍□ 前明文

右明文事段 右人柴塢 給價叄兩 買得 刈取是

如可 官錢備納 欲爲還賣 則 右人請買故 時

價伍兩 依數 捧上爲遣 回文記 流失故 只以新

文記一丈 永永 放賣 日後 如有 閑端是去 以此

告 官卞正事

柴塢主 文成七 其人 不着

證人 朴一成

筆執 鄭東休

〈사진 2〉

⑤ 퇴급(매도)가 : 伍兩(時價)

매인가(買人家) : 參兩

⑥ 퇴급(매매) 방법 : 時價 伍兩依數 捧上爲遣 新文記一丈 永永放賣

⑦ (재매)매[再賣買] 당사자

㉠ 재매매 예약 시(환퇴 특약 시) : 賣渡人(李龍喆)
㉡ 재매매 시(퇴급·매매 시) : 買受人(文成七)
再賣渡人(文成七)
再賣受人(李龍喆)

⑧ 점유 이전물 : 新文記(還賣文記) 一丈

⑨ 담보 문언 : 日後如有 端是去等 以此告官卞正事

⑩ 증인 : 朴一成

⑪ 작성자 : 鄭東休

등으로 나누어볼 수 있다.

여기에도 더 상세한 기록이 나와 있지 않고 이상의 환퇴·환급 명문만으로는 완전하게 법률관계를 이해하기는 불명확한 점이 있으므로, 관계 소장 등의 기록을 연결하면 더욱 정확히 알 수 있게 된다.

2. 환퇴 사유

160매 중 1700년대의 25매 중에는 특별한 사유를 기재하지 않고 단순하게 "필요가 있어"(要用所致 : 5매), "간절한 필요가 있어"(切有用處 : 1매), "꼭 필요가 있어"(緊用處 : 1매), "하는 수 없이"(不得已 : 1매)라고 기재하는 것이 8매이고, 1800년대 135매 중에는 95매(약 70%)가 단순하게 "필요가 있어"(要用所致 : 69매), "간절한 필요가 있어"(諦有用處 : 9매), "부득이 하여"(不得已 : 8매), "상전댁의 필요가 있어"(上典宅所用處 : 4매), "상전댁에 간절히 필요해서"(上典宅切有用處 : 2매), "꼭 쓸 곳이 있어"(緊用處 : 3매)라고 기재하고 상전댁의 필요가 있다는 경우 중에는 “상전댁이 죽관(竹舘)을 중건할 모든 물재가 부족하여 논을 환퇴할 목적으로 매매하는 경우”[16] 및 “문중의 필요가 있어서 환퇴매매를 하는 경우”도 1매씩 보인다.[17]

이로써 대체적으로 환퇴 매매의 구체적인 사유를 기재하지 않는 것이 대부분이나, 그 외의 경우는 1700년대의 것으로 “가난하기에”(貧寒所致 貧寒無依 등이 4매) 환퇴 매매를 하고, 한편 가난한 원인으로는 1726년의 경우 “아버지의 초상 뒤로 가난하여 의지할 곳 없이 논을 환퇴하며,”[18] 1742년 7월 15일에는 “천만뜻밖에 아내의 처참한 상(喪)을 당하여 이 어려운 시절에 모든 초상에 필요한 모든 그릇 등을 따로 주변할 길이 없어……답(畓)을 환퇴 매매한다”[19]고 기재하고 있다. 또 1752년 1월 27일에는 “부모가 함께 사망한 뒤 조상 전래의 약간의 논밭을 3남매가 나누어 경작하다가, 가난으로 스스로 살기가 불가능하여, 나누어 얻은 본군 지곡면 기리 완당에 있는 환자답(丸字畓) 21짐 5두락지기 곳을 타인에게 값으로 38냥 5전을 받고 방매하고, 조모, 외손 등이 제사를 받들 뜻으로 관가에 소를 제기하여 판결을 받은 후 본가(本價)로 이성(異姓) 오촌 조카 김석룡에게 공정가(公定價) 60냥으로 방매하고, 38냥 5전으로 본가로 돌려드리고 그 나머지는 모든 친족이 차지하고 조부모의 제사를 위하고, 이제 분배받은 본문기(本文記)는

16) 이수건 편, 『경북지방 고문서 집성』, 690번, 전답 매매 명문. “咸豊十年二月二十一日(…1860. 2. 21)…矣上典宅以竹舘重建事 凡物材不足故…畓一斗五升落…勿卽年還退之意…”

17) 위의 책, 691번, 매매 명문 “同治元年壬戌十一月二十四日(1862. 11. 24)…矣上典宅門中有用處…”

18) 국립중앙도서관 고문서, 한-51-80, 16693. “乾隆四年乙未愼生員宅奴卜 末處明文, 石明之事段…父喪後貧寒無依石畓乙…”

19) 국립중앙도서관 고문서, 16693(443).

다른 밭(문서)에 함께 첨부되어 있어 줄 수가 없고, 여러 친족이 관가에 환퇴 소지를 낸 것 1장도 함께 다시 글을 지어 매도하오니, 뒤에 동생이나 자손들 중에 잡담을 하는 폐단이 있으면 이 문서로 옳음을 가릴 일"[20]이라고 하는 환급 명문도 보인다. 또한 환퇴·퇴급을 위해 매입한 논밭을 되돌려 파는 경우가 6매 정도 보인다.

1776년 10월 17일의 경우에는 "소인이 김 생원 댁 종중의 묘위답 8두락지기를 계미년(1763년, 즉 13년 전)에 진 생원 댁에서 매입하였삽더니, 이제 김생원 댁이 종중으로부터 어제 받은 곗돈으로 묘위토는 지극히 중하기에 환퇴를 하려고 하고, 또 값을 주고, 즉 상하지간에 서로 상환하지 않고, 값을 68냥을 받고 영영환퇴하거오니, 매입한 문기 2장, 패자 2장과 함께 되돌려 (생원)댁에 드리오니,……자손 중 잡담 있거든 이 문기를 관가에 알려 가려서 정할 일"[21] 및 또한 1774년 12월27일에 퇴급하는 경우를 보면,[22] 흉년 가뭄에 많은 환상(還上)을 갚을 길이 없어 논 4두락지기를 17냥 받고 영영방매하며 전에 받은 환퇴 문기도 함께 주는 경우도 있다.[23]

1800년대의 환퇴·퇴급 사유를 보면 앞에서 언급한 바와 같이 135매 중 95매(약 70%)가 ① "필요가 있어" 등의 간단한 내용만을 기재하고, ② 아무런 사유를 기재하지 않는 경우는 9매(약 7%) 정도이고, ③ 다른 전답을 구입하기 위해, 즉 "移買次(7매)·移賣次(1매)"가 8매(약 6%) 정도 있고, ④ 매입한 것을 다시 되

20) 국립중앙도서관 고문서, 古朝-51-ウ-80, 16693 532.
21) 규장각 소장 고문서, 古82592번.
22) 奎古(이하 규장각 소장 고문서는 奎古로 약함), 156650번.
23) 이수건 편, 앞의 책, 637번, 전답 매매 명문.

돌려주기 위한 환퇴(3%), 환매(1매), 퇴납(3매) 등 7매(약 5%)가 있고, ⑤ 채무 관계가 3매, ⑥ 가난하기 때문에(貧寒所致……세금이 무겁고)는 3매, 그 외에 ⑦ 흉년 가뭄 1매, 기아 1매 등이 보이고, ⑧ 위의 경우가 복합적으로 기재된 경우가 7매가 있다. 이러한 환퇴 매매의 사유는 단순한 영영방매인 매매 문서에 대략 27가지 정도의 기본적인 사유와 이것이 복합적으로 기재되는 6가지와 비교하면 환퇴 매매 사유가 보다 단순하면서[24] 공통된 점은

---

24) 졸고, 「조선왕조의 매매계약서에 관한 연구(其一)」, 『정신문화』 가을호(1986), 171~172쪽 참조.
매매 계약서 작성 원인으로 대략 분류를 해보면
1. 아무런 원인을 기재하지 않는 것도 있고
2. 요용소치(要用所致) 등으로 필요하기에
3. 다른 것을 사기 위해(移買次)
4. 다른 곳에 가 살기 위해(移居次)
5. 가까운 곳의 전답·노비·가사 등을 사거나 경작하기 위해
6. 흉년에, 계속되는 흉년에
7. 가난하여
8. 장례 관계로
9. 질병으로
10. 환상 장리를 갚기 위해
11. 공사의 채무로
12. 신역(身役)이나 번(番)·신공(身貢) 관계로
13. 혼사 관계로
14. 제사 관계로 등이 일반적인 원인이며, 그 외에
15. 조카 형제, 자식들의 생활 곤란으로
16. 재실 중수(齊室重修) 비용 관계
17. 서원의 액자(額字)를 받으러 갈 비용이 없어
18. 자식이 없는 차에 공·사채가 많아
19. 실농(失農)하여
20. 부(夫)나 부모의 사망으로
21. 말을 진상하기 위해

1800년대의 단순 매매 계약서 223매 중 154매(약 69%)가량이 "要用所致", "切有急用(緊用)處故" 등의 표현을 하므로 환퇴 매매나 단순 매매 명문의 대략 70%는 단순히, "필요가 있어" 등으로 간단하게 기재하는 것을 알 수 있다.

특히, 복합적인 환퇴 매매의 사유를 보면, 1804년 4월 "우댁 돈 42냥을 빌려 쓰고 햇수가 오래되어 흉년에 댁에서 허용한 날까지 스스로 지탱할 길이 없으므로 어찌 변제할 이치가 있으리오, 부득이……원림(園林)을 42냥의 값으로 방매하오니 일후에 값에 준하여 환퇴 차 글을 지어 드립니다"25)라고 한다.

1828년 1월 18일에도 유학 이형진 앞을 환퇴로 매입하고 "큰 흉년 뒤 집의 동생의 경채(京債)가 장차 크게 일이 일어날 것 같아 차마 앉아서 볼 수 없어, 그와 서로 친하나 기간을 놓친 사이

---

22. 농우가 없어
23. 죄수로 된 남편의 옥바라지를 위해
24. 자녀가 많은 데가 번가(番價) 관계로
25. 돈을 융통할 수 없어
26. 난리(임진왜란, 정유왜란)로 인해 생명을 보존할 목적으로
27. 병든 70 노모를 위해 등이 발견되며, 복합적인 원인으로는
28. 가난+채무가 많아
29. 가난+부모·어린이의 생명을 유지하기 위해
30. 자식 없는 과부+공·사채가 많아
31. 형제도 자녀도 없고+꾸어먹은 곡식+열병+장례를 위해
32. 자녀가 많고+번가를 납부하기 위해
33. 흉년+가난+임진 난리 중 살아남기 위해…

1~14까지는 주된 원인이며, 15~27까지는 부차적이며, 28~33의 경우는 복합적인 원인으로 나타난다.

25) "嘉慶十九年甲戌四月 日 金校理宅奴奉得前明文 右明文事段 右宅錢 四十二兩以債例取用 年久連値凶年家計日下萬無自保之道 矣暇豈有還報之理乎不得已 傳來園林 價折四十二兩 放賣爲去乎 日後時準價 還退次沒地境成文以納爲乎尼"

에 누가 낫고 누가 못하지 않는 그런 생활을 하는데 백 번 생각해도 형세가 하는 수 없어 논의 권매 문기와 다른 전답 문권을 입을 막고 즉……추수하여 반으로 드릴 뜻으로 문서를 지어 본가 30냥을 드리오니……"[26]라고 한다.

1844년 3월25일에는 "논 3두락을 5년 기한으로 환퇴할 뜻으로 환퇴 차 팔아 쓰다가(姑爲賣用) 이제 또 환퇴함에, 저의 세미(稅米)가 너무 무겁고 생활할 길이 없어 엽전 50냥을 셈한 가격을 셈하여 바꾸어 받자 하고 본문기 4장, 패자 3장, 신문기와 함께 영영 방매하오니……"[27] 등이 보인다.

3. 환퇴 매매의 주체

1) 1700년대의 환퇴 매매 계약서의 주체

1700년대의 23매를 보면 매수인으로 평민이 11매, 유학(2매), 친족(2매), 안지사 댁(1매), 생원 종중(1매), 아무개 댁(1매), 상인(喪人, 1매) 등으로 기재하고 있으며, 이 중에서 노(奴)의 명(名)으로는 도합 7매(宅奴 : 1매, 生員宅奴 : 5매, 安知事宅奴 : 1매)가 있다. 이를 구체적으로 보면, 평민이란 매수인 앞에 아무런 기재가 없고, 단지 전·답주 아래 성명을 기재한 경우를 말한다. 생원의 성을 보면 "愼·柳·權·韓·任" 생원 등이 보이고, 친족간으로는 이성(異姓) 오촌성 목조원(睦祖元), 이성(異姓) 오촌질 김석룡(金碩龍)이 있다.[28]

26) 奎古 167037번.
27) 奎古 228862번.

1700년대의 매도인으로는 평민(9매, 양인 1매 포함), 생원 댁(2매), 친족(2매), 유학(2매), 노(奴, 1매), 통덕랑(通德郎, 1매), 판서 댁(1매), 상인유학(喪人幼學, 1매) 등이 있다.

생원으로는 "沈·任"씨의 성이 있으며, 판서로는 1799년 12월 12일의 명문을 보면 답을 복잡하게 사고판 경우(다시 환퇴하여 매입하였다가), 또 85냥을 받고 영영방매하는 경우이며 이때에도 심 판서가 직접 관여하는 것이 아니고 심 판서 댁의 노 이복(二福)이가 위임장 같은 패자 2장을 통해 매매에 관여하였다가 최종적으로 소유권을 이전시키는 매매 문기의 답주로 기재되어 있다.[29] 친족간의 매도인은 1786년 8월 3일 이성 5촌 조카에게 답을 이성 5촌 아저씨가 환퇴 차 매도하는 불망기를 작성해주고 있다.[30]

2) 1800년대의 환퇴 매매 계약서의 주체

117매 중 매수인을 보면 매수인의 성명, 직함 등이 없는 '전명문', '수기', '표' 등만 기재되어 있는 것이 30매(약 25%)이고, 그 중에 수기(4매), 표(1매)가 있다. 그리고 노(奴)의 명(名)으로 기재된 것은 50매(약 43%)이고, 이 중에는 생원 댁 노명이 20매(약 17%)가 있고, 일반 평민 댁의 노명은 13매(약 11%), 판서 댁 노명으로 3매(2.5%)[31] 외에 교리 댁 노명 1매, 정언 댁 노명

28) 국립중앙도서관 고문서, 16693, 한-51다-80, (417), 奎古, 146382번, 奎古, 156650번.
29) 奎古, 132295번.
30) 奎古, 173607번.
31) 奎古 158851번(1875. 3. 10), 奎古, 121928번(1891. 4), 奎古, 84487(?)번(1892. 6)
31-1) 奎古, 155897번(1867. 3. 2).
31-2) 奎古, 77741번.

1매,[31-1] 진사 댁 노명 1매,[31-2] 응교 댁 노명 1매,[31-3] 상인(喪人) 댁 노명이 1매 있다. 그리고 순수한 노명은 6매(5%)가 있고, 노명이 아닌 실명으로선 판관(1매),[31-4] 진사(1매),[31-5] 내시(1매),[31-6] 유학(8매), 친족·문중(7매), 상인(1매), 동몽(童蒙, 1매) 등이 있다.

특히, 매수인의 성명을 기재하지 않는 환퇴 매매 계약서 30매 중 50%인 15매가 1890년도에서 1899년까지의 것이므로,[32] 1890년 이후에는 환퇴 매수인을 기재하지 않는 관행이 증가됐다고 볼 수 있다.

이는 일반 매매 계약서 중 조선 후기에 올수록, 특히 1800년대에 들어와서 널리 성행하였고, 특히 1800년대의 163매 중 광서 때가 83매(약 50%), 광무 때가 22배(약 13%)로서 1875년 이후에서 1900년 전후까지 전체의 약 63%로서 매수인을 기재하지 않던 경향과 거의 일치됨을 알 수 있다.[33] 그리고 생원의 성을 보면 이·박 생원 댁 노(3매), 김·권·안 생원 댁 노명 각 2매씩 외에 윤·송·장·성·조·인 생원 등의 성이 각 1매씩 보인다.

매도인을 보면 121매 중 실명으로 매도인 성명만 기재되어 있

31-3) 奎古, 130467번(?)(1862. 1. 20).

31-4) 奎古, 166373번(1849. 2).

31-5) 奎古, 163951번.

31-6) 奎古, 137332번(1863. 10. 7).

32) 국립중앙도서관 고문서.

- 奎古 187308번(1592. 11. 2), 126353번(1894. 1. 15), 204221번(1894. 3. 11).
- 필자 수집 고문서, 1-환-305(1890. 2. 29), 1-환-306(1890. 9. 3), 1-환-300(1890. 10. 26), 1-환-307(1892. 5. 11), 1-79(1892..2. 1), 1-환-305(1892. 6. 9), 1-환-309(1893.12), 1-환-406(1898.2.4), 1-환-405(1899. 6).
- 이수건, 앞의 책, 713번 전답 환퇴 명문(1892. 2. 12).

33) 졸고, 『정신문화』 가을호(1986), 151~152쪽 참조

는 것이 51매(약 42%)이고, 이 중에 1매는 성만 기재하고 있으며, 그 다음에는 아무개 댁 노명을 매도인으로 기재하는 경우는 43매(약 36%)이고, 이 중에 일반인의 성 아래 노명을 기재하는 것을 16매(13%), 아무개 성의 생원 댁 노명을 기재하는 경우는 22매(약 18%),[34] 그리고 상인(喪人) 댁 노명 2매, 이 승지 댁 노명 2매[35], 이 진사 댁 노명이 2매 있다.[36] 그리고 순수한 노명이 매도인을 기재된 것이 3매이다.

이외에 실명으로 재종질·7촌 질(七寸姪)·7촌 숙(七寸叔)·당숙·외조·족종조(族宗祖) 등 친족 명 6매 중 내시 1명,[37] 유학 명 12매, 상인(喪人) 4매, 선달 명(先達名) 2매로[38] 매도인이 되어 있다.

이를 보면, 1800년대의 환퇴 매매를 하지 않으면 안 되는 전답가사 등의 매도인은 반드시 계약서상에 기재되기는 하되 승지·진사 등의 신분이 가장 높고, 생원 신분이 숫자적으로 많고, 그 외는

---

34) 성의 종류로는 李 生員 4매, 金, 盧, 明, 朴, 邊, 庚, 成, 梁, 元, 劉, 安, 曺, 鄭, 丁 生員이 각각 1매씩 보인다.

35) 奎古, 155897번. "同治六年 丁卯三月初三日 權正言宅奴用大前明門…畓主 李承旨宅奴 五哲"

36) 奎古, 85860번 "同治十年 辛未二月初三日 宋沃川宅奴 前明文…畓主 李進士宅奴 得卜 左寸"

37) 奎古, 216864번 "嘉慶八年(1803) 庚癸三月二十七日 同姓 七寸姪 崔惠述前明文…田主 七寸叔 崔濟亨"

奎古, 201468번. "道光八年(1827) 丁亥 十二月二十八日 六寸兄 幼學 鄭德銖前明文…自筆田主幼學 六寸弟 鄭崙鐵"

奎古, 137332번. "同治二年(1863) 癸亥十月初七日 內侍 李德茂前明文…畓主內侍七寸姪 鄭大鉉"

38) 奎古, 126357번. "光緒十八年(1892) 壬辰 月二十五日 張○守億前明文…畓主 朴先達 德秀"

필자 소장, 1895 "上之三十三年乙未十月一日…家主 申先達 聖秀"

누구 댁 등의 명칭을 쓰고 상인(喪人)의 경우도 드물게는 노명으로 매도인을 기재하고 있음을 알 수 있다. 그러나 일반 매매 명문에서는 특히 매도인의 신분이 191매 중 22매 속에는 신분을 특별히 기재하고 있어 그 대표적인 것을 보면, 1500년대에는 "畓主學生", "田主上將僱", "田主正兵", "畓主忠義衛金", "畓主自筆前參奉權○○", "田主別侍衛保切將軍行司猛吳○○", "財主自筆前伊川縣監金", "上典自筆生員崔○○", "畓主自筆秉節校尉權", "司正", "前司正", "司直", "禁保", "記官", "水軍", "田主碩石匠林○○", "碩匠" 등이 있고, 1600년대에는 "生員", "田主前參奉權", "田主自筆進士", "畓主幼學", "畓主校生"이 있고, 1700년대에는 "喪人", "業儒", "檢知", "驛吏", "幼學" 등이 기재되며 매도인이 부녀자의 명의로 된 경우는 1500년대의 12매로 대표적인 것으로 "田主故李瑞妻金氏", "畓主故族親衛權某召吏", "畓主尹愛善", "畓主寡婦辛氏", "畓主故鄭彦妻金氏", "畓主故月伊妻良女召史", "田主前正郎朴仝妻朱氏" 등이 있으나[39], 환퇴 매매의 매도인은 부녀자는 거의 보이지 않고 낮은 신분이 구체적으로 기재되는 경우가 일반 매매 계약서의 매도인보다는 적은 경향을 알 수 있다.

4. 환퇴 매매 계약서의 객체

1500년대 4매, 1600년대 1매, 1700년대 26.매, 1800년대 124매 도합 165매를 통해서 살펴보면, 답 103매(약 62%), 전 34매(약 20%), 전과 답을 함께 환퇴 매매하는 경우는 17매(약 10%)

---

39) 졸고, 『정신문화』 가을호(1986), 앞의 논문, 152~153쪽 참조.

이고, 노비 3매, 시장(柴場) 3매, 산·산장(山庄) 2매, 원림(園林) 1매, 가사(家舍) 1매 등으로서 조선왕조의 (필자가 수집한 자료만) 환퇴 문기 중 약 72%는 논이나 밭을 환퇴 매매하되 논이 밭보다 3배가량이나 많이 거래되었으며, 논과 밭을 동시에 환퇴·퇴납하는 경우는 10% 정도이고, 그 외 노비나 동산 등은 8% 정도이다.

1) 동산 환퇴

가) 대추나무(토지의 일부인 부동산으로 보지 않고, 따로 동산으로 보는 경우)

특수한 경우만을 예를 들어보면, 동산 환퇴라 할 수 있는 객체는, 대추나무 10그루 등 전답의 환퇴 매매 시 특기하여 거래의 객체로 하고 있다. 즉

> 도광 18년 무술(1838년) 3월 초9일 이 생원 댁 노 만석 전명문
>
> 우 명문의 일은 필요가 있어 山北에 있는 남위 坪冊, 横字畓 14두락지 22負 9속곳과 困字畓 7두락지 18負 6속곳과 覇字 밭 하루갈이 5負 5束과 趙字밭 이틀갈이 대추나무 10그루, 짐 수 13부 8속곳과 同字 밭 하루갈이 8부곳과 覇字밭 ○○五○, 하루갈이경○○, 更字밭 3두락지 2부 3속곳과 晉字 밭 하루갈이 3부 곳 값을 엽전 110냥에 질러 셈하여 바꿔 밧자하고, 영원히 매도할 뜻으로 문서를 꾸며서 드리오니 오늘 이후로 잡담이 있거든 관가에 가서 바름을 가릴 일
>
> 田畓主　丁 大 權　　手決
>
> 증필　申生員宅奴 法子　　수결[40]

40) 奎古, 84525번.

위의 경우에는 전답과 대추나무 10그루를 1838년 3월 9일에 매도인 정대권이 이 생원 댁 노 만석으로부터 110냥을 받고, 매도하고, 동시에 이 매도 계약서 위에 3년 이내는 丁대권이 110냥을 주고 다시 살 수 있다는 소위 재매매 예약 또는 매려부 매매 계약 내지는 110냥을 주면 계약이 해제되고 원상회복된다는 해제 조건부 매매 계약을 첨부하는 환퇴 계약을 함을 알 수 있다. 그러나 이 기한을 넘기면 재매매 예약권이 소멸되거나, 조건 불성취로 계약 해제권이 소멸되는 결과 영원히 정대권이 다시 매입할 수 없고 소유권이 영원히 이전되는 영영방매가 된다. 이때의 대추나무의 소유권과 점유권도 매수인인 이 생원 댁에 완전히 이전된다. 도시에 매도인인 정대권 110냥 값의 대가로 법률상 부동산인 전과 답의 계약서 8매, 위임장 1매의 점유를 이전해주고, 동산인 대추나무 10그루의 소유권과 점유권도 이전해주며 실질상 객체인 전과 답 및 대추나무의 경작과 과실 수취권 및 사용·수익권도 이 생원 댁에서 갖게 된다. 왜냐하면 목적물의 점유를 이전하지 않을 경우에는 전답 경작 대가와 대추나무 과실 수취 대가를 지급하든지(현물) 또는 110냥에 대한 이자를 지급하여야 공평하고, 또 이를 면제한다는 특약이 없기 때문이다.

나) 두주 2형(斗柱二衡), 부정 2좌(釜鼎二座)

두주와 솥, 가마솥은 동산이나 이것만 특별히 환퇴하지 않고, 전답을 환퇴 매매할 때 특별히 특기하여 함께 기록하고 있다. 그 예를 보면

> 도광 18년(1838) 무술 3월 초3일 이 생원 댁 노 만석이 앞 명문(밝히는 글)

오른쪽의 글의 일은 필요가 있어 出內○○○○○坪 寧字畓 7두락지기 14부 3속곳과 남내坪 更(?)字田 上下○ 이틀반 갈이 곳과 4일갈이 곳과 馬嘶洞 魏字田 四升 4일갈이 곳과 살고 있는 집 10칸과, 두주 2개, 가마솥, 솥 2개를 합쳐 엽전 57냥으로 값을 질러 셈하여 바꾸어 받자하고 本文記와 함께 영원히 매도하거오며 還退기한은 3년으로 할 뜻으로 문기를 꾸미며 오늘 이후로 만약 잡담이 있거든 이 문기를 관가에 알려 바름을 가릴 일.

집·논·밭 주인 김 만 의 수결

증 필 정 효 종 수결[41)]

위의 경우도 대추나무와 마찬가지의 법률관계임을 알 수 있다.

2) 노비 환퇴

노비의 경우 1700년대 1매, 1800년대 1매를 보면, 1784년 5월 19일의 노비 환퇴는 노비5명과 그 뒤에 뱃속에서 태어날 노비 신분의 불특정의 노비 자녀를 포함해서 4년의 기한으로 환퇴를 약정한다. 구체적으로 살펴보면

건륭 49년(1784) 甲辰 5월 19일 안지사댁 奴 상금이 앞 불망기

오른쪽의 불망기의 일을 장칠선이 구입한 婢 일애의 첫째 소생 婢 홍례 나이 22세, 둘째 소생 奴 창운 나이 18세, 셋째 소생 婢 홍련이 14세, 넷째 소생 奴 용운이 나이 10세, 다섯째 소생 奴 용재 나이 6세 5명과 뒤에 태어날 자식을 합쳐서 구하는 곳에 매매하고자 우댁(안지사댁)의 지시로 매매하오니 기한은 4년으로 하여 환퇴(換退) 차 약정하오니, 기한이 지나면 이 불망기와 本文記 1장을 함께 영원히 매도할 일.

증인 필집 정 일 재 수결[42)]

---

41) 奎古, 84527번.

위의 경우에는 환퇴 금액이 기재되어 있지 않고 매매 금액이 기재되어 있지 않은 예외적인 면이 있어, 얼마에 팔고 환퇴하는지 알 수 없는 면이 있다.

또한 1856년 3월 27일 노비주인 강준언(姜俊彦)이 필요가 있어 영영환퇴하는 경우로서 5구(口) 중 16세, 9세, 5세, 2세 등 노비를 50냥에 영원히 성 생원 댁에 환퇴해 드리는 명문이다. 때문에 앞의 경우와는 다른 퇴급 명문임을 알 수 있다.[43]

3) 가사 환퇴 명문

가사 환퇴 명문인 1800년대의 3매를 보면, 1838년 3월 31일의 가사 10간은 두주(쌀통) 2개, 부정(釜鼎) 2개와 전답과 함께 3년 기한으로 환퇴하는 경우로서 앞에서 살펴보았고, 1863년 10월에는 빌린 종곗돈 잔액 24냥 2전을 갚을 길이 없어서 전답과 가사 8간을 매도하고 매년 도지[賭地(志)] 19두를 바치기로 하고 3년 내 차차 힘이 생기면 납부한 뒤 이 문권을 돌려받을 뜻으로 문기를 만들고, 만약 그렇지 못하면 영원히 목적물인 전답 가사는 이 생원 댁(의 종계) 앞으로 드리는 명문이다.[44] 이 경우에는 빌린 돈에 해당하는 전답 가사를 3년 기한 이후에 재매입하지 못하면 완전히 대물 변제의 효과로 소유권을 넘겨주고, 그 전에는 해마다 도지(都志=賭租, 현물 이자)를 19두씩 바치므로 목적물의 점유와 사용 수익은 답과 가사 주인인 매도인이 하는 것은 않은지? 만약 그렇다면 이것은 부동산 매도 저당 내지는 양도 저당에 해당할 수

---

42) 奎古, 167799번.
43) 필자 수집 고문서.
44) 奎古, 162891번.

가 있을 것이다.

그리고 1895년 10월 11일로 보이는 가사 환퇴부 매매 계약서로서 그 구체적인 것을 보면

> 上之 33년(1895?) 을미 10월 11일 채칠곡 댁奴 갑손이 앞 명문.
>
> 오른쪽의 일은 필요가 있어……里室에 있는 조카 內室 3칸, 前退行廊 4칸을 매도하오니 還退하고자 문기를 꾸미므로 기한은 내년으로 만약 이 해가 지나면 영원히 매도하고 '엽전 300냥으로 질러 '밧차하고 문기를 1장 꾸며 매매하는 일
>
> 집주인 신 선달 성수 수결
>
> 증인 한 오위장 수결[45]

위의 경우도 오늘날 주택의 매도담보 형태로 볼 수 있을 것이다.

이상의 경우 외에도 시장산(柴場山), 원림의 환퇴 매매와 전의 경우에도 저전(苧田),[46] 목화전(木花田), 면전(綿田),[47] 화전(花田),[48] 마전(麻田)[49] 등으로 구분한 것을 각각 1매씩 볼 수 있다.

---

45) 필자 수집 고문서.

46) 정신문화연구원, 『광산김씨 우반 고문서』 115번. "咸豐九年(1859) 己未十月 日 每日 前明文 右明文事段 家勢蕩敗 傳來苧田貳斗落 價折錢文三十五兩…苧田主 金柄喜…每年苧前稅參代 而限五年還退事"

47) 필자 수집 고문서, 1-환-70. "同治十二年(1874) 甲戌 十一月二十六日 前明文事段當此之時 有緊用所致 朝浦田及 本花田 伏在於旺旨面…及 綿田 則 靜字六斗落只…田主 趙云棠…"

48) 필자 수집 고문서, 1-환-406. "建陽三年(1898) 戊戌二月初四日 前明文 右明文事段以要用所致…花田十年落…田主徐奴長了"

49) 필자 수집 고문서.

5. 환퇴 기한

150여 매의 환퇴 명문을 보면 일정한 기한을 정하는 특정 환퇴 기한은 74매(49%)로서 그중에 69매(74%)가 1년 이상 10년까지이고 5매(약 8%)만이 1년 미만을 정하고 있다. 그리고 38매(25%)는 불특정 환퇴 기한의 경우이고 47매(31%)는 아무런 기한을 명기하고 있지 않다. 그러므로 환퇴 명문의 약 75%는 특정하든지 불특정의 기한까지 환퇴를 하게 됨을 알 수 있다.

그러나 특이한 것은 계약서상의 내용만으로 연대를 추정해보면 1774년 12월 27일에 한 생원 댁 노 임진(壬辰)이 앞으로 답을 퇴급(재매매)하는 경우에서는 계약서 작성의 해가 갑오년이고, 한 생원에게 답을 개입한 때가 무인년이므로 대략 16년 전에 구입한 논을 16년 후에 처음 매도한 한 생원 댁에서 다시 환퇴(재매도)해 주기를 원하므로 환퇴해주는 경우가 있고,[50] 1826년 11월 25일의 퇴급(재매도) 명문을 보면 도광 6년 병술 11월 25일에 김 생원 댁에서 갑술년(12년 전)에 매도했던 것을 금년(12년 뒤)에 재매입하고자 하므로 250냥을 받고 재매도(환급)하는 내용이 있다.[51] 이것은 10년 이상이 지난 후에 환퇴하게 되는 경우로서 일본인들이 조사한 『관습조사보고서』에서는 "실제상 10년 이상의 기간을 약속하는 것은 없다"라고[52] 하는 것과는 상이한 면을 보여주고 있다.[53]

---

50) 奎古, 156650번. 주 138에 전문 기재.

51) 奎古, 138516번. 주 131에 전문 기재.

52) 조선총독부(1913년), 『관습조사보고서』, 227~228쪽.

53) 그러나 융희(隆熙) 3년, 『한국관습조사보고서』(동국대학교 중앙도서관 소장 유인물) 평북 편 문92에서는 "당 지방(平井)에는 기간을 특약하지 않는 것도 있고 기간 없는 환퇴는 몇 백 년 후라도 할 수 있는 것이다"라고 기록하고

1) 특정 기한부 환퇴

① 1년 미만 74매 중 5매(약 8%)가 1년 미만으로서 제일 짧은 경우는 1875년 6월 17일의 계약 시에 밭을 5냥에 매매한 후 돈 5냥에 달 이자[月利] 및 본전을 갚으면 10월에 이 계약 문기를 환퇴한 일[54]이라고 하므로 약 4개월 정도에 환퇴할 것을 특약하고, 반년 남짓인 경우는 1783년 1월 25일에 환퇴 상약(還退相約)하여 문기를 꾸며주고 이번 가을 뒤에 퇴급해 드릴 약속을 하고[55] 1858년(?) 2월 10일에 이미 매입한 논을 퇴급해주려고 하였으나 못하였기에 금년 가을이 된 뒤 환퇴할 뜻으로 수표(手票)를 작성해주는 경우와[56] 1871년 2월 8일에 조상 전래로 지어먹던 논밭을 필요가 있어 146냥에 빌려서 구문기 5장, 신문기 1장과 함께 12월에 변제를 하면 환퇴할 뜻으로 문서를 작성하는 경우 등이 있다.[57]

② 1년 이상 10년까지 69매 중 3년까지(限三年)가 34매(약 50%), 5년까지(限五年)가 18매(26%), 10년까지가 7매(10%), 4년까지가 4매(약 6%), 2년까지가 3매(약 4%), 6년까지가 1매 등이 있다.

i) 1700년대의 '限三年'의 경우를 보면 "1783년 4월 15일 辛光德前明文 우명문의 일은 빈한한 까닭으로 조상 전래로 지어먹던 洪川 四面 去爲里에 있는 논 5두락을 47냥으로 값을 질러 셈하여 바꾸어 밧자 하고 기한은 3년으로 환퇴하오니 만약 기한을 어기면

있다.

54) 필자 수집 고문서, 1-환-43.

55) 奎古, 162015번.

56) 奎古, 239010번.

57) 필자 수집 고문서, 1-환-407.

영방매차……"58)이며,

ii) 1800년대의 경우엔 3년의 기한이라도 삼 년 내(三年內)[59]와 3년이 지나면 영원히 드린다,[60] 3년 후에는 다시 환퇴하지 못한다,[61] 외에 일후 힘이 피면 환퇴 차 3년까지[62] 경우 외는 모두 "限三年, 限則三年, 還退之意" 등으로 기한을 표현하고 있다.

③ 5년까지는 "限五年"으로 기재함이 대부분이고, "限五年內"[63] 일후에 힘이 피거든 5년 기한으로 환퇴할 뜻,[64] "若過五年 永爲還退"[65]라고 하여 5년 안에는 환퇴할 수 없고 5년이 지나면 이 전답을 영원히 환퇴하고 빌린 돈 300냥을 남 생원 댁에 드릴 뜻으로 수기를 만듦[66]이라는 경우도 있다.

④ 4년까지의 경우로는 "限十年",[67] 퇴도지 방매의 경우 10년 후 본전 변제하면 환퇴한다.[68]

⑤ 4년까지는 1784년 5월 19일의 노비 환퇴와[69] 1786년 8월

---

58) 奎古, 70467번.

59) 국립중앙도서관 고문서 21021-443, 2805 "…三年內還退之意…" 奎古, 266968번 "…三年內還退次…"

60) 奎古, 162093번 "…大淸光緖五年乙卯十月十九日 順男前明文…還退次姑爲價折桀給兩依數交易持上是遣 若過三年則 永爲許給…"

61) 필자 소장 고문서, 1-환-305 "光緖拾捌年壬辰六月十九日 明文…追 限三年後更勿還退事…"

62) 奎古, 221612번.

63) 奎古, 84330번.

64) 奎古, 70921번. "光緖十三年丁亥元月十七日 咸奴千吉前明文…日後若舒力是去等爲限五年還退之意…"

65) 奎古, 132127. "手記 右手記錢文參百兩 南生員宅貸用爲去乎 若過五年是去等 此田畓永爲還退 錢卽納宅之意 成手記事…丁丑十一月 初五日 手記 金銀石 手決"

66) 국립중앙 古 2362 (1232) 486, 奎古, 116326번, 奎古, 16208번, 奎古, 207103번, 奎古, 187308번….

67) 奎古, 167999번.

68) 奎古, 84084번.

69) 奎古,

3일의 경우에는 3, 4년 내 환퇴[70], 1886년 1월 1일에 답의 신문기 2장을 4년 기한 환퇴 차 성문한다[71]고 하고 1892년의 전(田) 14두락을 120냥 값에 "四年爲限還土之意"[72]라고 하나 환토(還土)는 환퇴의 음기(音記)로 볼 수 있다.

⑥ 2년까지의 경우는 1851년 1월 27일 전 5두락을 가절전문(價折錢文) 5냥을 받고 문기 등을 영영방매하고 "限二年"에 본가에 준하여 환퇴할 뜻으로 계약서를 작성하여[73] 1892년 2월 12일에 답 6두락을 "限三年還退之意"로 값 150냥을 받는 경우 등이다.[74]

그리고 6년의 경우는 1892년의 밭 8두락지를 150냥을 받고 신구 문기를 합쳐 6년 기한으로 환퇴하는 경우와[75] "限5, 6年還退次 姑爲放賣"한다는 경우가 있다.[76]

2) 불특정 기한부 환퇴

38매 중 15매가 일후(日後)·차후(此後)(14매) 후일(後日, 1매)로 표시되고, 환퇴 기한이 없다는 뜻으로는 물한년(勿限年, 7매), 불한년(不限年, 1매)의 8매가 있고, 그 외에 차차 힘이 생기

---

70) 奎古, 173607번.
71) 고문서 번호 해독 곤란. "光緖 十二年丙戌正月初十日 權生員宅奴元福前明文…"
72) 필자 수집 고문서, 1-환-79.
73) 필자 수집 고문서, 1-환-404.
74) 이수건, 앞의 책, 713, 전답 환퇴 명문.
75) 奎古, 126357번.
76) 奎古, 201403번. "咸豐 二年(1852) 壬子四月 日 南安州宅奴命哲前明文 右明文事段 要用所致…田半日耕 畓正斗落…價折錢文貳拾兩限五六年 還退次 姑爲放賣是遣…"

면(2매), 여유가 있으면(1매) 등 3매가 있고, 세월이 오래되어도(1매)[77] 비록 몇 년이 지나도(1매)[78] 등 2매가 있으며, 무고히 옮겨 지으면(2매)[79] 환퇴하고자(2매), 본전을 원리를 갚으면(2매) 등으로 표현되고 있다.

① 일후·차후에 언제든지 환퇴할 수 있는 경우를 구체적으로 보면, 1541년 11월 7일 환퇴 전답과 3년생 수소 1마리를 목면 26필 값으로 바꾸어 밧자하고 동(同) 전답을 영영방매하거오니, 후차환퇴(後次還退)하거든[80], 1774년 2월, "日後本主或有還退之計是去等",[81] "此後給價還退計料爲去乎",[82] "日後還退次",[83] "日後還退次", "日後還退之意"[84] 등이 있다.

② 불한년·물한년 환퇴의 경우를 보면

1713년 12월 10일 "勿限年退賭地放賣"[85] 1835년 10월 17일 전(田) 하루갈이를 "不限年還退之意放賣"[86]하고, 1860년 2월 21일 답 1두 5승락을 以勿限年還退之意로 20兩을 밧자하고[87] 1862년 1885년의 "勿限年還退之意"[88] 등이 있다.

---

77) 필자 수집 소장 문서 1-환-308. "咸豐肆年(1854) 甲寅三月 日 前明文…追 雖歲久本價還退爲…"
78) 奎古, 224919번.
79) 奎古, 85193번. "咸豐元年辛亥十月初六日 前明文 右明文事段…日後本錢備給則還退之意…"
80) 이수건, 앞의 책, 713, 전답 환퇴 명문.
81) 奎古, 70460.
82) 奎古, 146382, 奎古, 94149.
83) 정신문화연구원 간, 五六."四十四年己亥十二日 二十二日 幼學 金鼎烈前明文"
84) 위의 책, 六五. 국립중앙도서관 고문서, 古朝-51-ウ-60-44, 古 14782, 奎古 200308번, 奎古 137332번, 奎古 77741번, 奎古 223447번, 奎古 200402번, 奎古 13264번.
85) 奎古, 84084번.
86) 奎古, 132487번.
87) 이수건, 위의 책, 690, 691, 전답 매매 명문.

1871년 2월 15일에는 후에 만약 힘이 피면, 1871년 11월 16일에는 추후에 힘이 피는 쪽에서 본가에 환퇴할 뜻으로 성문(成文)한다.89)

3) 환퇴 기한 불기재 명문

가) 환퇴는 매도인의 입장에서는 장기간 내에 내지는 언제든지 매도한 목적물을 되찾아 올 수 있다는 것은 큰 이익이 될 수 있을 것이다. 때문에 매매 계약과 동시에 그 문서 내에 환퇴 특약을 명시하려고 했을 것이다. 단 이것도 매수인과의 의사가 합치되어야 하며 매수인이 원하지 않으면 불가능한 일일 것이다. 그러므로 환퇴 특약을 계약서에 명기하고 동시에 환퇴기한을 확정하는 것은 단기인 경우에는 매수인에게 더 유리한 경우가 많을 것이고, 장기인 경우는 매도인에게 더 유리한 조건이 될 것이다.

그럼에도 불구하고 장기이든 단기이든 환퇴 기한의 약정이 환퇴 명문에 명시되지 않는 명문이 존재하므로 이에 대한 정확한 해석이 요구되나, 명문만으로는 필자의 능력으로는 완전히 이해하기가 애매한 부분이 없지 않으므로, 더 정확하고 상세한 것은 더 많은 관계 자료를 수집·연구한 후에 발표하기로 한다. 다만 해석이 가능한 부분만 소개를 해보고자 한다.

나) 환퇴 명문(재매매 계약서) 필자가 조사한 환퇴 명문 중 19

---

88) 이수건, 위의 책, 709, 710, 전답 매매 명문.

89) 필자 수집 고문서, 1-환-402 "同治十年辛未二月十五日 前明文…此亦中從後若有叙方方卽 以本價還退之意成文爲乎乙事"
1-환-408 "…此亦中推後徐力之方則依本價還退之意成文印"

매는 퇴급하기 위한 계약서로 보이며 나머지 20매는 퇴급한다는 표현이 없기에 의문이 가는 점이다.

즉, 환퇴 명문은 ① 매매가+② 환퇴 특약+③ 환퇴 기한+④ 환퇴 금액+⑤ 영위납댁 특약 등 5개의 요소 중 ①~④까지나 혹은 ①~⑤까지의 요소가 들어 있는 것이 거의 대부분의 경우인데, 퇴급 명문은 ③이 없으며 "영원히 되돌려준다(永永還退,[90] 永爲退給,[91] 永永權賣[92])"라는 내용이거나, "되돌려준다(還爲退給,[93] 還退以給,[94] 還給,[95] 退納,[96] 還爲納宅,[97] 還退納上,[98] 退給[99])"는 등의 용어를 사용하고 있다. 이것은 환퇴 기한(재매매 기한)이 도래했거나 당

---

90) 奎古, 222612번. "乾隆四十六年(1781) 辛丑十月初七日 朴夢同前明文 右明文事段 傳來耕食爲多可 右人還退之由…畓五斗落…永永還退爲去乎…"

奎古, 82592번. "乾隆四十一年(1776) 丙申十月十七日 金生員宅宗中明文 欲爲還退…永永還退…還爲納宅…"

奎古, 201409번. "同治六年(1867) 丁卯十一月二十五日…畓正斗落…永永還退…"

91) 奎古, 138516번. "道光六年(1826) 丙戌十一月二十五日 金生員宅奴千福前明文 右明文事段去甲戌年分右宅家舍與田畓…永爲退給…"

92) 필자 수집 고문서. "道光十八年(1838) 戊戌六月十八日 右宅前明文…八斗落畓…右宅文永永權賣…"

93) 奎古, 156545번. "嘉慶拾年(1795) 乙丑二月初一日 金星起前明文 右明文爲 乎事畓 還爲退給是遣"

94) 국립중앙도서관 고문서 16693, (443). "乾隆七年(1742) 壬戌七月十五日女壬政前明文…畓…永永還退以給"

奎古, 86992번. "道光九年乙丑…還退以給"

95) 국립중앙도서관 고문서 古朝-51-ウ-80. 16693. "乾隆十七年(1752) 壬申正月二十七日…本價還退…"

96) 奎古, 156650⑤ "乾隆三十九年(1774) 甲午十二月二十七日…退納是乎矣"

奎古, 163487번. "手決…畓 五斗落…還爲退納…"

97) 奎古, 82592.

98) 奎古, 158851.

99) 필자 수집 고문서, 1-환-305. "光緒 十六年(1890) 庚寅二月十九日前明文 還退之意…退給"

사자의 합의에 의해 원상회복을 해줄 경우에 작성되는 용어들이므로 다시 환퇴(재매매 기한 예약)라는 수단을 취할 필요가 없기 때문에 “되돌려준다”, “되돌려 바친다”, “영원히 되돌려준다” 는 등의 용어를 사용함을 알 수 있다. 때문에 이런 경우에는 장래의 관계는 종결되므로 원칙적으로 기한을 기재할 필요가 없음을 알 수 있다.

6. 환퇴 금액

환퇴명문 153매 중에서 104매(약 68%)가 환퇴 금액을 명기하지 않고 있으며, 49매(약 32%)가 환퇴 금액에 대한 내용을 기재하고 있다. 그러므로 환퇴 명문의 약 ⅓에 해당하는 경우가 환퇴 금액의 약정을 하며, 그 내용을 구체적으로 살펴보면 49매 중 25매(51%)는 본가 환퇴이고, 15매(30%)는 정액 환퇴이고 준가 환퇴(準價還退) 4매, 급가 환퇴(給價還退) 3매, 시가 환퇴(時價還退) 2매 등으로 표현되고 있다. 그러나 본가 환퇴가 기본적으로 급가·준가·정액 환퇴도 모두 본가(본전)를 의미한다고도 볼 수 있다. 그러나 다른 자료를 더 조사해보면 더 정확히 알 수 있으므로 일단은 그런 경향인 것으로 추정해두기로 한다.[100]

그리고 특별한 경우를 살펴보면 다음과 같다.

1) 시가 환퇴[101]

100) 박병호, 앞의 책, 81~86쪽.

101) 장경학, 『신물권법 각론』(하), 793쪽에서는 “매도인이 시가를 지급하고 소유권을 회복할 수 있는 경우는, 즉 재매매의 예약에 해당하는 경우”로 보고 있고, 원가 반환의 경우는 (구)민법상의 매려(환매)의 특약과 동일하다고 본다.

원래 세월이 지나면 본가보다 시가가 상승하는 경향이나 극히 예외적으로 시가 환퇴라는 표현을 쓰고 있다. 그 계약서를 살펴보면,

함풍 7년(1857) 6월 27일 유학 이용철 앞 명문.

우명문의 일은 右人(이용철)의 땔나무 산을 3냥의 값을 주고 구입하여 베어 쓰다가 관가의 돈을 준비해 바치고자 되돌려 팔려고 한즉(還退) 右人(이용철)이 구입하려고 청약을 하므로 時價 5냥을 셈하여 밧자하고, 옛날 문서는 분실하였기에 단지 새로운 문서 1장을 영원히 매도하니, 오늘 이후에 만약 폐단이 있으면 이를 관가에 가서 바른 것을 가릴 일.

땔나무산 주인	문 성 철	(喪을 당하여 수결 못함)
증인	박 일 성	수결
필집	정 동 휴	수결[102]

위의 경우는 3냥에 매입한 후 되돌려 팔 때에는 2냥(67%)을 더 받고 5냥에 팔게 되는 것이다.

1890년 2월 29일의 퇴급할 때에는 얼마에 사서 얼마에 판다는 내용은 없고 단지 누차 환퇴해 달라는 간청에 의해 시가에 따라서(從時價) 45냥에 구문기를 영원히 매도하는 경우가 있다.[103]

2) 본가 특약 환퇴[104]

환퇴할 당시의 목적물인 논이나 밭의 가격이 매매할 당시보다

---

102) 필자 수집 고문서, 1-환-401.

103) 필자 수집 고문서, 1-환-305.

104) 장경학, 앞의 책, 793쪽. "환퇴 특약에는 매도인이 원가를 반환하고 매매의 해제를 할 수 있는 경우, 즉 민법에서 이른바 매려(환매)의 특약과 동일시할 수 있는 경우"라 한다.

높든지 낮으면 어느 일방에게 손해가 되므로, 처음부터 이런 경우를 방지하기 위하여 매수인과 매도인 간에 환퇴 금액을 특별히 시가에 구애됨이 없이 본가에 환퇴한다고 상호 약속하는 추기부(追記附) 계약서가 있다.

그 내용을 보면,

1798년 12월 10일 喪人 金鎭禹 앞 명문.

우명문은 일시 쓸 데가 있어서 부득이 스스로 매입한 논·首面○光字 垈田 皮牟 12두락지 卜數 16卜鹿을 엽전 44냥에 질러 셈대로 밧자하고, 환퇴 차 전당방매하오니 이후로 형편이 환퇴할 수 없으면, 다시 영원히 매도할 글을 서로 약속하거오니, 환퇴하기 전에 서로 만약 잡담이 있거든 이 문서를 사용하여 관가에 가서 바름을 가릴 것.

밭주인 자필 유학 한 해 순 수결

환퇴 시 가격이 비록 높아도 본가에 준하여 환퇴하고, 시가가 비록 낮아도 본가에 준하여 환퇴할 것을 서로 약속하오니, 약속을 여기면 서로 이 문권에 따라 시행할 일[105]

3) 영위납댁(유담보 : 귀속형)

환퇴명문 153매 중 20매(13%)가 귀속형인 "영위납댁(永爲納宅)",[106] "영영방매(永永放賣)",[107] "영영허급(永永許給)",[108]

---

105) 奎古, 171007(번호의 인쇄가 희미하여 불명확함).

106) 奎古, 162891번. "同治二年癸亥(1863)十月 日 梨洞 李生員宅宗契前明文…如或不照永爲納宅事"

107) 奎古, 70467번. "乾隆四拾捌年壬寅四月十五日 辛光德前明文…限三年還退次成文乎矣 過限卽永賣次…"

奎古, 167999번. "…限四年約定爲乎矣 過限則…永永賣買印…"

"물경환퇴(勿更還退)"[109] 등의 용어를 사용하여 환퇴 기한의 경과로 인하여 목적물의 소유권이 완전히 확정적으로 이전되어버리고 동시에 매도인의 소위 재매매 예약 완결권이 소멸되는 것으로 기재하고 있다.

이것은 오늘날까지 문제가 생기는 부분으로서, 폭리행위나 민법 제607조, 제608조로서 제한하다가 '가등기담보에 관한 법률'에 의해 정산형으로 강제하게 되는 그 원인이 된다고 볼 수 있다.

그러나 고위 귀속형이 13% 정도밖에 지나지 않는 것을 보면 모든 환퇴 매매가 귀속형일 것만은 아니었음도 알 수 있다. 때문에 나머지의 경우가 어떻게 되는지는 더 자료를 모아서 연구해야 할 필요가 있다.

귀속형의 약정 기한은 3년이 8매(40%)이고[110], 나머지는 "내년 봄 4월간에 환퇴 기간을 넘기면 영영방매하고",[111] "명년까지의 기한을 넘기면 영영방매",[112] "만약 못 갚으면 우답은 영영 허

奎古, 171007번. "…嘉慶三年(1798) 十二月初十日…不得還退卽更爲 永永放賣成文相約…"

奎古, 121093번. "道光十年(1830) 十二月…明春四月間還退爲限爲去乎 若過此卽永永防爲乎矣…"

奎古, 84525번. 국립중앙도서관 고문서, 51-다-116-44 (2798).

108) 奎古, 162093번, 奎古 12635번.

109) 필자 소장 고문서, 1-환-305 "光緖拾捌年 壬辰六月十九日 明文…追 限三年後 更勿還退事"

110) 奎古, 70467번, 84325번, 162891번, 번호 미상 "大淸光緖三年乙亥臘月二十日 徐沃用宅奴順哲前明文"

필자 수집 고문서, 1-완-70, 필자 수집 고문서, 1-환-405, 奎古 162093번, 국립중앙도서관 고문서, 한-51-나416-44(2798).

111) 奎古, 121093번.

112) 필자 수집 고문서, 1-환-405 "光武三年(1899) 乙亥六月 日 前明文…此亦中以還退之意限三年約定爲去乎 若過限卽永爲許給事 穀數以二十五斗위定事"

급",[113] "환퇴 기한 2년을 경과하면 다시 환퇴를 할 수 없고 영원히 매도하는 문서를 꾸민다",[114] "환퇴 차 기한은 4년으로 약정하고 기한이 지나면 이 불망기와 본문 1장을 영원히 매매", "환퇴 기한 6년을 넘기면 영영 허급",[115] 및 "10년을 기한으로 환퇴 차 방매하거오니 만약 이 기한을 넘기면 환퇴할 수 없는 뜻을 정하여 서로 약정하고"[116] 등 단기 몇 개월에서 장기 10년까지의 경우도 보인다.

이 중에서 구체적으로 노비의 환퇴 경우인 건륭 49년 갑진 5월 19일 안 진사 댁 노 삼금이 앞 불망기를 보면, "오른쪽의 불망기의 일은 장철선이가 매입한 여자종 일수(一受)와 그의 첫째 자식 및 넷째 자식 등을 살 사람에게 팔려고 하던 차에 안 지사 댁의 지시에 의해 매매하기오니, 환퇴할 뜻으로 기한은 4년으로 약정하고, 만약 기한을 넘기면 이 불망기와 이 계약서 1장을 함께 영원히 매매함"[117]이란 뜻이므로 4년 이내에 재매입을 못하면 노비의 소유권을 완전히 이전된다. 또 전답과 가사의 경우를 보면, "동치 2년(1863)10월 일 이동(梨洞) 이생원 댁(李生員宅) 종계 명문(宗契明文) 우 명문은…24냥 2전을 준비해 바치지 못해 부득이 대전(垈田, 텃밭) 화자(火字) 17전(田) 1복(卜) 3속(束) 반일갈이와 스스로 개간한 동자(同字) 1두락과 가사 8칸을 글을 꾸며 매도하

113) 奎古, 번호 미상. "光緒十六年庚寅八月 日 前明文…若爲未報之境 右畓永永許給 事…"

114) 奎古, 번호 미상. "同治二年癸亥十二月 日 宋生員宅奴同成前明文…限二年還退爲…若過此限更勿 還退之說而"

115) 奎古, 126357번. "光緒十八年(1892) 壬辰卄五日…限六年還退之意成文爲去乎若過限卽永永許給…"

116) 奎古, 162083번. "道光二十五(1845) 乙巳四月二十九日 同知次千大前明文…限十年還退次賣爲去乎 若過此限則 勿爲還退之意乙完定相約是遣…"

117) 奎古, 167799번.

오니 매년 도지는 19두락으로 정하고 3년 내에 힘 되는 대로 차차 갚은 뒤에 이 문권을 뜻으로 이와 같이 글을 지으니 만약 그렇지 못하면 영구히 (李生員) 댁에 드릴 일. 논 주인……"118) 등이 있다.

7. 퇴급 명문(재매매 계약서)119)

1) 퇴급(재매매)

이상의 환퇴 명문은 매매의 목적물인 전답·가사·노비·과목(果木) 등을 매매(永永放賣) 등의 형식을 취하여 소유권을 매수인에게 넘겨주고 매매 대금인 금전을 교부받은 것이며, 이것은 단순한 매매이나, 일정한 기한 내에 다시 재매매할 수 있다는 특약을 기재하는 용어는 환퇴라고 특기함을 알 수 있다. 그리고 일정한 재매매 계약 기한이 도래하여 재매매를 함에 있어서 시가나 본가로 반환을 하면, 재매매인 퇴급(환매, 환위 퇴납…)이 이루어진다. 이때에 작성하는 계약서를 필자는 '퇴급 명문'이라고 붙여 둔다. 그리고 환퇴 기한 도래 후, 즉 재매매를 할 때에 시가나 본가를

---

118) 奎古, 162891번.

119) 장경학, 앞의 책, 793쪽. "還退라는 文詞는 賣買契約과 同時에 정하는 解除條件附特約의 경우에 있어서는 買戾(還買)의 뜻으로 사용하는 것이 通例라고 하지만 그러나 賣買契約 후에는 혹은 단순한 同 契約解除의 뜻으로 사용되거나 또 條件을 붙인 同 契約解除의 뜻으로 사용되거나 혹은 再賣買의 豫約의 뜻으로 사용되는 등등 여러 가지의 경우가 있을 수 있음으로 한국에서 一般的으로 행해지는 慣行上 언제나 반드시 단순한 契約解除의 뜻만으로 사용되는 것이라고 말하지는 못할 것이다" 라고 한다.

반환하지 못하면, 귀속형으로는 영영납댁(永永納宅) 등의 문구를 기재하고 있음을 알 수 있고, 소위 정산형으로 시가대로 평가하고 잔액을 돌려주는 경우는 환퇴 명문만으로 찾아보기 어려우며 퇴급 명문이나 환퇴·퇴급에 관한 소지·소장 등을 통해서 앞으로 연구해보아야 될 필요와 가치가 있다고 생각된다.

때문에 ① 단순 매매, ② 재매매 예약의 특약(즉, 환퇴), ③ 재매매(퇴급), ④ 재매매 불가 시 귀속하거나 정산하는 형으로 단계를 나누어 보면, 퇴급은 ③의 경우에 해당한다.

2) 재매매(매도) 기재 형식[120)]

19매의 재매도(還退) 계약서를 분석해 보면 크게 나누어 2가지로 재매도 사유를 기재하고 있다. 첫째는 ① 구입했다는 표현이 없고 단순히 ② 재매도한다는 용어만 기재되어 있는 것, 즉 재매매만 기재한 것이 8매이고, 둘째는 ① 누구로부터 매수하였다가 ② 어떤 사유로 다시 매도한다는 ① 매입+② 재매도한다는 형식이 11매가 보인다.

가) 먼저 재매도(퇴급)만 기재되어 있는 경우를 보면 이것도 2가지로 나누어 볼 수 있다. 8매 중에 1매는 재매도(환퇴) 차 영원히 재매도(환퇴)한다고 기재된 경우가 있고[121)] 그 외에 7매는 ① 본가 29냥을 10년이 되었기에 재매도 한다.[122)] ② 옮겨 구입하기

120) 의당 장경학 선생님의 앞의 책에 의하면, 환매(매려), 재매매, 계약 해제 뜻 등으로 다양하게 표현해야 하나, 독자의 편의를 위해 임시로 '재매매'로 적어 둔다.

121) 奎古, 201409번(1867. 11. 25). "…矣宅以 還退次…永永還退爲去乎…"

122) 奎古, 83078번(1772. 11. 27). "…至拾年依本價二十九兩與受爲遣…還退手記成

위해 논을 50냥을 받고, 재매도 방매(還退放賣)한다.[123] ③ 쓸 곳이 있어 논 2두락지기를 24냥을 받고 재매도함(이것은 재매매 예약이라고 볼 수 있으나 명확하지는 않음)[124] ④ 묘위답(墓位畓)이기에 1천 냥 받고 되돌려 드림[125] ⑤ 논을 28냥에 재매도하오니[126] ⑥ 논을 82냥에 우댁(右宅)에 영원히 권매하오니[127] ⑦ 간절히 쓰일 곳이 있어 논을 1800냥을 셈하여 받들어 받고 새로운 문서(계약서) "1장을 재매도하기로 하여 (金判書) 댁에 드리오니[128] 등으로 표현하고 있다.

나) 둘째, 타인으로부터 매입한 후 다시 재매도하는 계약서를 살펴보면 3가지 형태가 보이고, 11매 중 8매는 ① 매입+② 재매도의 형식을 취하나 그 외의 각 1매씩은 ①매도+②매입+③ 재매도와, ① 매입+② 매입+③ 재매도한다는 내용을 기재하고 있다.

①: 먼저 ① 매입+② 재매도의 형식을 보면 i) 대대로 지어 먹다가 매수인이 재매도할 사유로 언약해주어서 매수인의 논을 선친께서 구입하여 나에게 전해준 것이나……준가에 재매도할 뜻에

文爲去乎…"

123) 奎古, 163458(1821. 8 .4). "…有移買處…價折錢文 伍拾兩依數持納是遣 還退放賣爲乎矣…"

124) 奎古, 200309(1849. 3. 10). "…要用所致…畓二斗落…價折錢文二十四兩依數交易持上爲去乎…新文記一丈還退成文…"

125) 奎古, 163487(1849. 11. 24). "…右宅墓位畓……錢文千兩 準數지上是遣 還爲退納爲去乎…"

126) 奎古, 209715(1859. 12. 10). "…畓四負八束一斗落十夜㕧乙二十八兩 還退爲去乎…"

127) 필자 소장 고문서. 이것은 권매이므로 재매매 예약이라고도 볼 수 있으나 영영 권매이므로 영원히 재매매한다고도 볼 수 있을는지……?

128) 奎古, 158851(1875. 3. 10). "…金判書宅奴田得前明文 右明文事段 切有要用處…畓…價折錢文一千八百兩 依數捧受是遣 新文記一張 還退納上右宅爲去乎…"

따라 논을 영원히 재매도하오니,[129] ii) 쓸 곳이 있어서 매입하여 지어먹다가 밭 7두락 곳을 7냥의 값으로 질러 재매도하여 우인(右人, 동성 7촌 조카 최혜술)에게 영원히 방매하오니……[130] iii) 갑술년(12년 전) 우댁(김 생원 댁)에서 가사와 전답을 합쳐 모두 매입하였다가 금년(12년 후 병술년)에 그 댁의 텃밭을 재매매하기로 원하므로 250냥 값으로 하여 되돌려주고(재매도)……신문기 한 장을 영원히 되돌려주기오니,[131] iv) 지난 무자년(1년전) 김포 주인이 매입하여 금년에 원가전(元價錢) 1925냥과 부세전(浮費錢) 415냥 합 2350냥을 받은 위에 재매도하여 돌려주니,[132] v) 필요가 있어 전래해 오전 여자 종(婢) 5명을 50냥에 셈하여 밧자하고…우댁(右宅, 성 생원 댁)에 영원히 재매도하오니,[133] vi) 우인(右人, 유학 이용철)의 땔나무 밭을 3냥 값을 주고 사서 베어오다가 관전(官錢)을 준비해 드리고자 다시 매도하고자 하니, 우인(유학 이용철)도 매입하고자 하여 시가 5냥을 받고……새로운 문서 1장을 영원히 매도하니,[134] vii) 땔나무 밭 80부(負)를 이제 구입하여 풀을 베어오다가 종고조 할아버지 산의 용처(龍處, 좌청룡에 해당)이므로 30부를 떼어서 부득이 값을 질러 10냥을 셈하

129) 奎古, 222612(1781. 10. 7). "…傳來耕食爲多可 右人還退之由 再約言…右人之畓乙先親買得傳我故…據基還退說 從公議持準價爲遣…畓…永永還退爲去乎…"
130) 奎古, 216864(1803.3.17). "…同姓七寸姪崔惠述前明文 右文爲要用所致 買得耕食爲如乎…田 七斗落庫乙 價折錢文七兩 還退持上 右人處 永永放賣爲去乎…"
131) 奎古, 138516(1826. 11. 25). "道光六年丙戌十一月二十五日 金生員宅奴千福前明文 右明文事段 去甲戌年分 右宅家舍與 田畓並爲都買矣 至於今年其宅垈田…乙 原爲還退故 折價二百五十兩以爲退給而 本文記…新新文記一張 永爲退給爲去乎…"
132) 奎古, 86992(1829. 5. 1).
133) 필자 소장 고문서(1856. 3. 27).
134) 필자 소장 고문서(1857.6.27), 1-환-401.

여 받고 새로운 계약서 1장을 영원히 재매도하고자 문서를 작성하오니,[135] viii) 자기가 구입한 김문(金門, 김씨 가문) 선산의 등(嶝, 산등성이) 20부를 베어오다가 부득이……땔나무 산을 재매도하게 되어 값을 11냥을 셈하여 받고 신문기 1장을 우인 전(右人前)에 영원히 매도하오니[136] 등이 있고,

②：둘째 ① 매입+(② 매입)+③ 매도하는 경우를 보면 i) 1752년 1월2 7의 명문으로서, 상속 분배받은 전답을 지어먹다가 생활이 어려워서 타인에게 38냥 5전에 방매하고 나니 조부모, 외손 등 친척들이 제사 지내기 위한 경비에 쓰는 것이라고 관가에 호소하여 판결 처분을 받은 뒤에 다시 본가를 주고 재매입한 뒤에 이성(異姓) 5촌 조카에게 60냥에 매도하고 38냥 5전은 되돌려주고 그 나머지는 조부모를 위한 제사 비용으로 모든 친족이 차지하게 되어,……친족이 제출한 재매매 소장 1장과 함께 계약서를 만들어 매도한다.[137] ii) 저희들이 무인년(16년 전) 논 2두락지기를 저수지 관계로 동네에 사는 한 생원 댁에서 구입했다가 수리 관계로 내주고 나머지 1두락 5승락(升落)지기를 돌려가면서 지어먹다가 지금 본댁이 재매입을 운하므로 畓을 재매도하기로 의논을 하나로 모아 되올려 드리오니……[138]등으로 표현하고 있으며, ③：셋째 ① 매도한 것을+② 매입하였다가+③ 다시 매도한다는 경우를 보면 1724년 7월15일의 명문으로서 천만이 외의 처상(妻喪)을 당하여 상구(喪具)를 주변할 길이 없어 처(妻) 부례(夫禮) 이름으로 매수인의 망부(亡父) 앞으로 구입하여 지어먹다가 답을 준가(準

135) 필자 소장 고문서(1884?), 1-환-301.
136) 필자 소장 고문서(1891.10.26), 1-환-300
137) 국립중앙 고문서, 古朝-51-○-80, 16693, 532, 62, 주 20에 전문 기재 재인용.
138) 奎古, 156650(1774.12.27)

價) 30냥을 받은 후 본문기 7장과 함께 매수인 앞으로 화리(禾利)와 함께 영원히 재매도하여 주오니[139] 등으로 표현하고 있다.

8. 점유 이전물

1) 환퇴(재매매 예약)

목적물인 전·답·가사·시장산·노비·과목·집물 등의 소위 부동산과 동산의 점유를 이전해줌과[140] 동시에 판매 대금을 1500년대는 목면 등으로 받고, 동전이 나온 후에는 동전으로 계산하여 받고 목적물의 소유권 이전은 문기(문권, 즉 계약서)를 이전해주어야 한다. 그리고 문권은 매매 시에는 원칙적으로 문서를 작성하여 문서의 소유권을 이전하므로, 그 목적물 대신에 논밭 문서가 있는데 이를 ① 구문기(舊文記) 또는 본문기(本文記)라고 하고, 남자 종을 통해서 매매를 하게 될 때는 소위 ② 패자[牌子(旨)]를 첨부하고, 재매매를 하게 되는 환퇴 사유를 기재한 ③ 신문기를 작성하여 교부하게 된다. 대략 116매의 환퇴 문기 중 ①+②+③ 세 가지를 다 넘겨주는 경우는 8매(약 7%)이고 ②+③인 패자와 신문기를 넘겨주는 경우는 1매 정도 보이고, 그 나머지는 ③인 신문기(환퇴 사유를 기재한 재매 예약부의 계약서)만을 작성하여 넘겨주는 경우는 79매(약 68%)이므로, 대부분 구문기와 패자 등이

139) 국립중앙도서관 고문서, 11693, 443.

140) 계약서인 환퇴 명문만으로는 목적물 자체의 점유를 이전한다는 용어 내지 취지도 명확하다고는 말할 수 없는 것 같다. 때문에 소장이나 관계 자료를 좀 더 연구한 후에 이 문제를 중점적으로 밝혀야 될 것 같다.

없어도 가능하나, 79매 중에는 15매 정도는 중간에 구문기를 실화(失火)와 분실로 인해, 다른 계약서에 첨부되어 못 준다는 사유를 기재하는 경우가 본문이나 추기(追記)에 기재하는 경우가 있다. 그리고 문기를 제일 많이 넘겨주는 경우를 구문기 10장과 패자 2장+신문기 1장 포함 13장을 넘겨주는데, 계약서상에는 지번이 다른 곳에 있는 답이 7군데 있는 논을 환퇴 매매하기 위한 경우이다.[141] 그 다음에는 본문기 5장, 도서(圖署) 2장과 신문기 1장 도합 8매를 넘겨주는 경우도 있고[142], 구문기 5장, 신문기 1장 도합 6매를 넘겨주는 경우 및 구문기 4장, 신문기 1장 도합 5매를 넘겨주는 경우 등도 있다.[143]

2) 퇴급시(재매매 시)

퇴급 시에는 전에 매입할 때 점유 이전을 받았던 구문기+신문기+패지 등을 모두 돌려주어야 원상회복이 될 것이다. 그러나 필자가 수집한 자료 20매 중에는 14매가 구문기를 분실했든가, 다른 전답에 첨부되어 줄 수 없다는 등의 사유와 아무런 사유 없이 되돌려준다(退給)는 신문기만 작성 교부하는 경우이고, 4매는 전에 받은 있던 구문기와 신문기를 함께 돌려주고 그 외에는 매입 문서 2장+패자 2장+신문기 1장과 이전의 패지 1장+신문기 1장을 작성하여 퇴급하는 경우가 각각 1매씩 있다. 때문에 반드시 구문기를 넘겨주어야 하는 것은 아니고 대부분은(필자가 조사한 20매에

141) 奎古, 166373.
142) 奎古, 85193. "咸豊元年辛亥(1851) 十月初六日 前明文 畓四斗落及十二斗落 合十六斗落…本文記 伍度 圖署貳丈 并以永永放賣…還退之意成手記 相約事…"
143) 필자 소장 고문서, 1-환-407 "同治十年辛未(1871) 二月初八日 明文…畓柒斗落…田柒斗落…舊文五丈 新文正丈并以…還退之意成之文券…"

한정하여서만) 구문기를 돌려주지 않고 퇴급 문서만 작성하여 교부하는 것으로도 가능한 것으로 볼 수 있다.

1742년에 본문기 7장과 환퇴해주는 신문기 1장 도합 7매를 넘겨주는 경우[144]와 1849년 11월 24일에는 구문기 6장을 드린다는 추기부(追記附)의 수기의 경우와[145] 1752년 1월 27일엔 퇴급 소지 1장과 환급 명문을 만들어 주되 본문기는 다른 논에 첨부되어 줄 수 없는 경우와[146] 1776년 10월 17일에는 매입 문서 2장, 패자 2장과 함께 퇴급 명문을 1장 만들어서 퇴급하는 경우[147] 등이 있고, 이외의 경우는 퇴급을 위한 문서 1장만 작성하는 경우 중에 구문기는 분실하여 단지 신문기 1장을 영영방매하는 경우[148]와 1826년 1월 25일엔 가사와 전답을 모두 구입하였다가 그중에 대전(垈田) 및 일부의 답을 퇴급하므로 본문기는 도매 문권에 첨부되어 있기에 줄 수 없고 등서(謄書)하여, 단지 신문기 1장만 영위퇴급하는 경우가 있다.[149]

---

144) 국립중앙도서관 고문서, 16693, 443. "乾隆七年壬戌七月十五日 妊政前明文 畓…合拾貳負貳束廰良中 依準價參拾兩 捧上後本文記柒 張幷以…永永還退以給爲去乎…"

145) 奎古, 163487. "…右宅墓位畓…錢六千兩準數持上是遣 還爲退納爲去乎…此亦中舊文記 六龍幷爲納宅爲臥乎事"

146) 국립중앙 고문서, 16693, 531, 61 古祖-51-80. "乾隆十年壬申正月二十七日 異姓五寸姪 金碩龍 前明文…今得本文記段 他田廰幷寸乙于仍上車父而許給不得爲遣 諸族官還退所志 一丈更良成文放賣爲去乎…"

147) 奎古, 82592번. "乾隆四十一年丙申十月十七日 金生員宅宗中明文…畓…永永還退爲乎矣 買得文記二丈 牌子二丈 幷以 還爲納宅爲去乎…"

148) 필자 소장 고문서, 1-환-401. "咸豊柒年六月二十七日 幼學 李龍喆 前明文…欲爲還賣則右人請買故…舊文記流失故 貝以新文記 一丈 永永放賣…"

149) 奎古, 138516번. "道光六年丙戌十一月二十五日 金生員宅奴 千福前明文…右宅家舍與田畓並爲都買…其宅垈田…並…畓…二斗落廰乙爲還退故…以爲退給而本文記段 付○ 於都賣文卷故不得許給而 一張永爲退給爲去乎…"

Ⅳ. 결어

이상으로서 조선왕조의 환퇴에 관한 법규정으로는 1543년의 『대전속록』 이후에 나타나는 것을 알 수 있고, 환퇴·퇴급 계약서상으로는 1700년대 25매, 1800년대 135매 도합 160여 매 정도만을 통하여 분석한 것으로 보면,

(1) 환퇴 사유로는 일반적인 매매나, 환퇴부 매매나 대략 70% 정도가 ① 단순히 필요가 있어서(要用所致)라고 표현하며, 그 외에 ② 아무런 사유를 기재하지 않거나, ③ 다른 전답을 구입하기 위해, ④ 채무 관계로, ⑤ 가난으로, ⑥ 흉년, 가뭄, ⑦ 기아 등이 있으며 복합적으로는 ⑧ 채무+흉년+변제 불가, ⑨ 환퇴 매입+흉년+동생 채무 변제상+세미가 너무 무겁고 생활이 곤란하여 등의 이유가 있으며, ⑩ 환퇴 차 퇴급 방매하는 경우, ⑪ 퇴급을 위한 경우 등이 보인다.

(2) 환퇴매매의 주체로는 1700년대의 23매를 보면 가) 매수인은 ① 평민(11매) ② 생원(5매) ③ 유학(2매) ④ 지사(1매) ⑤ 생원 종중(1매) ⑥ 모댁(某宅, 1매) ⑦ 노명[7매:…宅奴(1매), 生員宅奴(4매), 安知事宅奴(1매)] ⑧ 친족 간 1매(이성 5촌, 이성 5촌 조카) 등이 있으며 나) 매도인은 ① 평민(9매) ② 생원 댁(2매) ③ 친족(2매 : 이성 5촌 조카 : 아저씨) ④ 유학(2매) ⑤ 노(1매) ⑥ 통덕랑(1매) 등이 있고,

1800년대의 117매 중 가) 매수인을 보면 ① 약 25%는 매수인의 성명 직위 등 아무런 기재를 않고 있으며, 이 중의 반은 1890~1899년도의 것이므로, 일반 매매 계약서도 1800년대의 163매 중 63%는 1875년에서 1900년 전후의 것이 발견되므로 대

략 조선 후기 1870년 이후는 일반 매매 계약서보다는 적으나 환퇴 매매도 매수인의 성명을 기재하지 않는 경향이 있다고 볼 수 있다. ② 노명(43%)으로서 이 중에서 i) 생원 댁 노(20매) ii) 일반 평민 댁 13매 iii) 판서 댁 노(3매) iv) 교리 댁 노 1매 v) 정언 댁 vi) 진사 댁 vii) 응교 댁 viii) 상인(喪人) 댁 노명이 각각 1매씩 보이고 순수한 노명은 6매 정도 보인다. 따라서 일반 평민과 생원이 노명으로 환퇴 매매 계약서를 작성하는 경우가 아무런 성명을 기재하지 않는 숫자와 비슷하므로, 이 두 경우 즉 환퇴 매매 계약 시에 매수인의 이름을 안 밝히거나 자기 성과(이름 생략) 신분을 사용하여 노명으로 환퇴 매매를 하는 경우가 전체의 약 68% 정도에 해당함을 알 수 있고, 순수하게 매수인의 신분만을 밝히는 경우는 20매(약 17%)로서 판관·진사·내시·상인·동몽 등 각1매 유학 8매, 친족·문중이 7매 있다.

나) 매도인은 121매 중 매도인의 성명만 기재하는 실명의 경우는 42%(51매)로 1매, 유학 12매, 상인 4매, 선달명 2매가 보인다. 그리고 노명은 57%(71매)로서 이 중에서 아무개 댁 노명으로 하는 것이 43매, 아무개 성이나 생원 댁 노명, 이 진사 댁 노명이 각각 2매씩 있고, 순수한 노명도 3매가 있다. 그러므로 필자가 수집한 자료 속에서는 실명보다는 노명으로 매도인의 성명을 숨기며 환퇴 매매 계약서를 작성하는 경우가 더 많다는 것을 알 수 있고 최고 신분의 환퇴 매매 계약의 매도인은 승지, 진사가 드물게 있고, 생원이 이보다 좀 더 많다. 매수인은 노명이나마 판사 댁, 교리, 정언 등 상대적으로 더 높은 신분도 기재함에 비추어보면 이를 알고 환퇴 매매 계약서의 매도인은 부녀자는 거의 안 보이는 것을 알 수 있어 일반 매매 계약서는 낮은 신분이 보다 구체적으로 기재됨에 비해 상이한 점을 알 수 있다.

(3) 환퇴 매매 계약의 객체인 거래 목적물은 62%가 답이고 전(田)은 20%이고 종류로는 저전(苧田), 목화전, 면전(綿田), 마전(麻田) 등이 보이고, 전답을 동시에 매도하는 경우는 10매이므로 밭보다는 논(畓)이 3배가량 더 많이 환퇴 거래의 목적물로 이용되었으며, 논밭이 전체의 92%인 거의 대부분임을 알 수 있고, 나머지 약8%(10% 미만)은 노비, 시장(柴場), 산, 산장(山庄), 원림, 가사 등이 드물게 나타남을 알 수 있다.

그리고 동산 환퇴로는 전답과 함께 대추나무 10그루, 두주(斗柱, 쌀통) 2개, 부정(釜鼎, 가마솥, 솥) 등이 보이고 노비 환퇴는 노비 5명과 뱃속에서 후일 태어날 노비도 환퇴하고, 가사의 매매는 가사 10간+두주 2개, 부정 2개, 초가 내실(內室) 3칸, 전퇴 행랑(前退行廊) 4간, 전(田) 등과 함께 환퇴하는 경우도 있다.

(4) 환퇴 기한을 보면 150매 중 가) 기한을 특정하는 경우가 46% 정도로 절반에 가깝고, 이 중에서도 ① 1년 이상 10년 이하가 69매로 2/3 정도이고, ② 1년 미만이 8% 정도이다. 나) 그리고 전체의 약 24%(1/4) 정도는 불특정 기한부 환퇴 매매를 하고, 다) 아무런 기한을 명기하지 않는 경우가 약 30%이다. 그러므로 기한이 특정되든 않든 기한부 환퇴 매매는 약 70%이고, 나머지 30%는 기한을 계약서상에서는 밝히지 않고 있음을 알 수 있다. 라) 그리고 특이한 것은 16년 전에 구입한 논을 16년 후에 재매도(매도)하는 경우와 12년 뒤 재매입하고자 하므로 퇴급해주는 경우도 있으므로 일본인이 만든 『관습조사보고서』의 일부는 "10년 이상의 약속은 전혀 없다"라고 한 것과는 상이한 경우도 발견됨을 알 수 있다. 그리고 1년 미만 중에는 ① 약 4개월(6월~10월) 정도와 ② 반년 남짓, ③ 1월~가을, ④ 2월~가을(12월) 등이 있고, 2년 이상 10년까지 중 ① 50%는 3년까지로 하고, ② 5년까지는

26%, ③ 10년까지는 10%, ④ 4년까지는 6%, ⑤ 2년까지 4%, ⑥ 6년 1매 등이 있고, 7, 8, 9년까지는 보이지 않고, 마) 1년 이상 5년까지가 전체의 76% 정도를 차지함을 알 수 있다. 바) 불특정기 한부환퇴는 38매 중 ① 14매가 일후(日後), 차후(此後)라고 기재하고, 후일(後日, 1매)이라고 한 경우도 있고, ② 7매가 물한년(勿限年)이라 하고, ③ 기타 차차 힘이 생기면(2매), 여유가 있으면(1매), 세월이 오래되어도(1매), 비록 몇 년이 지나도(1매), 무고히 옮겨 지으면(2매), 환퇴코자(2매), 본전을 원리(元利)를 갚으면(2매) 등이 있다. 사) 환퇴 기한 불기재 명문은 더 많은 자료를 수집하여 분석하여야 하나 퇴급 명문 39매를 보면 19매는 퇴급하기 위하여라고 표시하나 20매는 아무런 표현이 보이지 않는다.

환퇴 계약서는 ① 매매가+② 환퇴 특약+③ 환퇴 기한+④ 환퇴 금액+⑤ 영위납댁(永爲納宅, 기한 도과 후) 등이 주요 요소이나, 퇴급 계약서는 ③인 환퇴 기한이 없고, '영영환퇴', '영위허급', '환위퇴급(環爲退給)', '퇴납(退納)', '퇴급', '환위납댁(環爲納宅)' 등으로 기재한다. 왜냐하면 환퇴(재매매) 기한이 도래하면 원상회복 시 작성되는 용어이므로 다시 재매매 예약(환퇴)을 할 필요가 없기 때문일 것으로 짐작된다.

(5) 환퇴 금액은 153매 중 약68%(⅔)가 금액을 기재하지 않고 있고, 약 32%(1/3)가 금액을 기재하고 있다. 금액 기재 중에는 약 1/2 정도(51%)가 본가 환퇴를 하고 있으며, 1/3 정도(30%)가 일정한 금액을 기재하는 정액 환퇴이고, 준가(4매), 급가(3매), 시가(2매) 등이 있다. 그리고 시가가 높으나 낮으나 반드시 본가에 의하기로 특약을 명기하는 경우도 있다. 한편 기한 경과 후에는 영위납댁, 즉 유담보, 귀속형이 153매 중 약 13%(20매) 정도 발견되며, 영영방매, 영영허급, 물갱환퇴 등의 용어를 사용하고, 모든

환퇴 매매가 반드시 귀속형은 아니므로, 좀 더 자료를 모아 연구할 필요가 있다고 생각된다.

(6) 퇴급 명문(재매매 계약서)은 ① 재매매 예약 기한(還退期限)이 도래한 후 ② 재매매 시에 작성하는 계약서로 '퇴급 명문'이라고 필자가 가칭(假稱)해본 것이다. 이것은 ① 단순매매+② 재매매 예약의 특약(환퇴)인 계약서와는 다름을 알 수 있다.

퇴급 사유를 살펴보면 19매 중 8매는 단순히 재매도(退給)한다는 뜻만을 기재하고, 11매는 ① 매입+② 재매도 사유를 기재하고 있다.

(7) 점유 이전물

(가) 환퇴 시(재매매 예약 시)에는 목적물의 소유권을 이전해준다는 ① 신문기을 작성하면서 환퇴 특약을 하고, 논밭 등의 ② 구문기와 노를 사용할 경우에는 ③ 패지가 있으면 이 세 가지를 넘겨주게 된다. 116매 중 신문기만 넘겨주는 경우가 약 68%(79매) 정도 되고, 이중 15매는 구문기를 실화(失火)·분실·다른 계약서의 첨부 원인으로 넘겨주지 못한다는 내용을 본문 중에나 추기로 명시하는 경우도 있다. 그리고 24% 정도는 ① 신문기+② 구문기를 넘겨주고 있으며, 나머지 8매(7%)는 ① 신문기+② 구문기+③ 패지를 넘겨준다고 기록하고 있으므로, 대부분의 경우에는 구문지와 패자 등이 없어도 가능함을 알 수 있다. 특히 최다의 문서의 소유권을 넘겨주는 경우는 ① 신문기 1장+② 구문기 10장+③ 패지 2장 도합 13장을 넘겨주되, 목적물인 답은 일곱 개의 상이한 지번에 있는 경우이고, ① 신문기 1장+② 도서 2장+구(本)문기 5장 등 8매를 넘기거나, ① 신문기 1장+ 구문기 5장 등 6매를 넘기는 경우도 있다.

(나) 퇴급 시(재매매 시) 구문기와 패자·신문기가 보관되어 있

으면 원칙적으로 다 넘겨주어야 하나 20매 중 14매는 구문기는 분실하거나, 다른 전답에 첨부되어 있어서, 또는 아무런 사유 기재 없이 신문기만 넘기고, 퇴급하는 경우도 있다. 또한 4매는 전에 받은 구문기와 신문기[退給明文]를 넘기고 있고, 어떤 경우는 매입문서 2장+패자 2장+신문기 1장을 넘기는 경우도 보인다. 그러나 반드시 구문기를 넘겨주어야 하는 것은 아니고 대부분 구문기는 안 돌려주고 퇴급 문서만 작성 교부하는 경우이다.

이상으로 살펴본 통계·분석과 결론들은 필자가 수집하여 분석한 자료만의 결론이므로 앞으로 시대별로 더 많은 자료를 모아 보다 더 객관적 진실에 가까운 결론을 내길 기약하면서 이만 줄인다.

참고 문헌

고 법 전

『경국대전』(동국대학교 중앙도서관 소장 목판본)

『대전회통』(목판본)

『경국대전』(상 · 하) : 법제처

『대전속록』(『경국대전주해』) : 법제처

『대전후속록』(『경국대전주해』) : 법제처

『수교집록』·『신보수교집록』: 법제처

『수교정례』·『율례요람』: 법제처

『전록통고』(이 · 호 · 예 · 병 · 형 · 공전) : 법제처

『속대전』: 법제처

『원신보』:『수교집록』,『사송유취』: 법제처

『대전통편』: 법제처

『백헌총요』: 법제처

『심리록』: 법제처

『형전사목』·『흠율전칙』(상 · 하) : 법제처

『육전조례』(상 · 하) (이 · 호 · 예 · 병 · 형 · 공전) : 법제처

『탁지지』(1, 2, 3) : 법제처

『추관지』(1, 2, 3, 4 : 부 『증수무원록』) : 법제처

『전율통보』: 법제처

『고법전용어집』: 법제처 (1979. 12. 11)

『국역 대전회통』: 고려대민족문화연구소(1975. 8. 30)

『조선왕조실록』(1~49)

단 행 본

전봉덕 :『한국법제사연구』(1968. 4. 5)

박병호 :『한국법제사고』(법문사, 1974. 3. 20)

『한국의 법』(교양국사 총서 10)

『전통적 법체계와 법의식』

이종하 : 『조선왕조노동법제』(박영사, 1969. 6. 10)
김운태 : 『조선왕조행정사』
이달순 : 『한국정치사』 I
한상범, 이종린 : 『법률사상사개설』(일광출판사, 1962)
성균관대학교 대동문화연구소 : 『한국사상대계』(정치, 법률)

국 역

『연산군일기』(1~9), 민족문화추진회 간
『중종실록』(1~14), 민족문화추진회 간
『연려실기술』(1~12), 민족문화추진회 간
『대동야승』(1~12), 민족문화추진회 간
『성호사설』(1~12), 민족문화추진회 간
『고려사절요』(Ⅰ~Ⅴ), 민족문화추진회 간
『삼봉집』(Ⅰ~Ⅱ), 민족문화추진회 간
『서애집』(Ⅰ~Ⅱ), 민족문화추진회 간
『퇴계집』(Ⅰ~Ⅱ), 민족문화추진회 간
『율곡집』(Ⅰ~Ⅱ), 민족문화추진회 간
『담헌서』(Ⅰ~Ⅴ), 민족문화추진회 간
『경세유표』(Ⅰ~Ⅲ), 민족문화추진회 간
『청장관전서』(Ⅰ~Ⅳ), 민족문화추진회 간
『목민심서』
한영우 : 『조선전기의 사회사상』(춘추문고, 한국일보사)
장경학 : 『법률춘향전』(을유문고 44, 을유문화사)

논문(집)

장경학 : 「이조후반기에 있어서의 법사상에 관한 일 고찰」, 동국대학교 법학박사, 1962.2.
「근대법사상의 전개」, 『의당 장경학박사 기념논문집』(1977)
장경학 : 「실학의 법사상」, 『한국사상대계』(정치법률 편), 성대대동문화 연구원, 1979.

장경학 :「실학파와 근대법정신」,『고대법률행정론』제14집, 1976. 5.
한상범 :「한국인의 법의식의 법사회학적 연구」, 동국대학교 법학박사, 1975. 2.
한상범 :「한국인의 사고와 법」(『동국대학교 행정대학원 논문집』2, 3, 1971.12.
이상백 :「천자수모고」,『진단학보』25, 1964. 12.
홍승기 :「고려시대의 노비와 토지경작」,『한국학보』봄, 일지사, 1979.
전봉덕 :「서재필의 법률사상」,『한국사연구』10.
이광규 :「조선왕조시대의 재산상속」,『한국학보』여름, 일지사, 1976 여름)

찾 아 보 기

【 ㄱ 】

가산집물(家産什物) 271
감사원법 90
고구려 23
고려 법제 29
고려율 36
고발권(신고권) 166
고소권 166
고조선의 8조 법금 17
공노비 상속 155
교량법 91
구고율(廐庫律) 38
구사(丘史) 153
균분 상속 42
근친혼 41
기본 법전 61
기본권과 공의무 등에 관한 법 90
기술사법 90

【 ㄴ 】

납공 노비 180
노〔爲奴〕 133
노동법 87
노비 가장 사대부 비방 203
노비 급여 153
노비 신분 세전법 183
노비법 90, 191, 202, 253
농지 대장〔田案〕 42
누적 197

【 ㄷ 】

단옥률(斷獄律) 39
단흥률(檀興律) 38
담보 279
대공친속 209
대구속신(代口贖身) 167, 246
대전회통 282
도량형법 91
도망 197
도변형 31
도지 285
동(僮) 133
동성혼 41
동옥저(東沃沮) 20

【 ㅁ 】

매매 109
면천 201, 240, 242, 243
명례율(名例律) 36
명예형 34
무고(誣告) 206
문계(文契) 42
문권(文券) 42
문화관계법 87
문화예술진흥법 90
물권 108
물경환퇴(勿更還退) 316
민며느리제도〔豫婦制〕 20
민법 87, 90

민사소송법 87, 90

【 ㅂ 】

백제 24
법률 용어 해석 자료집 62
법전 편찬 초록 63
복(僕) 133
부여(夫餘) 19
부족 국가의 고유법 19
불교관계법 90

【 ㅅ 】

사노비 상속 156
사면(赦免) 40
사용권의 객체 144
사용대차 110
사위율(詐僞律) 39
사인 간의 증여 155
사찬 법령집 62
사회법 87, 90
산업법 87
삼성추국(三省推鞫) 211

삼한 21
상법 87, 91
상훈법 90
생명권·신체권 174
생명형 32
선상 노비(選上奴婢) 178
소극적 저항 197
소도(蘇塗) 21
소비대차 110
소송 대리권 167
소유권 108
속량(贖良) 206
솔거 노비(率居奴婢) 134, 181
수산업법 91
수양(收養) 136
수익권의 객체 146
신라 22
신체형 33

【 ㅇ 】

압량(壓良) 136
양수(踉隨) 153
양자 112
어업법 91
여알(女謁) 233
연대채무 108
연좌 31
염전법 91
영영납댁(永永納宅) 320
영영방매(永永放賣) 316
영위납댁(永爲納宅) 316
외거 노비(外居奴婢) 134, 182
위금률(偉禁律) 37
위량 225
위만조선, 한사군 18
의전법 90
인권에 관한 법 86
입역 노비(入役奴婢) 134

【 ㅈ 】

자진 31
작첩(爵牒) 237
잡률(雜律) 39
잡형(雜刑) 35
장형 31
재매도 320
재산 상속 113
재산·토지·노비 소유권 172
재산형 34
적극적 저항 202
적도율(賊盜律) 38
전당(典當) 257, 268, 275
전택의 상속권 176
조선민사령 279
족형 31
종모법 194, 201
종부법 194, 201
증여의 객체 152
지해 31
직제율 37

【 ㅊ 】

참형 31
채권 108
처분권의 객체 147
천자수모법 184
추쇄 197

【 ㅌ 】

택지소유상한법 90
투송률(鬪訟律) 39
특별 기본 법전 62
특별 법령집 62
퇴급 319
퇴급계약서(退給契約書) 288

【 ㅍ 】

판례 및 비평서 63
포망률(捕亡律) 39
포상법 90

【 ㅎ 】

허록 197
형사소송법 87, 90
호주 상속 114
호혼율(戶婚律) 38
혼인의 자유 175
환형 31
환매 295
환토(還土) 310
환퇴(還退) 267, 269, 280, 282, 283, 315
흉년 유기아 136

한국전통 민법 총칙과 물권법

2007년 10월 5일 초판 1쇄 인쇄
2007년 10월 10일 초판 1쇄 발행

지은이 김재문
발행인 오영교

동국대학교출판부

100-715 서울특별시 중구 필동 3가 26
Tel: (02)2260-3483~4 Fax: (02)2268-7851
Homepage: http://www.dgpress.co.kr
E-mail: book@dongguk.edu
출판등록: 제2-163(1973. 6. 28)
인 쇄 처: 보명사

ISBN: 978-89-7801-206-5 93360 값 15,000원